课程论题的阐释与思考

李殿森／著

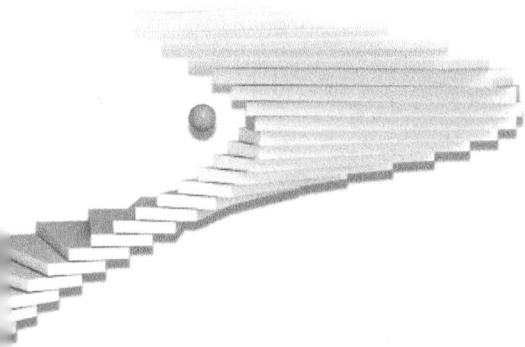

首都师范大学出版社
CAPITAL NORMAL UNIVERSITY PRESS

图书在版编目（CIP）数据

课程论题的阐释与思考/李殿森著. —北京：首都师范大学出版社，2024.4

ISBN 978-7-5656-7827-1

Ⅰ. ①课… Ⅱ. ①李… Ⅲ. ①课程－研究 Ⅳ. ①G423.04

中国国家版本馆 CIP 数据核字（2024）第 085472 号

KECHENG LUNTI DE CHANSHI YU SIKAO

课程论题的阐释与思考

李殿森　著

责任编辑　凌　江
首都师范大学出版社出版发行
地　　址　北京西三环北路 105 号
邮　　编　100048
电　　话　68418523（总编室）　68982468（发行部）
网　　址　http://cnupn.cnu.edu.cn
印　　刷　北京印刷集团有限责任公司
经　　销　全国新华书店
版　　次　2024 年 4 月第 1 版
印　　次　2024 年 4 月第 1 次印刷
开　　本　710mm×1000mm　1/16
印　　张　13.75
字　　数　247 千
定　　价　42.00 元

目　　录

绪　　论

课程是教育的精神食粮。不论从学科属性、学科定位，还是学科对象上，课程理论的研究一般都限定在学校课程范围内，以体制化的学校教育作为研究领域来确定课程论的研究对象，进而将课程原理、课程探究、课程设计及课程评价设定为本学科研究的基本范畴。作为学科陈述、叙写与讨论的起点，需要明确一些基本的命题、概念和学科规范，它们是局内人话语交流的前提条件。本章以三个方面的问题作为讨论的入门话语——课程含义、课程形态与课程范式。

第一节　课程的含义及其分析方式

每门学科都有其自身的身份界限，圈定了所隶属的诸如问题、范畴与概念之类的起点问题，以便厘清该学科的基本边界，对课程定义的讨论就属于这样的起点问题。澄清课程的含义，也就明确了哪些可以纳入课程论中加以讨论。

课程论研究的历史很短，学科知识积累薄弱，尚处于学科发展的论争阶段，多元观点与多元讨论是这一学科的主要特征，对于课程含义的解析也是这样。

课程的界定方式不同，其含义也不同。与教育研究一样，课程研究也是"拄着拐棍"的，即依赖于其他学科成果得以前行。因此，站在不同学科的视角分析课程含义时会得出不同的意义。同时，由于学校教育模式、体制、方式的变革，加之时代变迁，都赋予了课程以不同的时代特征。大体可以从下面几种分析方式来讨论课程的多重含义。

一、对课程含义的多视角解析

课程研究者从不同的研究视角分析课程含义及课程意义，比较常见的有以下几种。

(一)课程的教育学分析

这是相对晚出现的对课程含义的分析方式，至少在教育学诞生且学校分科课程出现之后。以此看课程，人们或者将教学科目本身认为是课程，或者将教学活动及过程认为是课程，由此形成了静态与动态的课程本质观，成为后来诸多课程教学流派论争的焦点。

1. 课程即教学科目

人类知识学科化之后，学科知识相应地纳入学校教学内容之中，学科知识变成了学校知识，学科变成了科目，知识的科学属性转换成了科目的教育属性。这些教育化、科目化的知识内容是学校要求学生掌握的学习内容，是具有课程属性的学校知识。

2. 课程即有计划的教学活动

那些怀有古典主义情结的研究者更希望探究课程的原初属性，以钩沉课程的本真特征。众所周知，教育最初源起于人类口耳相授的活动，以非文本化的形式在动态活动中展开，口述式言教与行为式身教是其主要形式。教育的授受活动一旦终止，所谓的"课程教学"行为也就结束了。在古典主义者看来，质言之，课程是有计划的、为达到预期目标的教与学行为的统合。即使伴随系统化、学科化知识的演进，以及文本化教育材料的出现，课程学习仍然是文本操作化、知识活化的过程。静态的非行为化的材料即便有价值，因其与学习者没有形成活动关系，也只能是"不被感知""不存在"的东西。活动或活动化是课程的本质。赋予课程以经验论的理解，在注重活动教育理念的国家很有市场。

从教育学视角将课程界说为科目与活动的定义方式，成为书本知识与活动经验等课程主张论争的主要分歧。

(二)课程的心理学分析

心理学作为课程研究的科学基础，更注重课程学习对学生身心方面的影响，因此，心理学者更倾向于从学生视角来界定课程含义。

1. 课程是预期的学习结果

教育者依据学生身心发展规律和自然进程，为学生当下与将来发展预设学习目标，而这些学习目标借以实现的教育材料或学习材料就是课程。赋予课程以学习结果的理解，反映了心理学家在课程设计中的学生本位观。

2. 课程即学习经验

学习经验是学习者经由自我意识而习得的自主经验的总和，它是生成知识和改组认知结构的前提。自觉的学习经验不同于日常习得的自发经验，作为教学或学习过程的产物，学习经验具有如下特点：一是学习经验是有意识习得的，不同于无意识习得的日常生活经验，因此，意识性是其首要特征；

二是学习经验也许不系统，但必须具有理性的、反省的、自主的特性，从而内化为自我认知结构的一部分；三是学习经验的表现形式既可以是外显的，也可以是内隐的。前者表现为学习者行为方式上的变化，后者则体现为内在支配着学习者的认知行为。

"课程即学习经验"这一命题因其非常切近课程本质，在课程定义中影响颇大。课程属于外在的学习材料，这些学习材料虽然是学习者自我认知的一部分，但只有那些通过一系列的教学操作方式，将外在学习材料转化成学习者自主的、有计划的认知资源时，这些外在学习材料才能转化为真正有意义的课程资源。因此，有效课程或课程的有效性必定表现为外在材料在何种程度上转化为学习经验，实现由外部自在资源转化为内在自主资源。

(三)课程的社会学定义

社会是课程关注的重要领域。社会学视角一直是课程研究者分析课程问题的切入点。当前，从微观社会学分析的视角关注课程的社会属性即课程社会学的研究，成为课程社会学分析的主流。纵观社会学视角对课程属性的分析，可以梳理出三种论说。

1. 课程即文化再生产

持有保守主义社会观的人往往将课程属性做如是判断。他们认为，课程除了传授基本知识和技能，还传播一个社会的"软件"成分，即文化。课程的文化传播功能决定了课程对社会的间接但持久的影响。文化保守主义者主张课程的首要任务是传播当下文化精神和社会状况，维护既定的社会理念和结构格局，以反映当代文化状况为己任，不关注也不展望文化的传承、变迁与未来发展。课程保护了现有文化样态，也就维持了现有社会秩序，锁定了人们的当前价值观念。这种文化再生产课程观无疑是对当代文化或社会形态的肯定，抑或无奈的认同，不希望变革的出现，反而遏制变革的动力。因此，"文化再生产"的课程主张往往在社会发展的上升时期较易于成为主流的课程观，成为社会上升时期的主导课程形式。

2. 课程即文化创构

那些有怀旧情结的研究者普遍认为社会发展的历史轨迹是一条下抛物线，在走下坡路。他们坚信古典文化是优秀的。学校课程应当承担启承世风、创新文化的责任，以基于古代精神而创构新文化来拯救现代文明。因此，反映古典文化状况，传扬古代社会精神与信仰就成为文化传承学派赋予课程的新含义和新使命。每每世风日下、社会秩序紊乱、人们思想窒息时，往往会回溯先人智慧，以求复兴、更生，推陈出新，与时俱进。

3. 课程即社会改造

寄希望于好的教育造就好的社会，一直是激进或创新理念的教育者所坚守的社会理想。他们认为，思想的改造决定着社会的进步，而学校是改造思想最有效的制度机构，因此，应当赋予课程更多的批判与创新特质，凸显那些有利于推动社会变革的观念，培养学生关注现实、批判社会的精神和信念。赋予课程改造社会的文化学派一般主张课程要反映未来文化状况，呈现理想社会的文化图景，激励人们前行。思想活跃和社会变动时期是该课程观最集中涌现的时期，它是社会变革时期的主导课程理念。

以上三种社会学视角的课程含义，反映了当代人们更加关注课程的社会功能，而课程社会功能本身又具有社会性。可以说，课程的再生产功能、传承功能及改造社会功能在不同历史阶段曾反复出现，因此成为分析课程问题的有效维度。

(四)课程的哲学分析

哲学家是分析教育问题的资深群体。哲学是一般意义上的教育理论，也是一般意义上的课程理论。在相当长的历史阶段，哲学行使着教育学的职能，这也是教育学科依附于哲学而晚兴的原因。哲学研究教育问题围绕两个方面，一是人们如何获得知识，二是人们如何形成价值观，知识论和伦理学成为集中研究这两个问题的哲学领域。

1. 课程是人类的认识形式

这是认识论或知识论对课程含义的理解。人类认识外物和认识自我的方式与学习知识的方式既存在分别，但也彼此相通，即科学认识与二次认识问题，课程主要归属于后者。所谓课程就是依据学生认识规律组织起来的认识系统，总体上成为学生认识的有效材料。因此，课程类型、课程形式、课程内容都应建立在人类认识原理之上，只有此种形式的材料，才能成为最适合学生学习的课程。

2. 课程是人类的价值形式

价值属性是课程知识的人文成分。课程目的在于促进人的发展，人的发展是价值内化的过程，因此，课程负载并传递某种价值信念是自然而然之义。那些反映某种价值系统，"信达雅"地传达价值信仰，以使学习者习得相应的价值体系的材料，是课程应有的教育功能。

二、课程的基本含义与特点

尽管目前给课程下一个规范的定义还为时尚早，但从描述角度对课程含义加以陈说是必要的。

(一)课程的基本含义

课程是教的内容，但不等于教的内容；课程是学习材料，但也不等价于学习材料。课程的形成是教学规范化之后的事情，是教育所必需的社会、知识、文化等前提条件逐步成熟之后的产物。课程是为学习者提供的程序化经验，是人类生存活动中形成的规范化的价值经验和既定进程的总和。

(二)课程的基本特性

我们从学科话语的角度与本土话语的角度两个视角分析课程的基本特性。

在学科话语视角下，课程具有规定性、实质性和逻辑性特征。

1. 规定性

课程是制度化学校教育传授的学与教的材料，它的知识选择、价值理念、进程安排都受管理机构的控制和审定。简言之，课程是按照某种制度规范制定的材料及实施方式。

2. 实质性

即课程的资源、材料等内容成分。不同时代，依据不同的教育目标，人们会选择不同的课程内容作为实质要素。

3. 逻辑性

课程不是一般性的学习材料，而是教学过程中用以完成教学目标的媒介，它具有系统性特征。因此，保证课程材料、学习资源等有利于教与学，就必须依据课程组织的原则，使课程材料逻辑化、系统化为程序式文本，此即课程的逻辑性。

三、课程的一种层级分析

上述所分析的诸多课程含义的共同特点是从学科视角对课程做相对静态的结果分析。从另一角度看，课程有一个生成的过程；同时，课程被学习者接受时有一个内化过程。不论生成过程还是内化过程，由于课程设计主体的参与形式不同，对课程建构做出的贡献也不同，由此也改变或塑造出课程的不同内涵。从动态的、生成的、系统的视角，对课程及其建构过程进行全方位分析的学者当推美国的古德莱德。他将不同阶段形成的课程划分为不同层次，进而赋予不同含义，故我们将之称为课程的层级分析。按照课程形态、建构主体、生成条件等方面，课程系统可以划分出五个层级。

(一)理想课程

理想课程处于最高层次，它是纯粹的学术研究的产物，专家是理想课程建构的主体。顾名思义，理想课程是专家看来最符合课程原理、最科学的课程形态。在课程发展过程中，理想课程代表着课程的核心模型和基本范型，它在一定程度上表征了一类课程应有的共同的基本特质。

(二)正式课程

课程是要在教育活动中实施的，因此，蓝图远景式的课程理想必须先要获得合法身份或被教育管理者认同的资格，才可以付诸教学。这些通过群体认同或教育审定机构许可而颁行的课程形态，即是正式课程。在教育国家化、体制化这一历史发展阶段，国家教育行政机构是正式课程的裁决者。基于理想课程之上架构起来的正式课程，包括法定文本、课程文件等形态，本质上使课程知识间接成为政治化的产物，其建构主体的核心成员是政治家。

(三)领悟课程

受国家文件规约的正式课程颁行于学校教育活动中，予以施行。执行课程授受角色的群体是教师。欲传道者先闻道，想教人者先学人。教师在实施正式课程之前，自己首先要学习课程材料，领会课程内容，把正式课程转化为教师自己理解的课程，教师备课就是一个课程共同体的群体认识转化为教师个体认识的过程，也就是生成领悟课程的过程。每个教师的价值观与思维方式不同，故对正式课程的理解有别。这种基于教师个体认识基础上形成的领悟课程便不再如理想课程、正式课程那样客观确证，而体现出教师个体认识特征和价值倾向，有一百个教师就存在一百种领悟课程。此类以教师为建构主体生成的课程形态，也可称之为师定课程。一般认为，教师的课程领悟表现出对正式课程的忠实、适应与创造三种取向，相应地存在三种课程再生成行为。

(四)运作课程

教学实践是师生互动过程，课程于其中得以授受。这一过程是教学内容转化为学生个体知识的必由环节，它在很大程度上决定了课程授受的效率。以师生在课堂教学中相互协同展开的知识授受活动是师定课程的操作化过程，是课程动态传播的形态，因此，称之为运作课程。作为师生建构的产物，教师与学生都是运作课程建构的主体和核心，他们共同营造了适宜思想实践展开的情境。因此，运作课程带有情境化特性。师生课堂情境的创设是否成功，决定了运作课程实施的效果。

(五)经验课程

经验课程是以学生为建构主体的课程形态，是学生内化运作课程的产物，亦称生本课程。课程的最终目标是改造学生的个体认识。学生通过学习活动，改造了自己的经验结构，丰富了自己的经验系统，提升了自己的经验水平，总之，学生内化而生成的新经验是经验课程的最终目的。

这就是古德莱德就过程分析得出的课程层次描述。从广义的视角，他将课程从设计到实施全程纳入了分析视野，从厘清课程含义角度看是有价值的。但从学科理论范畴来看，并不是严格意义的课程概念界定。因为概念、命题、推理之间有明确的边界，它们构成了学科理论的基本结构框架。如果将一个概念的诠释无界限无边界地扩大，必将使概念分析侵越了命题与推理的领域，导致难以建立起逻辑自洽、结构系统的学科理论。

此外，如果把古德莱德的课程分析称为"延伸的课程推理"的话，那么在他的这一"全程课程序列"的逻辑链条中，没有触及课程理论的重要领域——课程评价，即对课程结果的监测和评判，这是评价或改进课程设计的重要方面。作为对经验课程的检验与评价，评价形态的课程主要由课程学家来承担，基本任务是监测学生学习结果。但目前看来，评价课程所能检测到的学习结果与学生实际获得的学习经验并不完全一致。后者大于前者、经验大于表现的现象正是对评价课程手段不断改进的呼唤。评价课程是促进课程更新的有效手段，中国古代教育论文《学记》所设计的"五阶段"课程目标即着眼于知识内容与评价目标两个维度，以便使评价结果成为促进学生学习和教师教学的反思性参照。

第二节　课程的理论类型与实践形态

课程研究与实践及学科发展都需要理论指导。课程以人类知识经验为核心，其理论建构受到知识问题的影响。课程理论指导下的课程实践体现为课程形态，表现为教学科目，是最终呈现在课堂教学中的课程样态。

一、课程理论类型

不论是学科视角的课程界定，还是层次分析的课程界定，它们的含义与内容都离不开课程发展需要的理论内容。这些理论为完善、研发一门有效课程提供了思考框架。这些指导课程发展的理论构成了课程理论的多元类型，行使着自有的理论功能。我们可以从理论内容、理论功能、途径等方面将课程理论分为四种类型。

(一)课程哲学理论

课程神学与哲学理论或可合二为一来考察。任何哲学家都有其自己的宗教观与世俗理念，但从知识变迁史和心智进化与发展过程来看，神学先于哲学。相对于神学家，哲学家们站在世俗世界里从人的视角分析课程问题，脱离超验领域，步入人类生活世界。因此课程哲学理论回答的是课程培养人的何种思想信念，养成何种价值取向，秉持何种意识形态等问题。它借助哲学的理性手段，以育人向善为目的，解决课程之于人类发展根本走向的问题。

(二)课程科学理论

神学与哲学理论是最古老的人类认识成果，也是最古老的教育理论。科学革命为人们开启了认识世界、探究问题、积累知识的第三条路径。自此，实证分析方式借由科学成了人类探究未知领域的主流范式。就课程理论发展而言，特别受惠于以心理学、语言学为核心的认知科学思想。科学理论的最大价值在于对课程的应然与实然问题给出了实证的分析与回答。课程科学理论从认知科学视角探究课程的原理与运作机制，它告诉人们课程发生、运作方面的内部过程，为人们揭示了课程系统的基本运作规律。科学课程理论不同于对课程的形而上思考，它是基于实证分析、以求真态度证实某些课程规律，证伪某些课程命题。

(三)课程设计理论

神学、哲学、科学三类课程理论都以探究课程实质结构为目的，即所谓课程目标、课程经验的选择问题。而课程设计阶段主要解决的是课程材料系统化、组织化问题，它关注的是如何将经过神学理论、哲学理论、科学理论过滤后得来的课程材料，以符合教与学的方式，连贯地整合编织起来，形成课程序列或文本，成为课程材料和教学媒介。

课程设计研究早已有之。近来，由于借助信息科学发展起来的教育技术学使课程设计研究更加系统化、形式化，遂逐渐发展成为一门专业性较强的学科。课程设计探究的是如何选择有效的策略与方法组织好课程材料，以指导教师提高教学效果和学生学习效果。因此，借助技术手段分析教学过程就成为课程设计者必不可少的基本技能，故亦称为课程技术理论。它借助现代教育技术手段的运用，达到有效、高效教学的目的。

(四)课程艺术理论

哲学是用理性写就的诗歌。艺术先于学术。艺术是科学的预兆形式。因此，作为"理念的感性显现"的艺术是统贯于所有学科或领域的。不论体现理念的形而上沉思，还是追求效验的课程设计，没有艺术性的体悟，都难以达到至纯至真的境界。高超的教师向来都有独到的艺术感受力，独到的课程也都展现出特有的艺术风味。因此，课程之美首在艺术。课程艺术主要借助美学理论和思想，在课程材料中注入能引发学生感悟知识、顿悟思想的灵感，提升学生分析问题、解决问题所需的灵感和艺术颖悟能力。理性束缚人思考，往往使人循规蹈矩；艺术解放人思考，常常令人天马行空，而后者正是创新思维生成的源泉。艺术本身具有的这种天马行空般的自由是学生创造思维必不可少的要素。同时，富有艺术美的课程与体现美学感染力的教学无疑也是最受学生欢迎和乐学的。一门课程或者一名教师所能达到的最高境界无疑体现于其美学化的课程与艺术化的教学行为之中。因此，课程艺术理论旨在通过展现课程的美学风格与特色，以隐喻的艺术形式，达到课程美学化的意境。总而言之，哲学是一般意义的教育理论，同理，艺术是审美意义的教育理论。

上述四种课程理论大体上在两个方面提供了课程的理论分析框架。神学理论、哲学理论和科学理论重在分析课程的实质问题，即人与经验问题，它们构成了课程理论的基础和必需。设计理论与艺术理论则探究课程的组织问题，或言之材料的序列化问题，虽不是必需，但却是课程理论专业化、独立化的必然追求，最终会使课程的理论构想走向实践领域成为可能。

二、课程的实践形态

依据课程理论指导而研发出的在教育实践中施行的课程门类。由于分类维度不同，更主要的是社会发展与知识积累使课程实践形态呈现不同变化。课程形态是依据课程管理方式、课程材料的组织方式、教学与学习方式而形成的课程类型。

(一)综合课程与分科课程

这是最古老的课程类型，主要依据知识类型及学习领域来划分，包括几种类型。分科课程，如七艺；综合课程，如五经、四书；融合课程，即整合两门以上相关学科，如生物学。广域课程，即以学习领域为中心组织课程，不注重知识逻辑，如社会研究。问题课程，即核心课程，以某一主体组织课程材料，包括社会问题课、青少年需求课、文化时期课程。

(二)学科课程与活动课程

依据学习方式来划分的课程类型，也与课程材料的性质有关，可以划分为两类。学科课程，指向知识与理性；活动课程，基于经验、感性，上升为知识与理性。

(三)正式课程与潜在课程

依据学习效果及课程目标、学习结果的相关性划分的课程类型。正式课程是具有法定属性，纳入学校教学计划的课程。潜在课程是没有具体呈现在课程计划内，学生附带习得的课程。

(四)国家课程、地方课程和校本课程

依据课程管理与研发主体划分的课程类型。国家主导开发的课程即国家课程。地方依据自身教育需求而开发的、仅供地方学校开设的课程即地方课程。学校主导开发的、仅供本校开设的课程即校本课程，具有鲜明的学校特色。课程实践形态根据不同的研究目的也有其他的划分标准，诸如核心课程与外围课程、必修课程与选修课程、终身课程与学段课程等，这些都反映了课程研究的不同领域，以及研究者的学理追求的结果。

第三节　课程的价值形态与学科范式

当代的课程理论与学科构建，主要借鉴了西方课程论的学科体系，因此，我们在此主要以西方课程视角，分析课程的价值形态与学科范式的演化。

我们从两个维度划分西方课程思想的发展谱系，即价值形态和学科范式。

一、课程的价值形态

课程的价值形态是指课程理念本身确立起来的价值判断，以及其赋予个体身心发展的价值期望，其核心反映了"什么人最有价值？"。研究者价值取向不同，课程的价值形态各异。就此而言，课程形态经历了人文课程、神性课程、人性课程、科学课程和文化课程五种课程哲学的价值形态。

(一)课程价值属性的二元结构

教育探讨的一个永恒问题是"什么样的人是最有价值的？"古人云："易有三训，一训简易，二训变易，三训不易。"就人的价值特质及其属性的构成上看，简易性、变易性、不易性是其基本特征。从结构上看，课程价值属性也表现为简易基础上的变易与不易的二元结构。人的价值特质必然普遍存在于人民大众的日常生活之中，简约而易习得是其简易特性，所谓性相近；人的价值特性受时代约束，不断流变，不断累积成最适合当下社会的生存品质，变故易新是其变易特性，所谓习相远；人性的简易与变异特征往往清晰地表征于个体或群体日常生活与时代的社会观念之中，这些构成了人的价值属性的表层结构。人的价值特性中必然留存着人之所以为人的本真的东西，它们千古不易，百代恒传，成为人类文明进化与发展史上的种系特征的核心，深潜于人性品质的深处，构成人的价值属性的深层结构，从根本上决定着人的思想与行为。

(二)课程价值属性的表层结构：社会属性

位于表层的课程价值属性因时代的更迭、社会的发展、民族的分别、文化的传统而发生流变，继而呈现出连续不断的变更序列，这就是课程价值属性的"变易"特征，这在西方课程发展历史上尤为鲜明。人文课程集中体现了人类文明的轴心时代对人的价值品质的理想设计，更为深刻地揭示了人性的深层结构。人文价值是基于某一终极信念的人性思考。神性课程是中世纪神学时代精神在课程领域的反映，由此决定了什么样的人品最有价值。人的神性特质无疑是基于世俗世界的神性思考。人性课程是神性课程盛极而反的结果，是超验领域与世俗世界的整合。科学课程以人的实证认识方法论为手段，以存在论为基石，把人的实在感知及认知能力看作最可宝贵的品性。文化课程是基于人的深层品性和日常特性的价值整合，实现课程最终"化人"的目的。

(三)课程价值属性的深层结构：人本属性

课程价值的深层结构反映了人性的本质特征，即人性的种系特性，表现出普适的社会心理认可。如苏格拉底赋予人节制、公正、智慧、勇敢的美德；中华文化赋予人仁、义、礼、智(此为孟子所说，四端，其不言信，与后面的四性相对应)的民族品性，及其表现出的恻隐之心、羞恶之心、辞让之心、是非之心四种德行。

从课程价值特性的上述演化路径中可以看出：

1. 人的价值特性是表层的变易性与深层的永恒性的统一。前者揭示了人性的时代、社会、民族、文化属性，故从这一意义上说，没有纯粹抽象的人性；后者揭示了人性的种系属性，它为人性之本，千古恒存，故从这一意义上说，存在纯粹绝对的人性。相应地，人们赋予课程的价值特性亦然。

2. 科学课程标明了人们认识外物方式的变化，成为新旧认识方式的分水岭，标志着人类新的认识论和知识类型的诞生，继而主导着学校课程的设置与构成。

3. 科学课程的出现也标志着人性价值判断的断裂，在一定程度上背离了"人性价值生成必须以深层本性为核心而代际累积流变"这一规律，表现为人性品质的深层结构的终结。学校课程不再以之为核心去设计教学理念和目标，致使所谓人性的异化。

4. 文化课程是对人性价值和科学课程反思的结果。文化课程试图修补、重拾业已断裂的人本特质。立足于人性深层本性的基础上，整合人本课程所追求的人本的坚执、神性课程所追求的超验的虔信、人性课程所追求的世俗的关怀、科学课程所追求的真知的追寻，以期熔铸课程所内含的新的价值特质，并形成新的关于人的价值的信念，据此构建课程形态。

5. 总体上，课程所追求的人的价值属性，符应着人类思想发展的时代范型，沿着天人同构、神本位、人本位、物本位、天人同化的阶段变化着。

二、课程的学科范式

学科范式是指学科发展过程中表现出来的动力特征、理论建构逻辑和言说方式。学科范式是学科发展理论化成熟的标志。据此，在学科范式上，课程研究经历了哲学、神学、心理学、语言学、社会学、文化学六种研究范式。

哲学范式是以哲学思想为指导，分析、思考教育问题，提出课程理论。哲学是一般意义上的教育理论，它在根本上影响课程理论的基本面貌。

神学范式导源于哲学关于信仰领域和彼岸世界的沉思，直接来自宗教思想，从人类发展的终极信仰出发，用超验的思考寻求此岸世俗人间的教育方略，它片面但却深刻地探悉了人之所以为人的根源条件。

从神学范式的式微直到近代心理学范式的形成，这一范式转换期间人文社会科学曾经影响了课程研究，并给予其理论启发，但其最终走向心理学范式。

哲学及神学对个体认识过程的关注，独立分化成对"心的观念"的研究，成为心理学研究的初始渊源。心理学范式的主要特征是以心理学思想来探讨课程问题，探讨课程设计的基本规律。该范式可以分成前期的哲学心理学和后期的科学心理学两个时期。课程的心理学范式实现了课程研究从思辨到实证的转变。

语言学范式包括前期的认知语言学课程理论和后期的社会语言学课程理论。认知心理学为语言学研究带来了范式意义的革命，认知语言学最先给课程研究带来了新的理论灵感。借助认知语言学思想，课程研究者分析知识的结构与习得问题，从而提出一系列的课程理论和教学策略，其理论影响至今犹存。人们在关注语言的认知属性的同时，也在探讨语言的社会属性，以及这种社会属性在教育领域，尤其在课堂教学这一特定时空境遇里的运作模式，并与个体成长联系起来，这就是社会语言学的课程理论。

社会学范式最初是由社会语言学课程研究引发的，它既关注课堂及教科书等微观层面的社会学要素，也关注课程教学与社会结构、阶级、集团、个体身份等宏观社会学要素的关联。此种课程范式的出现标志着课程研究从微观走向宏观、从校内走向校外、从个体走向群体、从心智发展走向价值判断，使得课程研究更具有价值哲学和社会哲学的味道。

我们知道，社会语言学课程理论以关注课堂层面的教学语言的社会特性为目的，微观分析个体语言能力和习惯对教育效果的影响。当人们认识到个体语言是群体语言的反映时，重新唤起了人们对"教育即生活""学校即社会"等所谓"杜威命题"的思考。拘泥于校内的社会理论的微观分析让位于走向校外的社会理论的宏观视野，宏观社会学在汲取微观社会学的理论与方法基础上，实现了再一次引领课程研究的轮回使命，成为课程与教学研究"向外转"，继而关注校园围墙之外的社会与学校教育问题的分水岭，终成课程的社会学范式。

　　作为课程研究未来走向的一种展望，文化学将有希望承担起课程研究的未来使命，并确立起文化学范式。文化学是整合人学理论、社会理论和知识理论的有效框架。它既钩沉民族生活史的过去，又探讨生活于民族生活史投影中的现实；它既观照超验领域的灵魂信仰，又关注世俗世界的精神状况；它既规约个体的生活方式，又规范社会的生存法则。故而大到信仰分野导致的种族纷争，小到行事差异引发的个人忌怨，都可以溯源于文化领域寻求答案。课程在其每一价值形态和每一学科范式的发展时段，都有代表性课程学家提出原创课程思想，或已系统化为完整的课程理论，成为课程思想发展谱系上的一个个节点，他们共同织就了至今虽然尚不完整、却已十分丰富的课程思想之网。

第一章 课程思想的谱系与历程

教育是人类文明的一部分，因此，教育思想与人类思想是同时产生与发展的。在这个意义上而言，只要有人类文明的地方，就会有教育思想的诞生。可以说，古希腊、伊斯兰、印度和华夏文明均是教育思想的发源地，都创立了具有独特文化传统和鲜明文明个性的教育理论体系。但就课程发展史而论，或以课程学科发生史而论，则不能不说是首先系统化于西方，进而影响到今天世界范围内的课程理论与实践。当然，这只是从系统化的学科体系这一维度来比较分析，并非抹杀各种文明单元内的独有课程思想的自主性和有效性。

福柯的考古学和系谱学的认识史分析方法论开辟了学术史研究路向的新范型，对于注重史鉴思维的中国学者尤为值得借鉴。

如果将历史界定为过往之一切的总称的话，那么，大凡人类思想史的修撰不外乎两种方式，即人物史和事件史，它们分别记录或追溯了人类发展的思想轨迹和活动印迹，此之谓言行。在古代中国，历来正史采取两种修撰模式，那就是班固所言的"左史和右史"，左史记言，右史记事，言为《尚书》，事为《春秋》，历经数代，修正史者概莫能外。尽管目前对史官之记史职能分工尚存疑待考，但人物史与事件史的划分确为历朝史官所秉奉。

一切历史都是思想史。我们认为，就深入了解、掌握课程与教学发展的变迁历程和历史规律来说，课程思想史的学习更具有这种优势。大凡影响深远的课程改革、课程运动、课程事件，尽管有其得以发生的社会条件，但无一不是杰出思想家深邃智慧引动的结果。诚然，历史的发展过程是不以某个人主观意志为转移的，但伟大人物的出现，确实在一定程度上为历史转折的发生提供了不可或缺的思想前导，个人的激情转化成了历史的动力，在课程领域亦如是。任何的前行都是历史的延伸，也必将成为延伸的历史。我们在首章以极为概略的形式勾勒西方课程思想发展的阶段特征，描绘若干里程碑式的课程思想家的真知灼见，古今互训，中西比较，正是出于指导和厘清课程领域基本命题的初衷。

第一节 外国课程思想演进谱系

一、古典轴心时代的课程哲学——人文课程

原始教育，洪荒蛮野，虚无不可确知。追溯充分体现人之宇宙万物之灵的集体意志的教育观念及课程哲学，当从人类精神及其结构自觉和独立时开始，即雅斯贝尔斯所谓的人类文明的轴心期：在西方以古希腊时期的苏格拉底、柏拉图、亚里士多德为代表，在印度以释迦牟尼为代表，在中国以先秦时期宜为"诸子"为代表。轴心期原创出了公认的后世人类文明的最核心成分，且历久不衰。每每当人类精神因枯竭而疲顿时，每每当人类思想因墨守而灰色时，每每当人类梦想因困境而惨淡时，都会自觉地回归到人类思想本原去寻求精神营养，且无一不是高歌凯旋，吹响人类再一次向前进发的号角，故我们讨论西方课程思想、课程哲学时就理所当然要从古希腊文明开始。

美德与知识，苏格拉底的德行即善智的教育思想。苏格拉底（Socarates，公元前469—前399），古希腊最初的教师群体——智者的代表，但他的思想并不能笼统地划归智者学派，而更多体现出知识人阶层固有的群体性格，即为知识而知识，为真理而真理，并不如智者学派那样具有职业教学的性质，是具有个人主义倾向的社会哲学。古希腊民族所崇尚的节制、公正、勇敢、智慧在苏格拉底的思想中得到了最充分的表达。苏格拉底承认存在普遍适用的价值尺度，是一切人一切时候的行为标准。这些普适的价值观念和人格特质是教育者应向下一代传递的，比如节制、公正与智慧。同时，在分析价值体系和人格特征时，苏格拉底提出了"美德即知识"的著名命题，首次就德与智的关系进行了认识论考察。这个命题的含义是丰富的，因为它既是本体论的、认识论的，又是价值论的。

从本体论上看，美德产生于知识，人性之善与恶本身并不能说明这个人是否具有美质或善德。只有个体对善之原理的认识清晰反映出来，意识到美之所以为美、善之所以为善，才产生了真正的美善信念，成为既善且美之人。从认识论上看，对美善或德行的理解源于知识，即源于对善或德的目的或最终取向的意会。当个体不管有意识还是无意识地表现善行或善举，这本身不是苏氏意义上的德，而只有当最初的善行与更普遍、普适的基本人道价值观相联系时，这时才是真正意义上的善，即至善或上善。据此，在个体头脑中关于德的原理体系业已形成，其善行将是有意识、有目的，符合"实践理性批判"的标准，是可以反思的。从价值论上看，苏格拉底的美智与孔子的仁智是

有不同价值内涵的。苏格拉底的睿智跨越时空，与中国先秦哲人心有灵犀，他们在两个不同的文明单元内，通过心灵之约对话，共同阐释了作为人们价值之根本的德与知的关系。

二、神性的苏显与理性的休眠——神性课程

基督教黑暗时代破晓之际，文艺复兴的黎明曙光普照西方思想界。在人文主义思想影响下，首开一代宗教改革之新风，并对后来宗教教育与社会发展，以至整个西方思想进程产生重大影响的是以马丁·路德（Martin Luther，1483—1546）为领袖的宗教改革运动。这一运动不仅重新复兴了宗教的神圣价值及其在人类精神信念体系中的应有地位，而且引发了一场轰轰烈烈的社会思想解放运动。从此，宗教与政治、宗教与世俗、教义与知识等基本关系被确立起来，一直影响着今天西方世界的宗教观与教育观。马丁·路德的宗教改革理念与教育思想主要涉及以下几个方面的内容。

按路德新教的教育论，一种完满的教育形式不是拘泥于学校世界，而是在宗教与学校协调中实现的。尽管后世一直坚持宗教、政治与学校的相分离的社会理念，尤其是宗教与教育的分离，但马丁·路德认为，美善的人所需要的周全教育是不可能脱离宗教化育的，不管这种化育或隐或显，古今皆然。

宗教改革之为新教，马丁·路德的另一贡献是倡导且坚决地摒弃一切对《圣经》经义的曲解之义、断章之文，力主回到经文本身，直面上帝。他的这种"现象学—诠释学"的解经原则，尽显中国古代今古文经学的风范。"诗书执礼，皆雅言也"，"读先王法典，必正言其音，然后义全"。由此，路德特别重视语言学习在学校科目设置中的意义。因为只有熟悉、精通语言，包括拉丁语、希腊语等这些圣经文本的原始书面语，才能更好地理解、诠释经义，更准确地洞悉和领悟上帝智慧之真谛。这种教育思想与文艺复兴主张的回到古典文学中重拾伟大真理的思路一脉相承。

同时，我们也看到，作为新教改革的战士，作为新教伦理的先锋，作为资本主义的精神领袖，同时作为科学理性的思想先驱，路德开一代宗教改革之先，一扫中世纪基督教的话语霸权，拨云见日，成为后来风起云涌、激荡历史的社会的思想运动的先声。但路德毕竟逃脱不了社会与时代给予他的思维视野的限制，他的课程主张，尤其是中小学课程体系的圈定还十分模糊，大多处于理念层面；而且课程构成基本上没有超出文艺复兴思想家力推的学科范围，如语言、艺术、音乐、历史、数学、辩证法等；甚至在某种程度上是对古典人文主义教育理念的复制。文艺复兴创立了关于人的思想体系，启蒙运动创立了关于社会的思想体系，二者完成了对封建世俗思想形态的改造

与重建。而路德的新教改革则催生了新的非世俗思想观念的诞生，为填补由于旧宗教观念的退位而造成的信仰真空做了开创性工作，其创立了关于超验世界的思想体系。至此，作为新兴资产阶级意识形态的所有思想领域的创建任务已经完成，给资本主义社会的建立和稳定发展提供了必不可少的观念条件。

三、人性与自然课程思想曙光——人性课程

伴随中世纪长达千年的宗教神权至上的社会形态的衰落，人类理性渐渐从休眠之中苏醒过来，开始重新寻求人本身的主体力量，这首先表现为在人文领域，兴起了以深入挖掘和汲取古希腊、古罗马文明遗产的营养为标志的文艺复兴运动；继而在社会领域，掀起了一场声势浩大的思想风潮，即启蒙运动，成为向封建社会形态挑战的宣言书。人文与社会领域的两大运动及其余波一直成为西方社会发展和文化变迁的强大思想动力。在教育领域，到此时真正开启了严格意义上的课程流派，形成了系统的课程理论和实践形态。由于不论旨在批判宗教神权的文艺复兴，还是旨在抨击封建统治的启蒙运动，二者总体上具有相通的精神追求，即批判神权、主张人权、批判神性、彰显人性，重显人之为人的主体力量与地位，故我们将这一时期的课程思想泛称为人性课程。

(一)智慧与神性：夸美纽斯的泛神与泛智课程观

捷克教育家约翰·阿姆斯·夸美纽斯(1592—1670)生活的年代，时值经新教改革与文艺复兴的社会文化思潮洗礼后的年代。社会思想活跃和社会形态转型的双重社会特征，不能不影响到那个时代人们的思维方式和思想倾向，夸美纽斯也不能摆脱这种命运。

16世纪前后恰好是一个从中世纪千年之久的神权统治向人权宣言过渡的一个时期，这在思想上为夸美纽斯从超验与世俗的双重世界思考教育和人的发展问题提供了时代精神土壤。一方面使人的思考能从沉溺于神权泥淖的思维中解放出来，另一方面又不至于使教育彻底世俗化，因此，夸美纽斯的教育理论具有一定程度的神性皈依色彩，同时融入了世俗理念。尽管个人的思想总会受到时代的局限，打上那个时代观念的烙印，但我们不能把夸美纽斯的神性教育观看作是时代使然或其思想的局限性，相反，却是其对人的教育本质的深刻洞察。他坚持并坚信教育的超验属性和终极信仰，正是抓住了人性之根和千古教育的永恒本质。同时，受人权思潮及文艺复兴思想的启发，让他能清楚地认识到神性教育本身的弱点，而以自然取代神性，回归教育的

人间本色和现世功用，就成为他教育哲学的创新之所在。他的课程思想体现出神性知识与世俗知识的双重构成。宗教改革让夸美纽斯转皈为新教徒。诸多思想先驱的精神遗产，造就了这个温和的自然神论者。夸美纽斯以德国教学论专家拉特克为直接理论先驱，一反关于教育的表面的、零散的论说、散论，而在立足并揭示"教育和人生的根本问题"的基础上，提出了系统的新的教育哲学及课程与教学理论，成为西方教育史及课程与教学思想史上理论系统化的创立者，这在其《大教学论》等著作中得到鲜明体现。

1. 教育哲学思想

一个人有什么样的哲学观，就有什么样的教育观与课程观。夸美纽斯生逢宇宙观由神性向人性的过渡时代，在价值观和哲学信念上，夸美纽斯表现出明显的经验与超验的双重认识论观念，既相信上帝的在场，宇宙为上帝主宰，又相信人的认识来源于经验和感觉，这使他的哲学本体论与认识论表现为神秘唯心论和科学实在论的整合，反映到教育哲学上，形成了泛神与泛智的课程观。

所谓泛神，即万物有灵，一切皆神。世间万物皆为上帝的造物，沐浴在神性光辉之中，皆分有神的理念和品性。泛神并不是把世间一切都视为神灵，只是认为它们具有神性特征而已，这就决定了人的认识过程与对象既具有俗性，可以通过感觉来认识，也具有神性，必须通过超验来通达。神性与俗性是有价值的知识的基本特性，而感应与感觉则是获得超验与经验认识的基本途径，这就是夸美纽斯的知识论和认识论的基本观点。在自然面前，人没有资格作为批判者，因此，他的课程思想中始终交织着对神的虔信与对自然的推崇。由于自然之结构、运行是顺应上帝旨意的，是上帝意志的体现，顺应上帝就成为达到认识自然的根本途径。通过将人的发展类比于自然，就是符应上帝的理念，从而达到塑造尽得造化之完美个体的目的。在夸美纽斯看来，自然规律与运行法则并非自为的，而是神秘力量使然。宇宙是上帝的诗篇，自然是上帝设计的杰作。这种"自然即神"的泛神的认识本体论，引出了关于世俗知识的另一理论，即泛智。

所谓泛智，即一切皆知，万事该知。世界所有的知识体系是智慧的源泉，是人受教育从而认知上帝的资源与保证。所以他主张使人掌握天地之间包罗万象的知识，包括自然的和超自然的知识体系。但事实上，夸美纽斯所强调的泛智的知识，并不是百科全书式的知识内容。人的认识能力有限，不可能也没有必要用短短的人生掌握浩如烟海的知识海洋。他所看重和设想的泛智知识是关于世界一切主要事实的原理、原因和意义。

2. 教育目的观

夸美纽斯从泛神和泛智思想推导出他的教育目的观，界定他心中理想人的标准。他认为，外在世界是上帝创造的杰作，自然秩序是按上帝意志建构起来的，人们接受教育的目的就是为了培植对上帝的信仰。

在夸美纽斯看来，博学、德行、虔信既是理想人的三个标准，也是个体成长为理性人、周全人的三个阶段；博学可以获得认识上帝的资本，德行可以拥有认识上帝的资格，虔信则是认识上帝的最终夙愿。

> 博学：知识——智慧的象征。领悟上帝神圣性的第一步是掌握上帝播撒在人间的知识，要理解自然界及超自然的一切知识内容，因为它们是上帝智慧的象征，这是人们首先应该具备的智育素养。为此，整个教学理论的目的正如夸美纽斯自己宣称的：寻求把一切知识教给一切人的艺术。这就是受教育者的标准——具有了博学，就可以成长为理性的人。
>
> 德行：品德——人文的核心。理性人在于博学，但不足以成为一个周全的人，这第二个标准就是德行，即良好的人格修养和行为规范；这里所讲的品德，更多指的是现实生活中人文素养层面的，是世俗大众必须具有的、维持社会正常运转的基本规范。"默而成之，不言而信，存乎德行"（《易传·系辞上传》）。具有了德行，就可以成长为美质的人。
>
> 虔信：信仰——生命的灯塔。如果说德行更多注重的是个体的公共行为规范，那么周全人的最后一个，也是最重要的一个标准是个体内心的操守和信仰，即自我修养的内容。人们必须恪守诸如"舍生而不顾，杀身而无悔"的终极信条，它已经超越了个体及群体的世俗层面，而上升到内心深处对上帝虔诚的信仰。具有了虔信，就可以成长为有灵魂的人。

(二)浪漫与自然：让·雅克·卢梭的人本与人性教学观

如果说夸美纽斯身上还残留着神学时代的精神印痕，使他为其课程理论和教育思想赋予宗教神性与上帝崇拜预留了空间，那么，业已身受文艺复兴时期反神性的涤荡、作为启蒙运动反封建风暴浪潮中的弄潮者，卢梭则更清晰地迸发出的是关于人本、人权与人性的呐喊。对自然的高歌，对现实社会污浊的痛绝，对造化之美的颂扬，对人工粉饰的厌恶，对自由浪漫生活的向往，对奢靡应景的上流社会的嘲讽，都使卢梭的教育思想倾注了人性的关怀和人本的关切，挥斥着对神权的痛斥、对神性的抨击，甚至时有激扬之言，但我们仍不能不说，在教育史上，真正开辟了一个不同于以往的一切时代的新教育理念的是卢梭。在卢梭的教育王国里，浪漫的情感体验所体现的人本关怀与自然的身心发展所展现的人性美善，成为他的教育理想人的根本特质，为人们展现了一幅田园牧歌般的自然主义画卷，抒发了伊甸园般的浪漫主义的教育理想与青春情怀。

1. 教育目的

卢梭(1712—1778)是法国18世纪启蒙运动的伟大旗手，生活在封建社会的逐渐谢幕、新兴资产阶级开始登上政治舞台的过渡时期。在此之前漫长的封建社会，封建政权与宗教神权联合起来，宣称神权至高无上，人性不可留存，人权是神权的奴仆，因此，整个中世纪封建社会的意识形态实际上是神权至上的思想体系。随着宗教神权与封建政权的衰微，新兴资产阶级群体的兴起，相对应地在社会意识领域，新兴思想渐成并逐渐取代神权意志，成为社会"占统治地位的思想"的条件开始成熟。以18世纪法国的启蒙运动为标志，新兴资产阶级思想开始登上社会历史舞台。从此，声势浩大、摧枯拉朽的思想革命运动迅速席卷西方思想界，成为社会形态转型和资产阶级革命的先声。

卢梭正是这场新思想运动的领袖。他的宗教信仰以上帝无处不在、自然皆神为核心。与中世纪神学不同，卢梭认为，自然的神性和灵光是上帝圣德的映射，上帝是人类最高的守望者和保护神，它赋予和播撒爱与善的种子在人间。所以，自然之物、自然之态、自然之美就代表了上帝本真的爱与善，我们需要和赞美的正是这种直接来自上帝的人性的美好。人作为自然之物，生长于人间，上帝也如爱众生一样爱人类。上帝赋予万物以自由生长的权利，也赋予人类以自由发展的权利。因此，在上帝看来，人是生而自由的，但封建旧制与宗教神学却让人无往不处于枷锁之中，打着灭人性、尚神权的口号，认为人性之恶是原罪式的，与生俱来，人的自由就是对罪恶的放任。这就使卢梭的人性本善、人权天赋的人学思想与人性原罪、神权至上的宗教观念针锋相对。秉持人性本善的人性论和自然即美的社会观，卢梭提出了他的教育目的观，即自然人是教育所要培养的理想的人。

我们知道，在影响人的发展因素的研究中，卢梭是第一个提出系统观点并影响至今的一位教育家。卢梭的教育研究实际上综合运用了哲学、人类学、心理学、社会学的理论和思想，这一模式深深地影响到杜威的教育思维。卢梭认为，影响人的发展的因素概括起来包括三个方面：自然、物和人。自然因素是物性自然与心性自然的统一，包括自然环境和生物遗传，是我们完全不能控制的；物的因素包括自然与社会环境，是我们部分能控制的；人的因素即指教育，是我们能完全控制的。这种理论令人耳目为之一新之处是强调遗传因素和自然环境对人的发展的影响。首先，它确立了人的发展的生物学前提，指出人的发展条件是自然赐予的，同时也暗含着人的发展的有限性是受先天遗传因素限定的，不是如蜡块与石块可以任凭后天铸刻。其次，作为展现天地之灵秀的大自然是影响儿童成长的重要成分。当然，卢梭提出的自然因素与今天的地理文化学意义上的自然不尽相同，主要是从社会意义上针对现实社会的污浊腐化来说的。他认为，自然环境是远离喧嚣的心灵净土，是最适于美好人性成长的田园，这既是卢梭的浪漫自然主义信念的源泉，也埋下了他的教育理论中过于理想的、无法克服的二元矛盾，即追求人性关怀的人道理想与家国同构的天道法则二者之间的矛盾，表现为个体教育环境与社会功能实现的不可兼得。

2. 课程理论

卢梭的课程思想和设计理念与其社会观和文化学相一致。我们知道，在社会思想上，卢梭坚定地站在反封建、反神权、倡人本、求平等的资产阶级立场一边，但他坚信人的主体力量，愤世而不怨天，嫉俗而不尤人，不宿命、不尤人的人本主义乐观信念使得他在课程内容的选择上摒弃带有封建思想污染或充斥着时代思想流俗的书本知识，让儿童纯洁的心灵远离它们，免受不良影响。"我对书是很憎恨的，因为它只能教我们谈论我们实际上不知道的东西。"①因此，卢梭极其反对儿童乱读书；他说，自然是最好的书籍，人生是最好的教育。但我们必须清楚卢梭其理论的时代背景及适用条件。卢梭决不会激进到视一切人类文化历史遗产为粪土的虚无主义的地步。作为一个伟大的思想家，他以超时代的清醒意识希望表达的是——在适当时期阅读适当的书。当下之文化非人类之经典，故而必须远离，否则，会给正处于个性发展关键期的儿童心灵以日后难以清除的不良心理印迹；同时，也表达了他一直持有的人类发展与个体发展相一致的文化人类学思想，并将之贯彻到他的教育计划之中。依据这种理论，儿童的成长过程就是重走人类种系漫长的历史路线，是个体用短短数年时间顺次经历人类数千年的进化过程，个体的成长过程就是人类发展历程的浓缩和复演。由此，儿童的成长过程相应地划分为几个阶段：

第一阶段：婴儿期（0—2岁），蒙昧人时期；

第二阶段：儿童期（3—12岁），野蛮人时期；

第三阶段：少年期（13—15岁），文明人时期；

第四阶段：青年期（16—25岁），理性人时期。

这样，个体的生活方式也必然相应地经历蒙昧生活、野蛮生活、文明生活和理性生活；依据不同的生活时段来规划儿童学习的内容，四个阶段复演

---

① （法）卢梭：《爱弥儿》，北京：人民教育出版社，2001年，第244页。

得越完备，儿童身心发展得就越充分、越健全。这决定了卢梭的两个教育观点：一是回到自然怀抱中；二是创造一种展示"人的一切自然需要"的环境，利用"生动而天然的情景"去训练儿童的想象力。在他看来，满足这样的条件，同时最能体现自然教育原理的、对儿童有价值的一本书就是《鲁滨孙漂流记》。① 在很长的一个时期里，就只读这本书。

不论是史前时期还是古代文明阶段，人与自然都是心物相息、相濡以沫的。自然的环境能活跃、舒展、唤醒沉潜于人内心深处的原始智慧和古朴性情，重新发扬自然对人类的恩赐，而不至于在现代社会生活中使人类之本真与古风渐趋淹没于人为建造的"存伪去真"的世界中。所以卢梭要带富家孤儿爱弥儿回归大自然，回归原始生活方式，与人类最原初的、也是最有活力的生活境界亲密接触，身心汲取人类智慧之源。

我们都清楚，鲁滨孙的生活故事正好契合了卢梭的这种儿童成长的教育理念。不仅因为鲁滨孙的境遇是远离现实污浊之境的世外桃源，体验着身心的自然之旅，也因为鲁滨孙的经历最好地诠释、复演了人类从原始童年时代到文明时代的完美的文化之旅。独处荒野、只身孤岛、挑战自然的冒险精神与个人奋斗意志，也表现了人类文化之旅的苦涩、曲折与艰辛。在文化苦旅的路途中，人类以其同天地万物的博弈行动，彰显了人类个体意志之坚韧与主体精神之伟岸。仰视苍穹，笑傲宇宙，天地之间，人是万物之灵，这种颇显豪迈与悲壮的英雄主义气概和积极向上、自强不息的忘我直行精神，以及九死无悔的乐观主义理想和信念，在鲁滨孙身上得到了淋漓尽致的体现，这些既是人类文明进化史的精神遗产，也是卢梭希望在未来儿童身上所期望养成的可贵品质。

鲁滨孙栖身的物理形态的孤岛，即是人们为了排除偏见，按照事物的真正关系做出判断而营造的地方，使自己处在一个与世隔绝的人的地位，这是人类的独立思考和精神自由的前提。同时，物理形态的荒岛也是我们苦寻的能够放置每个人各种尘世杂念的心灵荒岛。不时栖居于此，心灵是自由的、舒服的。鲁滨孙个体的意象成了人类整体的象征。因此，我们认为，卢梭的自然人教育理念是个人之于社会、社会之于人类的表现，他借助于现实可感的自我，表达和隐喻着人类自身的品质、理想和历史命运，力图把"大写的人字"写在未来社会发展的历史画卷上。

卢梭的课程形态理论中要提到的是活动课程，尽管不是从课程形态范畴来论述活动课程的相关问题，但他是较早重视活动在儿童课程设计中的核心

---

① （法）卢梭：《爱弥儿》，北京：人民教育出版社，2001年，第245页。

角色，启发杜威提出"从做中学"的命题。在教育领域，卢梭是第一个严肃地从儿童视角研究儿童教育的教育家，实现了对"儿童教育成人化"旧制的突破。卢梭的活动课程包括多种适合儿童开展的活动形式，其中尤其为他所钟爱的是游戏和木工①。游戏心理与形式最能代表童年特征和人类童年时代的远古文明面貌。而木工的技能与技巧有助于发展儿童的灵活性、敏捷性及人的最原始的基本能力；同时，木工作为一门技艺，在社会分工中属于相对自由的职业类型。所谓一技在身，生存无忧。这反映了卢梭对自由生活的向往和豁达乐观的生活心态，期望一种不为社会需要而牺牲个人自由的生活方式。

卢梭的思想折射了那个时代的精神追求，充满了对人性美的赞颂和对人本的关怀，也处处表现出对社会束缚、扭曲人性与心灵的不满、厌恶和忧心。这使得他的教育思想和教育理想充满了无法调和的双重特征，这些特征有些是相互矛盾、相互对立的。事实上，卢梭本人心向往之的具有自由个性的自然人与最终回归现实的社会人之间的矛盾，恰恰反映了他希望为社会而教育但又不希望使其违反自然个性的基本育人立场。这与其说是卢梭教育思想本身具有的矛盾，毋宁说是人类发展现阶段教育本质上不可调和的内在矛盾，这是一个无法解决的二律悖反问题——追求人性关怀的人道理想与家国同构的天道法则二者的矛盾，即个体自由与群体（社会）自由的不可调和。这应该说是在人类文明进化到一定阶段之前，是人类在步入自由王国之前，人的自然天性与社会属性之间对立的必然结果。正如涂尔干认为，卢梭自然主义本质不是"个人本质"而是"社会本质"；卢梭的《社会契约论》远优先于《爱弥儿》的自然个性；爱弥儿的自然个性之美是建立在社会风尚之善的基础上。②

四、对智慧与技术理性的膜拜——科学课程

在人类认识史上，继文艺复兴之后最为重大和影响深远的事件就是科学的发端。以英国经验主义哲学家弗兰西斯·培根开始提出实证科学思想为标志，人类认识开始进入了一个全新时代。从认识方式上看，从唯理走向经验；从认识成果上看，从形上知识走向实证知识；从认识价值上看，从人文价值走向科学理性；都发生了颠覆式的革命，以致最终影响到社会群体的价值信念的转变，成为自宗教改革以来人类价值观转换与重建的最剧烈时期。科学

---

① 在所有一切技术中，第一个最值得尊敬的是农业，我把炼铁放在第二位，木工放在第三位。（卢梭语，《爱弥儿》第 251 页）我认为我最喜欢的而且也最适合我的学生的职业是木工。它干净、有用，有活动量，有技术，要人勤勤恳恳，典雅美观。（卢梭语，《爱弥儿》第 273 页）

② （法）涂尔干著，陈光金等译：《道德教育》，上海：上海人民出版社，2001 年，第 420 页。

时代的到来，与之相适应的是知识教育思想的鹤立凸显与科学课程体系的横空出世，它们成为至 20 世纪为止的数百年教育领地的霸主。

(一)兴趣与伦理：赫尔巴特的知识与道德价值观

宗教改革使世俗知识走入课堂，文艺复兴使人性战胜了神性，启蒙运动使民权取代了皇权。这三场深刻的人类思想运动在客观与主观上为科学的发展扫清了道路。但是，不论从培根的"知识就是力量"的口号，还是科学教育之父斯宾塞的"什么知识最有价值?"的宣称来看，他们的科学思想与科学教育主张，对赫尔巴特及后期赫尔巴特学派来说，影响都不是十分直接。不论在教育目的，还是在教育研究方法上，赫尔巴特与真正的科学教育理念还有一段距离。他极为主张的道德教育论、逻辑推演的研究方法与科学实证的范式更是相悖的。我们之所以将赫尔巴特的教育理论归入科学课程的名下，主要还是因为他的教育思想和课程体系是日后真正意义上科学课程的直接前导。也因此，他才被称为科学教育学之父、现代教育学的创始人。

1. 教育哲学

约翰·弗里德里希·赫尔巴特(1776—1841)，德国哲学家、心理学家和教育学家。在教育哲学上，他是一位知识本位的道德目的论者；在智德关系问题上，他是一位主张知识决定道德的倡导者。因此，以知识传习为起点的道德教育构成了他课程体系的核心成分。至于后来人们冠之以主知主义者的名号，那是对他提倡的"智德教育论"解析上的偏颇。因为赫尔巴特只是把知识或智力的培养看作达成个体道德及个性自由发展的途径、条件和手段，而不是目的。这与形式教育及认知主义的科学理性取向相去甚远。赫尔巴特主张，知识的价值在于塑造心灵，教学的基本作用是它的教育性；没有心灵的知识和没有教育性的教学都是苍白的。他的教育理想是通过知识唤起学生多方面兴趣，进而培养最善的德行，达到教育的最高目的，倡导养成内在自由、完善、善意、正义和报偿的道德价值观，即他心目中的"道德人"。从这一意义上，赫尔巴特似乎更倾向于人文主义教育学派的基本主张，与古典人文主义教育标示的人生理想异曲同工。

2. 研究范式

虽自称为科学教育学，但不论从研究方法还是理论建构上，都不是今天意义的教育科学。在研究方法上不是实证的，而是基于人的发展的基本原理而推导出来的，这种逻辑演绎的方式本质上是形而上学的。这从 1806 年赫尔巴特出版的《普通教育学》的全称《从教育目的推论出的普通教育学原理》中可以看出。

在理论结构上不是经验的。经验与假设是科学理论的基本结构，这些经验和假设或是可证实的，或是可证伪的，不存在价值判断上的两可性。在《普通教育学》中，构成全书理论架构的第一原理或是哲学命题，或是伦理学命题，或是"科学"心理学命题。这些命题的逻辑属性表现为价值判断多于经验判断，或是不可证实的，或是无须论证的，或是不可论证的。总之，价值论、认识论色彩浓于经验确证，因此，与科学教育学相比还不够成熟。

但赫尔巴特及其《普通教育学》的出版却标志着一个教育学新时代的到来，赫尔巴特本人的奠基者地位及《普通教育学》的标志性意义成为现代教育思想的里程碑，这表现在以下几个方面。

第一，教育心理学化的理论定型。将心理学作为教育学基础的是瑞士教育家裴斯泰洛齐，但真正将之作为教育学理论建构基础并形成系统化理论的是赫尔巴特。他生活的年代，心理学尽管尚未脱离哲学怀抱，尚未走入实证科学之列，尚带思辨理性色彩，但毕竟有意识地将人的心理发展规律作为独立研究范畴，并自觉将心理特征与教育原理结合起来。同时，以伦理学之道德理论为目的来建构现代教育学体系，从而形成了一个系统的、完整的教育学科，至此一个新的学科形态在人类百科全书式的公共知识体系中出现了，教育研究者可以自信地结束漂泊无定的学术研究者身份。

第二，多方面兴趣说①。好学近知，悦学成知。学而时习之，不亦说乎！故学而不厌。与学习心理学不同，兴趣被赫尔巴特赋予更多的哲学含义，他立足哲学与人类学的高度，深刻地概括、发展、丰富了儿童认识发展过程中兴趣的哲学价值。人类的交往行为不外乎指向物理世界和人的世界两个领域，其与物理世界的交往生成了知识，与人的世界的交往养成了道德。儿童兴趣的发生也一样。通常生活中儿童获得的兴趣有两类：一类是与自然知识相联系的兴趣，它是由对物质世界的了解而产生的，其核心是知识；一类是与社会交往相联系的兴趣，它是基于对同伴的同情而产生的，其核心是道德。每一类又分成三个组，因此，有兴趣的事物可能共有六个组。

（1）知识的兴趣

仰则观象于天，俯则观法于地。人们作用于宇宙这一对象世界的结果，即对波普尔所构想的世界1和世界2的兴趣。

①经验的兴趣：对事实的兴趣。它可以是古董收藏家、植物学家、历史学家以及其他研究事物细节的人的兴趣；培养学生的经验兴趣，可以使学生逊志时敏。

---

① （英）博伊德、（英）金：《西方教育史》，北京：人民教育出版社，1985年，第40页。

②理论的兴趣：观察与一般规律有联系的事实，数学家和逻辑学家有代表性；培养学生的理论兴趣，可以使学生见微知著。

③审美的兴趣：这是从对美好事物的思索中产生的，如对雕刻或诗歌的兴趣；培养学生的审美兴趣，可以使学生各美其雅，高尚其志。

（2）道德的兴趣

中观人文，人们参与社会群体生活的结果，即对世界2的兴趣。

①同情的兴趣：个人对同伴的兴趣；培养学生的同情兴趣，可以使学生施生爱人。

②社会的兴趣：对公民和民族生活的兴趣，特别是对其组织形式的兴趣；培养学生的社会兴趣，可以使学生志存高远，兼济天下。

③宗教的兴趣：人们对上帝的兴趣。培养学生的宗教兴趣，可以使学生诚敬明信。

儿童上述六种兴趣纵贯文理，通达神人，融汇体用，兼为道器，可谓形上与形下的统一，是全人发展与通才培养的基础。因此，推而广之，多元兴趣的培养既是知识教学的前提和归宿，也是智慧的道德人的品格特质的基本构成。经验的兴趣使人敏锐（敏而好学），理论的兴趣使人深刻（切问近思），审美的兴趣使人崇高，同情的兴趣使人恻隐（以心揆心），社会的兴趣使人归属（心怀天下），宗教的兴趣使人笃信。这六类兴趣之间是内在联系的，共同构成了个体探究未知领域和身心周全发展的心理动力。

第三，教学过程的形式化研究。形式化就是对较为稳定的一般模式的归纳，以最简约的形式表现一般规律和机制。形式化程度的高低标志着一门学科理论研究水平和科学化程度的高低。一般来说，大凡科学的、成熟的学科，形式化程度都是较高的，凝练出很多反映学科结构的基本命题。

对教学过程的形式化研究并非初始于赫尔巴特，但从心理学理论出发，进行系统的、运用于教学实践的形式化概括，而后成为课堂教学模式者，当推赫尔巴特。赫氏的教学形式即是所有学科教学都须遵循的通则，教学阶段是四个依次发生的过程序列。他将教学过程依据学生学习过程的心理特点划分为明了、联想、系统、方法四个阶段，后来被他的学生莱因发展成为预备、提示、联合、总结、应用五段教学法，至今仍是学校课堂教学的程序定式。赫尔巴特的教学过程四阶段理论的高明之处在于，它反映的不是人类认识的规律，而是学生认识（二次认识）的规律，因此才更适合于学校教学过程，成为"接受教学"过程的经典学说。

第四，文化时期说与课程编制。将个体发展与人类发展相类比是文化人类学者的一般思考进路。我们今天已很难确切地推知这种思想的最初提出者，但它却一直生气勃勃地影响着无数学科理论和研究者思维。个体的发展历程是对人类种系文明发展史的复演，个体发展阶段与人类历史阶段具有一致性，个体生长经历是人类种系进化的缩影，等等，尽管表述不一，但实质是相同的。这个既不能证实，也无法证伪的人类学命题，在思维上为人们提供了以人类自然发展的历史作为理解和研究儿童思维发展过程的指导，认为人类自然进化史可以压缩在个体发生史之中。

不论在心理学还是教育学领域，复演思想都经常成为理论的基本成分。赫尔巴特是自觉地阐述文化时期说的课程论意义的学者，并将之运用于课程材料的组织，提出了融贯与集中的编制原则，使他的课程设计理念和体系产生了广泛的理论价值。

(1)课程内容选择的文化标准，即文明时段的代表性知识形式。

(2)课程材料组织的文化标准。也就是课程知识序列与对应的文明发生序列相一致。

他强调，应当按照人类历史上知识演变的类型来设计和组织相应的课程内容，而不是让学生复演人类获得相应知识的活动过程，这造成了他与杜威关于文化时期说课程理论的重大分歧，即知识复演与活动复演的分歧。

(二)知识与价值：赫伯特·斯宾塞的科学教育论

在科学课程范式内，有一位课程论学家，他尽管声名上不如其他几位，但他的出现却促成科学课程论，乃至科学教育思想的诞生，标志着课程内容的科学革命。

1. 作为科学课程论之父的斯宾塞

赫伯特·斯宾塞(1820—1903)，英国杰出的社会学家、哲学家，他的社会学、哲学思想对课程与教育研究影响甚大。他的"什么知识最有价值？"的诘问，号称时代之问，是教育史上少数几个最著名、最经典的命题；他的《教育论》一书所蕴含的丰富的课程与教学思想，成为永恒的名作；他的课程活动与课程知识分类的学说闪烁着一个自学哲学家的天才智慧；他的关于历史与人生的哲理审思，不仅表现出西方学者敏锐缜密的逻辑力量，也蕴含着东方古代文明的文化精神，与中国经史教育自相暗合。诸如此类的教育基本原理与命题，斯宾塞均给予了颇具创意的深刻回应，其影响可谓百代不衰。据此，可以把他的课程思想概括为以知识价值为核心的科学课程论。至今，对斯宾塞的科学教育思想研究和关注得较多，但对他的人文教育思想及教学与学习思想关注不够，而在后者方面，斯宾塞也做出了足以发人深省的思考。

2. 最有价值的知识序列

斯宾塞站在科学时代和社会有机论的立场，提出了最值得人们学习的、比较价值最高的一个知识体系，并依据价值的高低列出了一个序列，作为学校课程设计的参照框架。它们是：

(1)直接保全自我的知识。如生理学，保持身体健康。

(2)间接保全自我的知识。与生产活动有直接关系。通过系统学习获得的人类积累下来的、对自我生存有助益的学科知识，促进学生的心智发展。

(3)作为父母及养育子女的知识。如心理学、教育学。齐家、养子、教子、家训方面的知识，促进学生伦理和情感领域的发展。

(4)参加社会交往、履行社会义务的知识。主要是历史知识。是学生顺利从家庭、学校走向社会，并融入社会必须学习的知识，促进学生的社会性发展。

(5)用于闲暇的知识。审美文化、艺术、娱乐和休闲的知识，用以提高学生的艺术素养和自我幸福感。

应当说，到了19世纪末、20世纪初的时候，西方工业化已经完成，科学时代已经成熟，此时的社会思想和文化特征与斯宾塞所处的科学萌生时期已有所变化。在科学至上的社会主流思想中渐渐出现了人文主义思潮的回流，人文思想家对教育的科学主义价值观开始进行反思。相应地，在文化领域，与科学精神相对应的人文精神也开始逐渐地在文化潮流中显现；以人生本位、生存本位、人性本位为主要观照内容的现象学、存在主义、人本主义，以及文艺领域对现代科技文明对人们心理的扭曲和生活状况的反讽，随之汇合成对人生意义与生活价值的人道反思的现代主义思潮，最终成为文化学界的思想潮流，开启了以清理、批判、追问、反思为学理旨趣的文化研究序幕。教育、文化、艺术领域的这些变化实际上已经预示着科学教育思想潜存的某些危机。

在科学至上、科学即理性、技术即理性的时代，在膜拜科学之无所不能、如上帝一样改造一切的时代，站在这股汹涌洪流之中，以超越众人的睿智、穿越时代的洞察探究科学教育风险与人文教育回归之合理性，并试图将二者结合起来，实现人类发展与教育的社会化、人文化的教育家便是杜威。

(三)经验与自然：约翰·杜威的反省教学观与经验课程论

约翰·杜威(1859—1952)，美国哲学家、心理学家，芝加哥大学、哥伦比亚大学教授。现代课程史上最有影响的五位课程学家之首。

杜威其人，博学反约，一生著述宏富，且多有开创之功。因其曾来华客居两年，游历讲学，且门下有华人高徒相从，故其哲学、教育之说在当时中国学界名噪一时，广为人知，影响甚大，成为中国现代教育史上的风云人物。

1. 时代背景与哲学思想

19世纪下半叶，西方已经完成了工业革命，实现了社会生产方式和生活方式从封建社会向资本主义社会的过渡。一般来说，时代变革时期，引领时代转换的精英思想是先于时代进程的，唯其如此，新社会的变革才有可能。但当社会转型结束，一个新时代到来时，社会思想领域面临的一个现实问题就是定国时的少数精英思想如何为大众所掌握，从而转变成一种兴邦的社会意识和国民意识，进而成为一个时代的主流思想。

杜威的心理学思想受惠于康德和詹姆士，康德给了他心理问题的哲学启发，詹姆士给了他科学启发。在詹姆士的心理学理论中，人的心理意识如河流之水一样川流不息，后来被称为意识流。这一理论直接影响到杜威分析教育及人类经验生长的本质问题，提出了他的教育基本命题：教育即经验的连续不断的改造。由于受社会有机论的影响，杜威也坚持人的心理发展和心智培养是机能进化与成熟的过程，而不是官能的独立训练可以达到的。这使得杜威相信人的心理发展是人参与基本社会活动的结果。杜威一贯认为，除哲学可以作为一般的教育理论外，心理学、社会学、生物学是教育科学的三大基础。他融合了实用主义哲学、民主主义的社会学和机能主义的心理学思想，创生出与传统教育相对的进步教育理论，并在美国形成进步主义教育学派，播及欧洲，发展成为新教育学派。

除了杜威自己的三大教育基础支撑起他的进步主义教育理论以外，他继承了卢梭的儿童教育思想，提出了儿童中心、经验中心、活动中心的思想，实现了教学主体、知识形式与学习方式的转换；他发展了赫尔巴特的文化时期说，以复演人类文明由以产生的社会活动取代赫尔巴特的复演人类文明的知识成果，形成了杜威自己的活动课程理论。

在杜威的教育思想中，他没有走向或人、或智、或社会的极端，而是将三者联合起来看作一个有机系统。因此，发展各端，各有所据。就知识而言，他主张教育过程是个体经验的连续不间断的改造，学习方式应是"从做中学"；就人而言，他主张教育即生长，是个体自然经验的不断丰富；就社会而言，他主张教育即生活，是生活的抽象；学校即社会，是社会的雏形。所以，杜威特别反对将教育重心偏向于一端，而忽略其他。

2. 课程与教学理论

在杜威的课程与教学思想中，有些是从其教育哲学推论出来的，有些源于课程教学实践。这种研究方式贯彻于他的经验－理性主义的思考模式和认识论范式之中。

(1)经验课程论

在认识论上,杜威是一个经验－理性主义者。他的经验论与哲学史上的经验主义有本质的不同。人从外界获得的感性觉知不是真正的经验。所谓经验认识是指那些以感知方式获得,同时在人的思维中经过理性加工、有意识的反省、批判的逻辑组织,最后凝结成的对事物的认识,成为个体认知结构的一部分,此方为经验。连续性与交互性是其两个标准。连续性是指新旧认识耦合而生成的新结构,温故知新最为难得;交互性是指建立于主体移情于客体即心物感应之上的体验,感同身受最为铭刻。经验认识是人对自我的体验与人对外物的体验合为一体进行逻辑组织的思维方式,即经验－自然主义。经验正因为人之自我反省,因此才具有社会文化本性;自然正因为人与物的作用,才显示出自然造化本性,这就是经验的两个基本属性。

(2)反省教学论

杜威的反省思维及其反思教学思想与其经验认识论相关。在杜威看来,最有价值的经验不单单是感知得来的,也不单单是思辨得来的,而是反省得来的,是感知与思辨相互反复作用而后生成的。将这种人类认识规律运用于具有二次认识性质的教学过程,结论亦然。在教学过程中,用杜威的话来回答"什么知识最有价值"这一问题的答案就是,对学生来说最有价值的知识是反思经验,是学生对问题的亲身体悟、有意识加工、逻辑推演,并与自己原有经验体系汇成连续的"经验流"的过程。作为培养学生高级思维形式的反省教学模式,要开展这样的反省教学,培养学生反省思维能力,使学生获得反省知识,教学过程必须遵循五个环节,亦称五步教学法。杜威的反省教学论成为"发现教学"理论的经典学说,与赫尔巴特"接受教学"的形式阶段论并称教学过程的两大理论,影响深远。

①疑难——认知失调。悦学近知,困学成智。思维永远从"惑"开始,即感知到认识上的失调,觉察到某种困惑的存在,与过往情境产生不协调,这是引发学生思维启动的动因。个体主动思考而不是被动思考,是反省教学的特征。

②问题——问题表征。即通过思维审查、检视,确定困惑产生的症结,用命题表述出来。该环节相当于具体的问题表述,以描述疑难的根本原因所在。能不能从疑难情境中准确抽离出具体问题,需要极其敏锐的理性思维能力。问题表征能力是思维创造性和有效性的重要标志,正如高明的医生能准确诊断病症表象背后的病因一样。

③假设——解难题方案。在疑难情境中表述出导致疑惑的具体问题后,在逻辑上自然要给出解决问题的方案,即假设。

④推理——逻辑检验。对于具有足够相关领域知识的人来说，提出假设并不难，但问题在于由于人类探究未知领域的风险性和不确定性，因此，人们自觉地遵守探究风险最小化原则，由此进化出规避实证探究风险的认识机制——逻辑。假设决不可以直接用于检验实际问题，而必须在运用实证之前进行逻辑上的确证。在理性认识层面推断该方案的可行性与有效性。逻辑检验无误，则进入实证检验。在推理阶段，需要人的意识参与，需要人们将此方案与固有经验加以比较、权衡、推究，反省思维就发生在这个环节，新旧经验的融合与贯通也发生在这个阶段，动物与人的思维的本质区别亦在于此。

⑤检验——实证检验，即应用，将通过逻辑推理、反思后的假设方案运用解决造成困惑的问题当中，把它解决掉，最终将由这五个环节所形成的新经验纳入个体固有经验体系之中，形成认识世界的新的"经验流"。个体知识及人类知识就是这样一个波澜一个波澜地汇集起来，思维也在不断反省中获得发展。因此，没有问题，就不会有知识；所以，库恩说科学是解决问题(解难题)的范式。没有"有用"的思维，也不会有知识的创新，所以，实用主义者说，有用即真理。

杜威的反思教学观是后来发现教学及所有探究教学的理论先驱；他关于形式思维与实际思维类型的划分及其培养的观点，为正确理解教学过程中智力训练与技能发展、客观知识与主体建构等形式教育与实质教育长期论争的问题，提供了系统辩证的解决方向。反省的知识本质上是逻辑实证主义与经验—理性主义的认识论产物。它强调知识过程的实证特征、理性参与，以及知识结果的系统化。反思性实验是整合感性与理性的最佳思维方式，也是人的最好认识方式。真正的反省活动必然以取得结果而告终。怎么来表述实际思维的结果呢？那就要借助于逻辑形式。对于特殊的思维过程的最终的结果，有一种"形式"的排列，概括出基本结论[①]。最好的教学方式是"从做中学"，通过"实际思维"的过程，达到"形式思维"的结果。至于今天发展起来的关于教学过程与结果的重要性之争，实际上是违背了杜威的双重认识观与反省教学观，而倒退到唯理—实证的二元对立的传统认识模式的老路上。

(3)活动课程论

活动课程思想与实践发端于卢梭。他站在反对儿童学习书本知识的立场上，主张活动与游戏是最适合儿童的学习方式。杜威在继承卢梭的活动课程思想与赫尔巴特文化时期说的基础上，完善了活动课程理论，系统阐述了活动这一课程形态的基本问题。从此，一种与以知识为课程资源的学科课程相

①　(美)杜威:《我们怎样思维》，北京：人民教育出版社，2005年，第70页。

对的活动课程成为重要的课程类型。卢梭强调活动，但没有明确活动之范围；赫尔巴特赋予课程以复演人类文明的特性，但没有给文明得以形成的认识活动以课程学价值，这二者正是杜威发展自己的活动课程理论的切入点。

首先，杜威明确指出，赫尔巴特之课程文化理念是不符合教育规律的。要使个体发展与人类历史发展相一致，那么学生复演的不是人类发展历史中各个阶段的知识成果，而应是重新再现那些文明成果得以形成的社会活动。个体不是学习间接经验，而是从事"再现式活动"，这是活动课程的本质意义所在。

其次，在此基础上，杜威划分了人类活动的范围与层次，为活动课程内容提供了参考。有秩序的行动获得有秩序的思维[①]，活动、思维与知识三者之间具有一致性。什么样的活动方式，产生什么样的思维方式，形成什么样的知识类型。文化复演说揭示了三者之间的关系。思维产生于动作，活动是思维训练的基本方式。不论陈述知识、程序知识，还是境遇知识、内隐知识，均有其据以产生的活动基础——格物。从概念上看，活动指人类文明得以产生的文化活动与社会活动，在层次上分三类：

①人类生存与文明发展所依赖的基本社会活动。在历史上主要表现为每一阶段人类的生产方式所决定的生活方式，包括物质的与精神的。这类活动为人类不同发展阶段所必需，且随历史演进而线性更迭，一去不复返，具有不可重复性。如原始社会的狩猎、采集，农业社会的种植、畜牧，工业社会的制造等。活动课程的该类构成目的在于唤起人类世代积累的个人潜质，使人在历史传承的新起点上向前发展。通过复演再现，把凝结在人类文化基因中的历史潜质激发出来。社会基本活动发展并延续着人类的基本思维能力。原始活动发展了人的动作思维，农耕活动发展了人的理性思维，工业活动发展了人的实证思维。社会基本活动具有目的取向：生存与发展。

②人类知识据以产生的探究活动。这是再现知识产生的最初探究过程，复演科学家思维活动的浓缩过程。以此构建活动课程，使学生在较经济的活动内容当中，体验科学家探究未知世界的基本历程，把认识过程的感性与理性统一起来。探究是受动机驱动的，因此，这类活动具有动机取向：问题与知识。

③顺利完成某一任务的精细动作。这是为熟练某种操作、形成某种技能而进行的活动，如实验技能、运动技能的培养等。该类活动课程据以发展个体的操作能力，具有条件取向：经典与操作。

---

① (美)杜威：《我们怎样思维》，北京：人民教育出版社，2005年，第49页。

以上三层次活动构成了活动课程的基本内容。从活动课程的功能区分上，不同层次的活动承担着不同的发展任务。基本社会活动开发人的自然、历史潜质，探究活动内化人的认识结构，精细动作培养人的技能与技巧，三者合起来实现了活动课程的社会文化历史、知识与人三种基本教育使命。

(四)活动与任务：博比特的活动分析理论

到了博比特时代，作为一个课程研究者，他的最大突破在于将课程领域的研究独立化，使课程成为一个单独的、剥离于教育领域的研究对象，从而为使课程论学科化及作为教育学的下位学科的课程论的形成奠定了基础。应当说，博比特的工作仅是使课程研究成为一个独立的领域，其标志是他在1918年的一本著作《课程》。在这本书中，不论研究方法还是课程思想都反映了那个时代独具的思想取向和社会倾向。继培根提出"知识就是力量"的科学宣言后，科学思想与信念就成了其后的社会主潮与时代精神。到了20世纪初，以科学为信仰的科学至上论催生了科学主义思潮的诞生。不论社会意识领域，还是社会存在领域，科学方法与观念均被看作追赶潮流、改天换日的法宝。因此，对科学理性的普适性和有效性的认可自然成为课程理念与课程编制的诱人指导。《课程》一书正是这种理论孕育的直接结果。

将科学主义范式运用于分析课程问题，博比特算是较早的。贯彻《课程》一书的总的思想是泰罗的科学分析方法，即任务分析。将某一要实行的任务与目标放在一起，一步步对任务与目标进行分解，最终把任务与目标的实现过程划分为多个小目标，这种类似程序教学的方法就是任务分析模式。它的影响应当说有形无形地一直延续至今，只是做了不同的修饰。任务分析的最大优势是课程编制过程中目标与任务的一致性及可实现性，它追求像生产线的操作工序一样，把课程内容逐一地、分步地传达给学生，并能随时监督子目标的实现程度。博比特的任务分析法后来随着学习理论的兴起与进展，受到的批评也越来越多。主要是质疑他的目标设定的合理性，知识材料选择的适当性，以及是否与个体学习规律及人的发展规律相符合。如果把博比特任务分析与现代心理学结合起来，在采取科学分析范式的同时，注意影响课程编制的社会人文因素，在尊重课程自身发展规律的前提下，以科学视角解决课程理论与实践难题，那么博比特也许就会成为课程思想史上里程碑式的人物。时势造英雄，在先前知识体系积累到即将发生科学革命的时候，同样以科学主义教育理念著称的课程学者泰勒出现了，成为课程学科化和学科独立的标志人物。

（五）目标与评价：沃尔夫·泰勒原理

前文述及，博比特的活动分析法，以对科学活动的分析模式来设计课程目标与内容，是课程编制研究的首次形式化、技术化尝试。但由于博比特忽视了课程学自身的发展原理，将科学活动等同于教育活动，将课程设计等同于技术设计，将课程价值认同于物质价值，因此，在人文主义及心理学者的质疑批评声中归于沉寂。但他所运用于课程设计的科学主义范式及技术工艺取向直接影响到泰勒的课程思想。

1. 学术背景

科学主义研究范式成为教育研究主流，成为那个时代的思考方式，这为泰勒考察、分析课程问题提供了适宜的社会思想氛围，不至于被同行指为逆历史潮流的标新者，或旧传统的保守者。学术研究领域的形式化倾向，为泰勒对课程编制的技术工艺探讨提供了范式支持。20世纪中叶前后，以探究学科理论的简洁、逻辑、操作式的形式化研究成为理论建构主潮，这与当时占据统治地位的结构主义思想有关。找出结构，也就是寻求形式，避开具体。语言学领域的结构语言学、数理语言学，人类学领域的结构人类学、唯理人类学，心理学领域的结构心理学，教育学领域的赫尔巴特学派，均是如此。总之，结构化、形式化范式为时人所青睐，他们努力在任何现象背后寻求一种可把握的结构，抽出来形成理论框架。

进步主义教育理论与实践，给泰勒以更多的理论灵感和经验支撑，也使他能将人本主义色彩浓重的教育哲学融合到科学主义时代范式之中，来建构他自己的概念实证主义的课程哲学。泰勒的课程理论直接的经验实证来源是众所周知的"八年研究"。这是一项由美国进步教育协会发起的、由美国多所大学与中学联合开展的教育实验，目的是改革中学教育目标和培养模式，改革中学课程设置，以更好地实现进步主义教育理念，培养首先具有个体发展潜能，而后才是社会潜能的人才。泰勒的研究就是这一实验的总结和理论化。

2. 泰勒原理

我们说过，博比特是课程研究领域独立化的功臣，那么，泰勒则是课程学科化的创始者。他以后来称为泰勒原理的框架界定了课程研究的基本问题、理性依据、范畴、方法、目标，据此明确了这个学科的基本原理与问题，圈定了学科基本研究对象，提出了基本课程命题。这些开创性工作使后来任何一门课程论体系，任何想涉足课程研究的人，都不可越过这些方面。尤为重要的是，他设定或提炼出了课程论本身所独有的研究对象，并提升了课程范畴的理论概括层次，真正使课程论具备了成为独立二级学科的身份与资格。

这些都是课程领域原发的，不是移植的。

基本问题范畴。泰勒从课程编制出发，提出了课程编制与设计的基本模式。这个类似结构化、形式化的序列，以四个基本问题的形式表达出来，精练地反映了课程研究的实质。它们是：确定目标，选择经验，组织经验，实施评价。这四个问题围绕教育哲学不可或缺的永恒的三个维度，即知识、人、社会来展开。目标反映了社会状况，经验反映了知识状况，评价反映了人的状况。当然，这三个维度与四个问题是彼此交织、多元互动的。从此，课程目标、课程经验、课程组织、课程评价成为课程论的基本问题和范畴，今天我们可以将它们描述为：(1)确定目标。属于价值范畴，诉诸哲学。(2)选择经验。属于知识范畴，诉诸学科。(3)组织经验。属于认知范畴，诉诸心理学。(4)实施评价。属于分析范畴。

3．课程编制的基础

泰勒认为，课程研究也离不开人、知识与社会三个维度。但他的创新在于将这三个维度具体赋予对应的主体，同时，又提升为两个价值与科学范畴来指导课程开发，这样就使泰勒模式超越了具体与特殊，上升为一般与普遍，相当于学科理论的突破。他所提出的以社会哲学和学习心理学作为课程编制的基础，分别起着价值判断与科学设计的功用；同时，以学生、学科专家、社会作为课程目标的来源，以其实现对个体、知识与社会需求的适当关注，力求统一。这些都成了日后课程理论的金科玉律。

4．贡献

泰勒的课程论贡献是里程碑式的，这既有其本人的学术才能，也是课程知识积累与社会需求相促进的结果。他的论文《课程与教学的基本原理》，标志着课程论学科的独立。因为它确立了课程研究的基本问题和范畴，提出了课程研究的基本范式与命题，即"理性十实证"，划定了课程及教育变革的以下四个基本领域：

课程目标变革：人、社会、知识；

知识观变革：确定性与不确定性；

教学观与学习观变革(知识组织方式)：接受学习与发现学习，机械学习与意义学习；

评价标准的变革：认知发展与非认知发展。

总体来看，泰勒的课程思想属于人文主义取向，尽管其中包含些许科学主义成分。泰勒是杜威及其进步主义教育哲学的信奉者。泰勒在"八年研究"的评价报告中，充分表达了他的个人发展本位取向的评价观。但泰勒毕竟生活在一个科学知识被极为仰视的年代，因此他的课程观念，乃至他的教育哲学都比进步主义要温和一些。泰勒站在进步主义教育立场，吸收了传统教育及现代认知科学的理智主义教育信念，使得他能更客观地处理人的发展、心智训练与社会需求三者的关系，既克服了进步主义的重视个人、忽略社会的偏颇，也弥补了传统教育重视知识、忽视个性的弊端。

（六）结构与实践：施瓦布的实践课程理论

施瓦布，芝加哥大学生物学教授、哲学家。以科学教育研究挺入课程学界，并以学科结构思想一鸣惊人。其建基于校本基础上的民主化课程审议制度，是他别具特色的课程理论，也是他全部课程思想中最闪亮的部分。

1. 对当时课程研究现状的批评

带着哲学家的深刻，又有科学家的敏锐，施瓦布对课程理论及课程研究的批评是尖锐的、中肯的。他认为，课程原理已经出现危机，表现为旁移、上浮、下沉、旁观、老调重弹、为争论而争论。旁移者，染指其他领域，舍弃自我；上浮者，华而不实，纸上空谈；下沉者，关注存在，迷陷于细琐表象；旁观者，自我游离，不介入；老调重弹者，以古论今；为争论而争论者，不尚学理，只为恩怨。事实上反映了当时课程及教育学界的几个积重难返的痼疾。课程研究的核心问题是课程知识的本质与组织，它将决定对其余连锁问题的回答。施瓦布给课程危机病开出的良方正是这个。

2. 学科结构理论

良好的科学素养让施瓦布占得了提出新知识观的先机，他从自然科学哲学的思维视角出发，认为任何一门学科知识构成都不是堆积散乱式的，而是有其构成该学科的基本界限、基本领域、基本表述方式、与其他学科的边界区分，他称这些为学科的组织结构。一门学科内涵上有支撑该学科的骨架和支点，如概念、命题、原理、规律、定理等，它们决定了一门学科的实质与内容，他称之为实质结构或概念结构。一门学科从发生与发展的动态过程中，也有其自己的探究方式、研究范式、知识发展逻辑、知识确证标准，这些就是学科的句法结构。这三个结构就是施瓦布学科结构的基本宗旨。

3. 实践课程论

在课程发展问题上，施瓦布提出了基于教育实践的理性开发模式。核心环节是集体审议，即由来自学生、教师、社区人士、专家构成的课程发展团体，对课程方案进行民主协商、群策群议，最终达成共识，形成满足各方需求目标的课程体系。课程体系的构建过程是一个从理论到实践再到理论的过程。因此，从研究范式上来看，实践课程属于实证主义的典型。正是由于实证性，它开发的课程避免了他指斥的课程原理危机中表现出的五种痼疾。

但从实践课程论本身及其后继发展来看，施瓦布及其门人并没有形成被人们普遍认可的理论体系，影响所及有限。究其原因或许有五个。这五个原因正是当初施瓦布所痛心批评的课程顽疾。这位课程学者自认为桃源中人，不知有汉，固守课程本域，拒斥相关学科滋养，使课程发展失去了理论灵感，因为课程是一门综合的跨学科门类；反对上浮，追求实际，使课程研究多为繁杂课程表象所迷惑，诉诸不到理性的概括化梳理；反对下沉，力求发现表象之下的真实，但限于其实践取向和追求，削弱了冲破现象迷雾的能力；主体介入，反对旁观，倡导参与研究，也让"当局者迷"占了上风；不弹老调，不慕古韵，自创新曲，但求新音，一味求新，忽视了课程原理的继承性；罢百家，息争鸣，不争论，不争鸣，消弭了灵感冲撞的火花，成为学术研究之大忌。也许无论如何施瓦布也不会想到，他起初据以名世的五个危机，也让他的理论遭逢了同样的处境。历史会以漫画的方式重复，对创造它的人开玩笑。但足以令施瓦布欣慰的是，他的结构思想被另一个天才心理学家发扬光大，筑起了课程理论与课程变革史上的另一个分水岭。

（七）自然与理性：杰罗姆·布鲁纳的结构课程论和发现教学观

布鲁纳是继杜威之后对美国教育很有发言权的学者，他们二人确有明显的教育思想的传承脉络，其中，"自然"就是他们二人所持有的相同的教育信念。

1. 时代背景

20世纪50年代，正值美苏两个左右世界政经格局的超级大国斗法、冷战正酣之际，1957年是人类太空史上值得大书的日子，苏联人造地球卫星凌空而起，直入云霄，标志着人类问鼎九天时代的成功开启。苏联卫星开空，震动了美国朝野，向来摆出雄霸环球之傲慢姿态的美利坚猛然觉得自己的国家已经远远被苏联甩在了后面，于是批评之声举国四起，矛头直指教育与学校；将美国科技人才的落后归罪于一向提倡人格发展、轻视知识教学，强调儿童中心、忽视老师力量的进步主义教育理论。在声讨始作俑者们之后，美国国会于1958年通过了《国防教育法》，彻底否定了美国时下教育的存在价值，力促课程改革，于是掀起了轰轰烈烈的学科课程运动。

学科课程运动主要针对进步教育理论展开，同时，它吸收了新近教育理论成果：在指导思想上重技术，轻意义；重科学，轻文化；重智力，轻能力。从课程设置中将数学、自然科学和现代外国语确立为"新三艺"的核心思想来看，学科课程运动应当归为课程发展史上最为"智性"的教育改革，其矫枉过正必然，其违背人学规律必然，其过犹不及必然，其失败之命运必然。

2. 学术背景

政治—学术本位是这次课程改革的核心特征。社会上流行的教育思潮已经是科学主义的天下，如前讲述，进步教育思想受到猛烈抨击之后逐渐淡出了教育者视野，而以学生认知发展和心智培养为核心的认知主义的知识本位观倡导者便成为这次改革的决策主体。同时，学术研究形式化也普遍成为当时各学科的研究范式，且成果累累，表现在哲学、语言学、人类学、心理学等与教育密切相关的学科。教育的价值哲学时代已经绝尘而去，认知科学时代开始粉墨登场。

3. 布鲁纳及其学术思想

布鲁纳，哈佛大学心理认知中心教授、心理学家、结构课程论的创立者，学科课程运动的首席专家。布鲁纳长期致力于个体思维发展研究，尤其以研究认知发展及智力发生机制著称学界。他的认知心理学思想和智力发展理念是综合多学科智慧的结晶。与泰勒一样幸运的是，他生逢一个学术思想积淀厚重、课程危机已经沉寂、革命时刻即将到来的时代，似乎新理论的产生指日可待。布鲁纳的课程思想的理论来源有四个，总体是结构主义与不同学科理论的教育学运用。如果说哲学是时代思想的精华，那么结构主义就是那个时代的精华。

学科结构理论奠定了结构课程论的科学基础。施瓦布把学科结构分为组织结构、概念结构和句法结构。布鲁纳重点吸收了概念结构和句法结构的思想于课程研究中，提出课程设计和教学重点是让学生掌握学科的基本结构，并将习得过程与思维训练和智力发展联系起来，提出了"发现教学""直觉思维"，以及"智力发展三阶段""教学过程三阶段"等理论。

结构人类学奠定了结构课程论的文化学基础。除了结构主义外，人类文化学思想一直是教育研究的重要基础，它关涉教育的文化功能的分析。在诸多人类学家当中，以法国列维-斯特劳斯为代表的文化人类学派以其独有的结构取向和鲜明的理性风格，对结构课程理论的影响非常明显。与美英的经验—实证人类学范式截然不同，列维-斯特劳斯走的是结构—唯理取向的理论人类学研究路径，因此其理论抽象度、概括层次更高，这就使法国结构人类学具有更广泛的跨学科的适用性。列维-斯特劳斯的文化人类学着重探讨了人类进化、思维发展与智力和文化形成之间的基本规律，尤其精湛地描述了原始社会的人类思维与社会结构的基本状况，从人类学视角解释了很多文化学中的本质问题，包括认识的起源与发展。可以说，由于来自列维-斯特劳斯的文化人类学的启发，使布鲁纳对人类思维的进化历程及特点有了优于前人的认识，为他将文化时期说理论运用于课程与教学实践，为他更好地探究儿童思维与智力发展过程及机制提供了更有力的解释基础。

结构主义心理学为结构课程论提供了心智发展依据。日内瓦学派领袖皮亚杰可以说是继弗洛依德之后最负盛名的心理学家。他以具有生物起源倾向的心理学研究，首次揭示儿童思维与智力发生发展的全景，提出了从生物种系发生角度考察人类童年时代智力发展的阶段特征，即发生认识论。虽然受历史主义学派库恩的科学革命论的启发，但皮亚杰的儿童智力发展阶段论的心理学意义无疑是巨大的，影响深远。皮亚杰的心理学思想带有强烈的生物学和文化人类学倾向，是将人类学思想运用于生物学、哲学的典范，而且研究方法论上的临床分析与数理逻辑的运用，也成为后世研究的典范。

结构语言学为结构课程论提供了认识论基础。风靡于 20 世纪 50 年代的结构主义思潮最早源于语言学，尤其以瑞士语言学家索绪尔为代表。索绪尔首次对语言结构进行层次分析，认为语言的本质特征是在结构中表现出来的。索绪尔之后，引发语言学界革命的是美国语言学家乔姆斯基，他成功地吸收了语言发生机理的心理学研究成果，并与结构主义语言学思想相整合，创立了认知语言学或数理语言学。乔姆斯基语言学思想的独创性表现为，承认语言能力的培养与习得不单纯是个体模仿的结果，而进一步将它们解释为先天语言潜能的显现。人的语言能力的高低是自然遗传的结果，语言习得的过程就是开发人的自然语言潜能的过程，其展现规律表现为语言发展存在关键期。一旦生理年龄超过了关键期，语言习得开关会自动关闭，语言习得将变得十分困难。

此外，语言学对发现教学思想也具有直接的启发。大家清楚，发现学习或结构课程有一个基本认识信条，即掌握基本结构是获得知识的条件，学科结构的简洁性是知识内容丰富性的基础。据此，发现教学有两个原则：掌握结果和训练直觉，为什么呢？概言之，来自于语言习得机制的类推，语言知识和能力的获得不是始于对言语句子的大量记忆和模仿，而是个体在意识之中抓住了繁杂庞大的言语句群下层的简单有限的句法结构，并将这种结构内化到自己的认知系统当中，达到无意识自动化程度。这样，当个体遇到适当的语言情境，就会依据自己已经掌握了的深层语法结构，按照一定的转换规则，转换到表层上来，从而生成现实中可以进行交流的表意清晰的语句。在这一判断语境，转换生成语句的过程是自动的，依直觉实现的，因此，转换生成与直觉就成了获得语言能力的两个必要条件，继而成为发现学习的基本原理。

乔姆斯基后期曾修正他的语言学理论，在转换生成基础上提出管理约束机制，这实质上是在语言能力特性的自然主义属性上，增加了社会文化色彩，延伸向社会语言学。直至多年之后，乔姆斯基与社会语言学家们，如伯恩斯坦，一起影响了新教育社会学范式——课程社会学的出现。

4. 结构课程论的基本观点

学科课程运动的思想准备是在森林洞会议上①。这是场集中了历史学家、文学家、心理学家、教育学家等各界科技精英人士的会议，专门讨论和拟定课程改革的基本思路。作为会议主席的布鲁纳博采各家之所长，加上他自己关于教育问题的思考，写就了大会决议性报告，即《教育过程》。这本小册子集中表达了结构课程的基本思想，涉及的领域相当广泛，教育、教学、学习、思维、智力、知识等，举凡学校教育均有论及。该书文字精练，流畅平易，提纲挈领，时有创见，是一部新教育理论的纲领性文件。如泰勒的《课程与教学的基本原理》一样，正因其言简而意味深长，蕴含着开掘不尽的思想智慧。限于篇幅，在课程结构观点中，我们仅就其学科基本结构与发现学习理论做简要阐述。

学科基本结构构成教材的核心内容。一门反映科学领域知识成果的课程，教给学生的不是具体的知识内容本身，那是现象层面的，且复杂多变，不利于学生思维与智力培养；重要的是教给学生某一学科的基本原理、原因与结果等，这些是位于学科深层的内容，是人的心智发展的重要资源。学科的基本概念、命题、原理、规律、定律，以及这些基本结构得以形成的研究方法、探究方式，甚至学科的形成方式、组织逻辑等，都起着支撑这个学科发展的骨骼作用，这些统称为学科基本结构。习得了它们，也就习得了这个学科本身，同时也必将促进思维发展和心智水平的提高。知识的探究方式（句法结构）与知识的学习方式有相通性。句法结构是知识的探究方法，体现在课程中就是学生的学习方式，是培养学生探究能力的手段。所以，一门依照结构思想开发出来的课程必须包含学科基本结构。设法寻找，而后有逻辑地建构出合理的学科基本结构，是课程编制的关键。

能否提炼出学科的基本结构与课程材料的属性有关。自然科学知识的学科结构很好提炼，人文社会知识的学科结构则不易提炼。布鲁纳的结构课程思想在自然科学类课程设计中得到了成功的运用，但在人文社会类的课程设计中很少涉及，原因即在于此。然而古老东方的先贤们早已解决了这个问题，他们以"经文"形式提炼出了古代人文知识的基本结构，并以传注章句体例，编制出了世代师法的课程文本。

发现学习是习得学科基本结构的教学与学习模式，它主要针对接受学习

---

① 即"伍兹霍尔会议"，早期译为森林洞会议。

模式提出来的。发现学习是一种高级学习形式，它强调自然探究过程与系统知识成果并重，坚持自然—理性主义的学习观。说它是自然的，是指学生是在非课堂情境下，以类似人类探索未知世界的方式从事探究活动，重视学生反省思维能力的培养；说它是理性的，是指学生必须在自然探究过程之后，借助于反省思维，才能获得相应的系统认识和理性经验，这是发现学习与人类学习的根本区别。对思维的反省特性与知识的系统化的追求，可以看作杜威与布鲁纳两人在教学心智功能上的相通之处。发现教学模式具有如下特点：

（1）知识获得来自于学科结构的转换生成。

（2）课程结构经历了"科学学科结构—课程学科结构—个体认知结构"的转化。学习方式是探究的，学习特征是内隐的、无意识的，结果是转换过程的自动化。

（3）由学科结构所形成的个体新的认知结构可以生成新知识；这是借助最经济的结构生成最丰富的知识这一原理的体现。超越给定信息，赋予课程客观知识属性，使课程表现出自组织、自生成、自主特性。"给定信息"即是学科结构。教师教给学生"给定信息"，学生可以生成超越这些有限的给定信息的丰富系统的知识。夫子所言"举一隅"与"三隅反"的隐喻，表明知识的范例性、结构性。"一隅"与"三隅"协同构成了具有系统特征的完形知识结构。

（4）在第（2）阶段，学习者必须获得学科结构和系统知识。这与语言结构不同，教学过程是传递性、发展性的。

（5）新知识系统产生的结构促进人的思维结构的发展，因此，语言认知与智力发展不可等量齐观。

5. 评价

布鲁纳的学科课程改革运动及其结构课程论的提出标志着教育研究与发展进入了认知科学时代，展现出与前代不同的风格。突出特征表现为重视认知科学对课程与教学的理解、说明，重视思维、智力发展的认知决定作用，因此，将此阶段的课程理论冠之以认知主义的名号不甚为过。直至最后，社会文化历史学派对课程教学研究的认知取向提出质疑和批判时，人们才开始自觉认真地检讨学科课程和结构课程论的深层理论缺陷。

布鲁纳后期教育思想的转向，说明他本人的这种反思。他曾说，在20世纪50年代的课程决策中，太执着于认知取向，以致忽略了人及社会与文化对课程发展的意义。如果我们追根溯源来评价结构课程论的发源，似乎可以窥见这一理论固有的原初缺陷在于将语言结构等同于知识结构，由此认为语言发展等于认知发展。这种类推本身也许就有些牵强，所以才有结构课程论后来的实践困境。正是基于这种反思，布鲁纳后期跳出了认知实验室，转向文化教育学与民间教育学的研究，探讨继皮亚杰儿童四阶段思维之后的叙事思维模式与叙事研究，探究对皮亚杰发生认识论提出批评的维果茨基的社会文化学派的心理学思想。这些也许是对他过往执着于认知研究的一种纠偏吧。

五、课程理念革命与当代转换——文化课程

课程发展与时代是息息相关的。每一个时代新的学术思潮及社会哲学都会反映到课程观念中来，因为课程及教育承担着传递、更新与建造一个新的主观世界的任务，而这个新的主观世界又是那个时代占统治地位的集团认为最符合他们的理想，同时也与大众主观心理期望更相近。在价值取向上，课程发展走过了人文、神性、人性、科学四个时期，它们各自代表了当时人们普遍推崇的价值观念和珍视的人才品质。在学科发展历程上，课程研究先后经历了哲学、神学、心理学、语言学、社会学五种范式，它们各自代表了当时教育或课程研究得以创新和开展的学科理论。从这一点上看，课程发展有赖于其他学科发展为其开辟新的道路。

任何时候，都难以找到完美的时代的价值尺度，任何时候也都难以找到永恒的、超时代的学科基础。时代在发展，知识在积累，人对课程与教育之价值的期望不断发生着变化。从这一点上看，课程发展的分期特征也许会更加明显和频繁。科学价值观及技术理性在课程领域的统治已逾百年，随着人类对自身及与自然、宇宙之关系的深入认识，人类开始了前所未有的关于宇宙之中人类地位的反思，开始了前所未有的关于科学之"非人性"的批评，这些时代思潮都预示着课程研究已经萌生了新的转向，即关于教育问题的社会学批判与文化学反思。课程与教学研究的语言学范式之后的社会学转向具体朝着两个领域挺进：一是转向教学的社会语言学，如伯恩斯坦的社会语言学理论；二是转向课程的政治哲学，如阿普尔的批判社会学理论。日后逐渐形成新教育社会学和批判理论两大教育社会学思潮。

(一)社会学课程理论

普泛来说，教育学与社会学相结合的研究史要多长有多长，因为教育是社会研究的重要维度，反之亦然。但从跨学科意义上来说，教育学与社会学相结合的研究肇始于社会学产生之后，成熟于教育社会学形成时期。其间，教育的社会学研究可以区别出两种研究态势。

第一，社会学家们对教育问题与教育活动进行社会学分析，这实际上是教育社会学领域的一部分。他们的理论视野和分析维度更多地从学术理性入手，从社会运行与发展的基本规律中探究教育现象的特征、属性、功能等问

题。社会学理论的发展在诞生地欧洲大陆时研究取向是宏观理论，随着研究重心（二战的影响）逐渐移向美国，研究理念受到美国本土的经验—实证取向的影响，社会学领域开始转入微观社会学理论的研究，研究对象和旨趣也随之发生了变化。从欧洲大陆学者关注社会结构与组织、揭示社会运行的基本规律，到美英社会学者关注社会群体、个体的相互关系，力求掀开社会系统内部微循环的基本路径与脉络，于是，社会学者的关注和审视的目光开始从宏观转向微观，从外部转向内部，从结构转向机理，从民族转向小群体。

教育的社会理论建构主要是社会学理论与教育现象相结合的产物。有两类教育的社会理论影响较大。第一类的研究指向是分析教育的社会功能、教育与社会结构的关系、教育与社会发展的动力、教育与社会意识等，这类研究奠定了教育的宏观社会理论基础。第二类研究的兴趣在于分析教育内部问题，揭示教育作为社会子系统本身具有的有机特征，它们的兴起为课程与教学（教育学的子系统）研究带入了一股新鲜的理论气息。它们通过对课程与教学活动的社会学分析，提出了诸多卓有创见的命题与理论观点，确为继心理学之后又一研究范式革新的标志。诸如课程结构、师生关系、教学互动等基本课程教学范畴的新鲜思考，奠定了教育的微观社会理论的雏形。

第二，在微观社会学理论之于教育研究如旭日东升给人以新气象之际，西方哲学发生了重大的范式转换。作为时代精神的精华，哲学的范式转换具有跨学科的辐射力，具有影响时代精神、影响人们的思维方式，甚至影响一个时代的思考方式的力量。在哲学领域发生了什么转向呢？大家知道，西方哲学的自觉肇始于古希腊，即雅斯贝尔斯所说的轴心时代；历经千余载，更迭数百代，可谓哲人闪耀、名家辈出。但就其研究范式而言，无非经历了两个阶段——本体论和认识论，即从世界本源追问转向知识本源探究。在世界本源与认识本质困扰哲人们千百年来之后，他们似乎猛然间灵魂出窍、心有所悟，参透了哲学的本真价值，觉悟到这两个问题是没有意义或无法解决的问题。困则思变，集体抛弃本体论追问，抛弃认识论探究，转而求拜于认识及人类存在的语言媒介，探究语言在建构、组织、呈现问题时的逻辑特征、语义属性，分析这些语言学因素对人类认识和思想观念的影响，而不再探究那些本身不具有意义的问题，比如本体论问题，或由于语义模糊而无法澄清的问题，比如认识问题。这就是西方哲学范式的第三次转向，即语言哲学，其理论指趣是研究语义、概念表述、逻辑、话语分析、语言结构等。与语言学相比，语言转向的哲学其最大的特征是研究语言的思维逻辑方面，其流派有逻辑实证主义与分析哲学。

哲学领域的语言学转向，以及教学理论语言学范式之后的社会学转向，教学的社会语言学分析，都深刻影响着社会学与教育学研究。在教育研究领域，语言哲学直接启发了人们对教育话语之社会属性与功能的研究，并在接受批判理论的基础上，最终形成了新的教育社会学理论，即新教育社会学（英国）。在新教育社会学的带动下，以马克思主义哲学为理论参照的美国学者们开始与教育学者联姻，提出了关于教育问题的政治与经济学分析视角，并最终形成了以剖析教育的政治属性和经济功能为目的的西方马克思主义批判课程理论，与前者一同构成了教育社会学理论的两大阵营。

新兴的教育社会学理论的探究旨趣整合了早期宏观社会学视角和后期微观社会学取向，把教育的社会功能与支撑功能实现的内部微观结构、组织特质及群体、个体身份属性结合起来，更实质地揭示出社会表象之下的基本微观事实与动因，阐明了教育的社会功能之所以实现的内在机制与原理。两大阵营共同采取的这种探究模式，使得他们的教育社会学研究既有经验实证，又有思辨理性，提升了教育理论建构的科学性和价值性。

就知识问题而言，从"什么知识最有价值？"到"谁的知识最有价值？"的提出，标志着课程研究视角从知识论到社会学的转换。其具体表现为：客观普遍性的知识有价值，还是价值文化性的知识有价值，即自然认识论与社会认识论的论争；政治话语权者认可的知识有价值，还是学术话语权者认可的知识有价值，即社会建构论（知识社会学）与客观知识论的论争；社会优势群体习得的知识有价值，还是社会弱势群体习得的知识有价值，即主流认识与民间认识的论争；是核心文明的知识有价值，还是边缘文明的知识有价值，即文化霸权与文化平等的论争；教师群体传递的知识有价值，还是学生自我生成的知识有价值，即行为主义与建构主义的论争；等等。比如，英国的新教育社会学者当中，以文化资本理论著称的布迪厄，以语言代码理论闻名的伯恩斯坦，均恪守从个体话语特征、个体习得的文化资源方面入手，分析社会因素对他们日后发展的影响；而文化资源的差异与个体语言使用的差异主要是正规学校教育所（人为）造成的，这就使这类分析具有极坚实的说服力，且将教育效果与集团意志令人心悦诚服地联系起来，这是他们的理论显示出很强的解释力的原因。

在美国，新马克思批判教育理论家们则力图把马克思的政治与经济理论加以改造，运用于分析教育问题，并成功铸造出与马克思主义哲学基本命题、概念、范畴相契合的教育社会学框架。这些教育研究者们不是移植，不是挪用，而是符合学科理论发展的创构，令人耳目一新，深得马克思主义哲学之精髓与风格，尤其尽显批判锋芒的一系列教育社会学词汇，令人为之叹服。比较来看，新教育社会学者们从分析语言符号入手，与之相反，新马克思主义教育学家们则从学校课程入手，分析课程建构过程中表现出来的社会特征，探讨包括政治意识形态、阶级属性等对课程设计产生的约定和导引作用。意识形态之手正是通过深潜于知识客观性之下，间接赋予课程知识以社会群体分层的功能，从而使民众通过教育实现群体划分，实现社会结构和社会组织的维持或革命，进而实现真正意义上的"改造主义"理想。

（二）文化学课程理论

连同人、知识与社会，文化也一直是教育研究与课程设计的重要考虑因素。归根结底，教育本身就是一种文化形式，其变风变雅、移风易俗、革故鼎新的功能是文化演变的基本形式。探究教育的文化识别符号、文化特质及文化功能是文化学课程理论的旨趣之一。

1. 文化学课程研究的起因

从文化学视角研究课程，或者研究课程的文化特性，是社会发展和时代特征对人的价值观的集体认同的必然要求，也是课程研究所依据的学科特性的必然结果。

首先，社会和时代集体认同的人才价值标准是课程研究的现实依据。

古典人文时期，具有人文品质的人足以应对社会事务，因此，人文特性成为课程的本质特征。中世纪时期，具有宗教素养和心灵的人拥有主掌人生事务的权力，因此，神性特性成为课程的本质属性。文艺复兴时期，具有世俗生命的纯真、反映世俗人的自然本性、彰显人之为人的主体力量的人是最具有主体精神的人，也将成为反抗神权和封建思想的最英勇的斗士，因此，人性特性成为课程的本质属性。新兴资本主义时期，工业革命使科学素养和科学知识成为人类改造世界的最重要的知识力量，具有良好的科学素养、掌握丰富科学知识的人无疑将成为社会和时代的宠儿和精英，因此，科学特性成为课程的本质属性。

20世纪末，后工业文明初现端倪。批判与讨论精神是人们有效应付新兴文明以及知识社会的必要思维品质；而且人们对于社会问题和生存问题的关注，使得社会批判意识获得提升。这两者都表明，这一时期，具有批判思维能力和社会问题洞察力的素质是此时代最可宝贵的人才品质，因此，批判、解放、论争成为课程的本质属性。然而，时代和社会并没有就此为人的发展画上句号，而是提出了未来人的发展期望，那就是种族的融通、民族的和谐共存、国家的包容求同、群体间的认同尊重。要实现这些目标、打破阻隔的最好办法是实现文明单元及文化信念之间的"求其同而不易其异"，"修其教而不易其俗"。这必然要求人们对各族人民的生活方式有深刻的文化学理解，避免其他国家人们的"认知适应而文化失调"。因此，以展现课程固有的文化品性、培育个体应当体现的所属文明单元的文化性格，将是使学生成长为一个"文化人"的必由之路。因此，文化品性，或言文化性格，将成为课程的本质属性。

其次，课程研究所依据的学科特性是个体必备素质的知识条件。

众所周知，西方课程理论发展的学科背景先后经历了哲学、神学、心理学、语言学、社会学和文化学等阶段，形成了对应的课程类型和研究范式。而每一学科特性又规定了在这种课程类型下，个体发展需要达到的目标。哲学是思辨的艺术，人文精神是它的核心学科特征，因此，建基于哲学基础上的课程要求人必须有良好的人文素质，教育活动也以人文为核心展开。知识即美即善。价值理性是人才价值的首要标志。神学是超验的观念体系，虔心上帝、皈依上帝、展现神性光辉的人是最完善的。政治与宗教合一，只有虔诚的宗教徒才会有政治领域的话语权。这些都决定了神性（超验的终极虔信）是人才素养的核心。人文社会科学以反神性的狂飙之势，恢复人之世俗面貌。具有反神权、反封建意识的人文社会科学，将世俗人性、自然人性、自由人性看作人的最可珍贵的价值要素。

心理学以研究人的心理过程、规律为旨趣，尤其关注认识能力的发展。因此，以培养个体智力为核心的理性思维训练——可以培养严谨的科学精神——就成了心理学赋予课程的人才价值规定。认知能力和科学理性是人才的价值评判准则。语言知识的基本特性是以最经济的手段创造最丰富的成果，即运用有限的语法句法规则和词汇量，一旦为个体掌握，个体便会在任何其他情境下生成无穷的话语。语言学的特性要求课程的任务在于，以最简洁的知识培养个体创生知识、迁移的能力。创造力和实践能力是人才素养的核心内涵。社会学的学科特性在于分析和解决社会问题的针砭锐气。良医如良相，以指陈时病为务，故要求具备敏锐、深刻、不讳的批判勇气。可以说，批判是社会学学科特性之核心。文化学课程研究是现实社会需求的结果，旨在探讨文化发展规律，寻求不同文化共生共存的方法。当一个现代社会的人，有了人文修养，有了虔诚信仰，有了自由个性，有了科学精神，有了创新实践能力，有了批判意识，那么为什么还会遇到由于文明传统冲突而导致的认知适应却文化失调，甚至生存危机？尤其对于那些身处他国、客居异域的游子更是如此。因此，文化问题成为未来时代人们生存必须面对和解决的问题。文化性格由此成为文化学给予课程的育人使命。

综上所述，哲学的人文、神学的虔信、文学的人性、心理学的认知、语言学的创造、社会学的批判和文化学的人本的依次出现，均为时代和社会发展所策动，最终综合成现代和未来人的价值内涵。

2. 文化学课程研究的若干态势

文化学课程理论在当代课程研究中呈现出新的特点。在此之前，课程或教育的文化研究主要出于对民族文化或社会民众文化的思考，寻求课程如何充分体现文化价值和意蕴的方式，事实上是为课程的非文化功能服务的。与这些传统取向不同，今天的文化学课程研究沿着两个方向前进，体现出人们对文化的寻根意识和认同感，表现在课程文化的人类学追索与民族文化的多元认同两个方面。

关于课程文化的寻根意识。不知道从什么时候起，人们开始对文化现象的本体论问题产生了兴趣，这也许与近来哲学领域关于本体论研究的复兴有关。这种新本体论思考向度的特点是不再冥想先在本体问题，也不再直面存在本体问题，而是力求在事物发生之初与发展之路途中把握事物不断变迁的本质，即进化本体问题。它给人的启发是，对事物本质的认识是必需的，但主要是认识和把握不同情境下事物运行的基本特征。本质是流变的，不存在永恒绝对的本质属性，因为进化是世界存在的永恒方式。但要更好地把握进化本质，则必须知其源、正其本而后方成。这种寻溯思维模式使得课程文化研究表现出自觉的寻根意识，不自觉地与文化人类学的研究旨趣走到了一起。

这方面的系统研究还很初步。它有两个相辅相成的理论诉求，一是通过对人类童年时代远古文明与文化研究，寻求不同种族与民族文化发生及特征的共通性，归纳出人类作为一个物种的"类"文化特征。这种"类文化特征"具有全人类的通约性，也是人性之于物性与神性的基本所指，它有助于我们人类自己认清在自然及宇宙中的位置和角色。

二是通过对种系进化与民族分合的研究、描述，揭示文明分化与文明单元形成的过程机制，指明文化演进，尤其是原始文化衍生新文化的发生机理，以期为古老文明的创新和传承提供文化学方略。这类研究旨在于告诉人们，不同种族或民族本土特有的创造文明的智力和能力、不同文化所蕴含的文明价值均是构成世界文明的不可或缺的成分，因此，不同种族文化与民族文化的特质都有不可替代的价值。多元文化的合理性既说明文化的不可通约，也证明文化间的同源性质。课程的多元文化研究与由此建构起来的多元文化课程是现代文化课程的研究热点和新兴形态。目前，多元文化研究主要围绕下面一些主题展开。

第一，种族文化。尤其西方，在宗教信仰和种族观点根深蒂固的文化观念支配下，社会阶层结构、个体身份特征都披上了种族文化的外衣。不论政治权力还是经济利益的长期纷争，都与种族文化差异相关。诸多冲突的核心分歧在于不同种族文化下持有的价值观的碰撞和难以调和性。因此，种族文化教育的一个理念应当是在尊重、认同种族文化自身特质的前提下，增强不同种族群体价值差异上的互相宽容与认同感。随着对种族文化多元存在合理性的认识，人类逐渐认识到，认同分歧比消除分歧更现实，认同文化比同化文化更符合人类文化发展的深层规则。试想，人类文化难道不正是在这样的分分合合的多元结构中走过的吗？

第二，性别文化。教育性别文化的研究直接导源于文艺领域的女权主义运动，以及后来的女性主义思潮。在这种略带反抗与激进精神的研究取向里，把文化问题更多置于社会情境之中，研究者多显示出批判理论者的斗志与锋芒。他们分析性别文化形成的获得性特征，指明性别文化差异的社会属性和人为色彩，最终将女性文化的弱势归因于男权社会的控制。因此，使性别文化研究过多注重性别角色的社会维度，相对忽视了从文明发展的长时段考察性别文化区别的合理性，这是性别文化课程真正具有生命力的后续任务。

第三，民族文化。民族与种族是两个概念：民族是政治学概念，种族是人类学概念，二者有交叉，但绝不可替代。由此，民族文化与种族文化就具有不同的意义。从文化人类学来看，民族文化更多产生于地缘政治与历史沿革，因此，不同民族文化间相互认同较比种族文化为易；种族文化更多产生于亲缘政治与血统沿革，种族文明史具有更深远、厚重的人类原始情愫。因此，我们常常看到，世界史上民族间的融合与统一较易，而且很少产生民族间的世代恩仇；但种族间的认同与交往则很难，频起的种族纷争世代相沿，至今仍然看不到战乱消弭与握手言欢的地平线。所以说，民族是历史性的群体划分，种族是人类性的群体划分。后者因其原始情缘的存在，使得种族同化成为艰难世事。

继科学课程之后的文化课程的提倡是 20 世纪以来科学主义与人文主义之争，尤其是后期认知主义与社会文化历史学派之争的结果。

从课程思想发展谱系上看，人文主义教育理想与价值观念是纵贯其中的主线。只是随着时代发展和社会变迁，其程度若隐若现，而每一次重现都是在更新理念基础上扬弃的新的关于人的价值思考。如果说古典人文主义珍视理性，文艺复兴运动倡导人性对神性的凯旋，那么，当今的文化课程之人文内涵应是本性的高歌。这种本性既不是古典哲人追求的人的先验理性，也不同于文艺复兴时期与神性相对的自然人性的复归，而是积累、融合了人的固有理性与宇宙天性，且具有进化特征的复合特质。这种当今时代的人文品性，具有人类区别于万物的灵性，具有人类崇尚自然的朴真，具有人类自身活动积淀起来的历史特性，具有社会赋予人类的时代品格，具有人类各民族与种族在集体交往、共存过程中约定俗成的价值信念，因此，体现在未来文化课程中的新人文精神，似乎更有理由称之为全人类的新人文主义。

第二节　中国课程发展百年历程

中国近现代社会是历史上的多事之秋，典型地演绎了从国之将亡的危世到兵戈不息的乱世，直至天下和顺的平世的历史兴替逻辑。封建帝制终结的不彻底与新共和国体的幼弱，决定了意识形态领域的转换、文化领域的多元、教育领域的多样，以及初期思想领域的争鸣。

在风云动荡的社会剧变期，精神领域无疑是最敏感、最活跃的社会领地，迸发出"天殷变夏，周变殷，春秋变周，三代之礼不同，何古之从？"的狂飙突进的群体激情。同时，集团斗争及政治较量，更使得社会精神生活充满了强烈的政治气氛。因此，每当社会发生重大变化，尤其是政治舞台新旧交替时，时代精神与文化走向就会集中在国家控制与阶级意识斗争之中。中国历史变迁的历程表明，政事者，百事之首；人治者，首在政治。每逢这样的时代气候，作为宣扬和培养社会文化与国民精神的教育机构首当其冲成为最先被人们关注的地方，所谓"建国君民，教学为先"。

文明单元是具有相同文化传统的国家间交往的凝结产物。隶属每一个文明单元的国家都有其特有的相对稳定的国家形成模式。中国社会近现代以降政治动荡与文化多元的特点，决定了百年中国的教育历程也是变动不居、游移不定，其变化节奏与规律往往成为政治气候的回响，政治变化成为教育变革的风向标。纵观中国百年课程理念的基本取向，人的发展与社会的发展观都有体现，在一定程度上遵循了课程目标的应然方向。但时代的要求使得课程功能更多地服务于社会与国家；社会本位的课程哲学一直成为中国近现代课程思想的主线与核心。

中国社会的文治教化哲学，历来奉行政治、文化与教育的合一。因此，尽管在课程研究方法学上可以区别出学理分期、制度分期与政治分期，但用于理解中国近现代史的分析，则三种分期方法并无本质区别。而且，仅就百年历程来看，社会动荡与政治纷争使得课程领域的发展阶段与社会政治变革的符应性更加一致。我们这里暂且将中国社会政治进程中的"30年现象"移用于分析百年课程变迁，反映课程变革的"30年现象"，以及每一时段凸显时代映像的教育主题，这就是我们对中国近现代课程思想与制度沿革的主题式划分阶段：自由教育30年（1919—1948），人民教育30年（1949—1978），转型教育30年（1979—2008）。

一、清末和民国时期的课程形态

清末民初之际，是中国历史上的转折点，它标志着封建皇权时代的约束，人民共和时期的到来，革命形式大于革命内容是这次社会转折的主要特征。因此，辛亥革命成了"一枝没有果实的花"；革命党只是革掉了人的辫子，拉洋车的还拉洋车，做官的还是做官。社会革命的不彻底性使得这一时期清末思想遗绪仍然萦绕在社会观念领域的上空。同时，更大规模的社会革命与政治运动的勃发，以及文化领域的自由争鸣，使得学校教育暂时避开了政治上的割据与对立，课程思想与实践抛开了（激进的）沉重的封建传统枷锁，得以轻装上阵，以含情脉脉、望穿秋水般的急切心情遥望外面的世界，呼吸到了新奇无比的"他山"教育气息，是此时期教育思想活跃的心理动因。处于中国近代，其自由教育之"自由"表现为学术研究的自由与独立、教育思潮的活跃、办学理念的并蓄、教育制度的兼收、个性发展的宽松、人才标准的多元，以及课程与教学模式、方法的不拘一格。此 30 年间，课程思想活跃，课程实践多元，课程研究严谨、求实，成为中国课程史上少有的百家争鸣的自由时代，中国课程理论的自觉当始于此。清末遗风、政治割据使这一时期不同地方的学校课程设置呈现不同样态，总体上存在两种情形。

(一)中华民国教育的西学课程

从社会形态上划分，清末之后，中华民国纪元开始，一直到新中国成立，中国教育的主体形式都是民国教育，以民主共和为其诉求。中华民国由于政权性质的变化，一般分为民国初期和国民党统治的国民政府时期。表现在教育形式上，这两个时期的教育既有独立性，也有连续性，我们暂且统而论之。

不论是政党信念上信守"三民主义"的民国初期教育，还是背离"三民主义"而实行国民政府教育方略的民国后期教育，先后持续几十年的中华民国教育是逐渐远离中学传统、亲近西方文化，最终确立西学课程体系的过程。教育理念与课程设置的西化，以及教育理论与实践领域的自觉、认真、严谨的探究精神是这一时期教育活动的基本特征。民国西学课程改革从动议到确立，先后经历了以日本教育为蓝本、以德国教育为方法、最终以美国教育为范型的几个阶段，之后确立了美国课程思想在西学课程乃至在中华民国教育史上的统治地位。

我们知道，洋务运动是以效法西学开始的。在西学上当以欧美为先，自然地教育西化也必然以欧美教育为蓝本。但由于考虑到教育本身的社会文化特性与欧美差距较大，而与同为东方文明之日本国则有文化同宗之缘，故最早西学课程与教育规范的设计框架来源于日本，形成了西学课程的最初形式。

自清末兴建学堂以来，新的教学组织形式要求新的教学方法和手段，于是以赫尔巴特为代表的德国教学思想开始逐渐传入中国，它在中国学校教育的影响历久不衰。今天我们所实行的接受教学、知识教学、课堂教学等基本原理仍然带有清晰的德国教学理论印迹。甚至在课程与教学研究上遵循的尚思、尚体系、轻实证的范式，也是德国教育传统的影响所致。

随着日本教育和德国教学理念在中国遭遇困境，也由于一批留美学者相继归国，以及美国教育学者来华宣讲美国教育理论，这些都在思想上营造了中国教育变革者亲美的心理和社会意向，为美国教育理念在中国教育领域大行其道铺平了道路。同时，更重要的是，国民政府与美国政治同盟地位的确立，使美国社会哲学包括教育哲学成为中国社会思想启蒙的工具。正是在适宜的思想与社会需求的双重背景下，民国后期，主要是国民政府时期的中国学校成了美国教育哲学的实验室①，国内的西方课程体系也逐渐成为美国课程的翻版。这一时期，教育思想是活跃的，教育探究是求实的，教育实验是实证的，因此引发诸多教育流派的彼此争鸣、各类教育实验的活跃开展，其种类之多，目的之明确，理论之坚实，方法之严谨，实为中国近代课程史上的难能可贵的现象。

继治世者其道同，继乱世者其道变。民国几十年的教育与课程体系探究，成就是巨大的。它在寻找一条不同于中国以往数千年的传统教育形式的道路，力求发现一条对话世界现代教育形式的途径。民国时期基本形成了一个相对完整的教育体系，尽管西化色彩浓重，但确实架构了一个新社会形态的基本教育轮廓，不论其取得的理论成果还是积累的实践经验，堪与新中国时段相比，甚至影响到新中国教育发展的若干方面。

(二)解放区教育的工农课程

我们所说的解放区教育既包括共产党初期即"五四"前后的教育，也包括与国民政府有政治分野后的"苏区"教育，以民主、科学、大众为其宗旨。由于革命形式、政治理想、构成群体的不同，解放区教育方针决定了其课程功能是为战而学、为工农而教，这也决定了工农课程体系的基本特征。

课程内容多样，形式灵活。解放区根据地的特点是相对封闭性与自给自足。因地制宜，就地取材，边区教育工作者创造了很多切实可行的教学形式，如培训班、讲学所、干部培训学校、夜校、识字班、扫盲学校等。如此灵活

---

① 杜威说过："学校是哲学的实验室"。用来分析民国教育，由此得出。

多样的教学形式，使不同群体均有机会接受到适宜当时环境和个人需要的教育。在课程设置上，按照不同教育对象制定课程目标，选择组织有效与实用的课程材料，提高了课程的针对性。教学方式灵活，课程内容多样，大大提高了教育成效，使解放区广大军民在战争状态，甚至居无定所的艰苦环境下，文化教育水平获得了全面提高。如前所述，解放区教育的课程设置，尽管灵活实用，不求系统，但也并没有忽视对理论知识的传授，尤其是对广大干部的系统的理论修养的重视，相继开设了一大批较为系统的理论类课程，为建设解放区的初等、中等、高等教育体系做了探究。

解放区教育是中国革命史上最有特色的教育绿洲。我们常理似乎很难想象在那个战火纷飞、转战南北的岁月里，人们却可以把精神文化领域建造得如此生气、昂扬与充实。解放区教育与课程理念是非封建式的，也是非西学化的。正如中国现代革命道路一样，它也是极具中国特色的。可以说，解放区教育理念与课程设置真正体现了教育与实践相结合、教育与生活相结合的思想，切实做到了课程就是经验、学校即是社会、从做中学。解放区教育是以毛泽东为代表的中国共产党人创造性地探索中国革命道路的理论在教育领域的成功实践。

二、解放区教育及新中国的课程革命

解放区教育是中国共产党领导的新民主主义教育的一部分，其总体特征是民主的、科学的、反帝反封建的大众教育。1949 年新中国的诞生、政权的巩固为新民主主义教育的延续提供了更好的社会文化环境。1956 年，中国社会已经完成了新民主主义性质的资产阶级民主革命的使命，走完了由资产阶级革命向社会主义革命过渡的过程，教育性质也由新民主主义开始向社会主义转变，由此开始了漫长曲折的社会主义教育事业的艰辛探索。

新中国初期 30 年的教育历程，解放区的新民主主义教育性质是它的一个组成部分，尽管其具有资产阶级革命的性质，但本质上已经是无产阶级的，且正朝着社会主义方向前进。因此，不论在 1956 年之前，还是在其后的社会主义教育时期，共和国教育服务的对象都是人民大众，教育领导权牢牢掌握在无产阶级手中，历史性地实现了"有教无类"的教育理想，所以，我们将新中国初期 30 年的教育称为"人民教育 30 年"。在一个社会心理有些许青涩但真挚的"纯真年代"，共和国的人民教育之"人民"表现为国民享有平等的教育权，接受普及教育，教育的公平与平民化、民主化、大众化。总之，它是反帝的民族教育，反封建的民权教育，反官僚的民生教育，其核心具有强烈的民本色彩，中国课程领域的革命当始于此，它具有下列特点。

(一)苏联教育成为新中国教育体系构建的初级逻辑

解放区教育，是中国共产党领导的具有战时边区色彩的特有教育形式。其灵活实用的特征，使得体系相对难成系统，课程设置也缺乏一致性，各种教育规范难以及时制定与有效实施，这与全国百废待兴之教育恢复形成了矛盾，因此迫切要求用一种新的系统化的教育策略整饬国民教育。

在国民政府统治区，则是另一种情形。相对星火弹丸之地的边区，国统区由于政治环境与相对稳定的行政建制，加之多年连续的教育建设与制度探索，至解放初期，从小学至大学各教育阶段，已经基本形成了相对完整的教育体制、相对完善的课程设置，制定了一系列的教育运行机制与管理规范，总体上确立了自清末以来较为成熟的民国教育体系。但由于这种教育体系本身是在国民党统治下形成的，是国民党政治意识形态的产物，并为之服务，这就使国统区教育具有强烈的党派色彩、官僚习气。国统区教育不用说与新民主主义精神，就是与旧民主主义信念也相去甚远。中国古代治国大道向来奉行"治定制礼，功成作乐"，是为国定而后礼教兴。因此，如何改造民国教育以适应新民主主义革命的需要及即将到来的社会主义革命，就成为共和国缔造者们迫切的案头任务。

影响新中国教育思想和制度的另一个重要参照系是苏联教育。不论意识形态领域，还是对中国革命的援助与启发，苏联堪称是中国人民的老大哥。以十月革命的一声炮响为标志，苏联就一直成为中共的比肩朋友。尤其在中国革命刚刚胜利、摇篮中的新中国刚刚诞生之际，中苏政治同盟的确立，决定了中国不光在意识形态领域，而是在几乎所有的物质生活与精神生活领域，都明显地表现出一边倒的趋势。"拥苏反美"成了当时的一项基本国策。因此，以马列主义为基础形成的苏联教育思想及教育体制就成了百废待兴的新中国教育复兴的灯塔和蓝本，几乎不假思索地移用苏联教育模式成为必然。因此才有了长达数十年的凯洛夫等课程与教学体系在中国学校教育实践中的生根发芽，甚甚至铸造了那一个时代教育者的思考范式与教育研究范式。

一个理论在一个国家的实现程度，取决于这个国家对该理论的需要程度。苏联课程与教学理论的移入除了意识形态原因以外，理论本身的特性也使它更容易在新中国找到生根发芽、繁茂成长的土壤。我们知道，清末以降，日本、德国教育思想开始传入中国，后虽经美国教育思想以及国统区的美国特色教育制度的冲击，但并未根除中国课程与教学领域对赫尔巴特教育思想的青睐。应当说在中国教育实践中，尤其在课堂教学中，一直有赫尔巴特学派的声音。一方面因为赫尔巴特的课堂教学理论以其形式化特征，符合班级授课的教学实际，易为广大教师掌握，提高教学效率，得到教育实践者的认可。同时，赫尔巴特学说重系统、重知识、重教师主体、重教学秩序的课程教学观念，乃至赫尔巴特的尚思、向善的教育目的观都与中国传统教育所追求的"明德、新民、至善"的教育大伦遥相呼应，更容易激起国民的心理共鸣。当两个民族心理上惺惺相惜时，文化认同与理念认可就不可避免。苏联的教育体制与课堂教学思想渗透了鲜明的德国风格，传统教育色彩浓重。苏联课堂教学理论的这个特征，也助长了它在中国教育领域被广为接受。

新中国初期，就是在这样的教育要素中，整合成了新中国教育制度的基本面貌。今天看来，裨益与教训并存。首先，以苏联教育为核心，但在教育制度与课程建设的某些方面甚至达到无所不用其极的地步，移植、照搬倾向明显。其次，延续解放区教育的基本宗旨，以人民教育、大众教育、工农教育为教育的终极指向。最后，从社会革命角度来看，意识形态的重建带来的相关领域的非理性扬弃，甚至矫枉过正，也是彻底摧毁旧有上层建筑的必然选择，但新的上层建筑的生成与发展却只能在本已被摧毁的"废墟"中重拾砖瓦才有可能建造起来。在我国改革开放的教育复兴之路中，证实了这一点。

(二)中国教育本土化道路的谨慎探索

教育具有民族性，它与一个国家的社会、历史、文化息息相关。毫无疑问，不存在世界通用的教育体制与形式，也不存在所谓的"四海皆兄弟"的拯救世界的教育宣言。因此，最好的教育就是最具有本民族特色的教育，也就是最本土化的教育。与以"三艺""四艺"为代表的西方课程设置相比，以"五经""四书"为核心的中国古代课程设计是确保中国文化传继的知识条件。因此，中国古代课程与教育的"三纲""八条"理念是几千年来一以贯之的教育常道。

这个绵延几千年的教育常道，在以"五四"新文化运动为标志的政治运动中戛然而止。从此，中国近现代文化开始走上与古典传统文化完全不同的方向，古典教育蕴含的本土文化之根也随着与近现代教育思潮的背道而驰而渐行渐远，这就是今天人们所说的中国文化史的断裂之痛。民族文化上的失调、国民心态上的文化真空及民众心理上从本土文化依恋到文化断乳等现象的出现均肇始于此。激进式批判的热情在短时期内尚可以支撑起人们生存的信念，但激进退却后的沉寂与静思，则让人们越发感觉到文化漂泊般的无家可归。人们越发深思教育之存在主义意义究竟在哪里？由此，带着企望家园的心态，开始了具有民族"寻根"意识的文化反思之旅。教育领域的这种反思在 1978 年之后。

我们说，新中国初期对教育本土化的关注虽然不如后来那样自觉，而且也很难说是建立在中国传统文化根基之上，更多地是以反传统、亲现代、尚科技的目光建构中国教育本土化道路。这表现出两种形式上似乎截然相反但实则二者与中国传统价值文化都有着微妙相关的走向。

马列主义教育思想成为中国教育本土化的理论基础。让人感觉有些奇怪的是，本土教育应当以中国传统文史哲思想为基础，才有可能建构出适合并体现中国社会、文化、历史特性的课程体系，怎么反倒以他国之哲学建设吾国之教育，改造吾国民众心智？或许可以作如是解释，一是中国传统上政教合一，治国理念与治教理想合一，学与仕、官与师合一。因此，有什么样的政治哲学，就一定要有什么样的教育哲学，所以马克思主义意识形态化之后，必然成为指导一切上层建筑领域发展的理论指南，教育自不例外。二是哲学是融合了中国共产党人集体智慧后的中国化马克思主义，因此，它反映的宇宙观、社会观、价值观、人生观是有中国属性和历史特质的。它的教育理论基础地位的确立，既是教育服务于社会，又是教育顺应历史传统的保证。

这一时期的本土化探索中，另一个值得关注的现象是我们的主流教育思想与实践也模仿着苏联，沿着十月革命炮声划开的天路前行；但是我们已经意识到中国教育事业的发展没有任何国家的成功经验可以完全借鉴，最终必须走本土教育之路。

总体上，我们发现的特点是，新中国初期的教育与课程体系本土化探索是积极的，它在以马列主义思想基础指导下，以苏联教育经验为蓝本，同时，萌生了吸收中国传统经典教育思想，在与邦国初定、百废待兴的国情相适应的条件下，进行了积极的、认真的思考，并就某些教育基本原理问题给出了回答。可以说，马克思主义教育思想的最终确立，之所以能在具有千年文化土壤的中国大地赢得立足之势，并成为探索中国教育本土化过程中的关键驿站，终归是因为它与中国传统文化和社会哲学思想有着某种程度的契合，从而找到了在这片古老土地上落地生根的文化养料，进而一吐芳菲。

三、改革开放与课程理念的更新

关于真理标准问题的大讨论成为中国文化史上又一次最活跃时期到来的先声，也标示着新中国历史上最重大的社会转型时期的开始。"夏道不亡，商德不作；商德不亡，周德不作；周道不亡，春秋不作。"（《白虎通疏证·三教》）历史就是在这样一个承衰救弊、复反正道的如顺连环中迭衰迭盛，周而复始。1949—1978 年这 30 年间，中国社会经历了一个民族独立、新制开始的重写春秋的时代。每当一个社会实现转型时，人们的心理惯性和思维定式都会给人们带来暂时的思想失调与困顿。这种转型期共有的国民心态是自然的,尤其刚刚经历了思想上潮起潮落的社会大变革的 30 年涤荡,更激发了人们对逃离思维桎梏、重新获得自我独立思考的渴求,以重新回复到社会常态时期宽松闲适的心境之中。正是在政治、社会、文化、心理等领域久已沉积的集体意识即将喷涌之际,适逢其时,1978 年点燃了从新文化形态到新时期文化形态的导火索,持续至今 40 多年。在那样一个"激情燃烧的岁月"里,不论什么领域,都正经历一个前所未有的变动不居状态。可以说,人们是在用 30 年时间以压缩的方式、只争朝夕的心态走过了西方百年的发展历程。中国人用百年的历程,体验了农耕文化至现代文明的经历和感受,开始了自"五四"之后的文化皈依与家园寻根之路。变革、复兴成为这个时期社会精神领域的主旋律,抑或是课程与教育理念变迁的真切主题。

(一)教育的变革:西学再渐与多元化

历史往往以惊人的方式反复。在 20 世纪初西学东渐而最终引发中国历史上最激烈的文化冲击之后,在一个新形态的国度,教育领域正将迎来新一轮的西学东渐之风,它始于 1978 年改革开放的新时期。

随着对新中国文化教育领域的反思,以经济改革为龙头,在中国掀起了全方位、多领域的社会改革运动。变则通、改则兴,改革成为时代的思想,开放成为追求的途径。于是,在教育领域,以矫正过往教育决策、改革陈旧不合时宜的课程教学内容为先导的教育变革运动开始了。

这次教育变革从声势上没有"五四"时期浩大和波澜壮阔,而是以教育观念、教育思想、课程与哲学理论、教学方式等为对象,采取实验性、渐进式的变革模式,逐渐推进与完善。由于不论是新中国 30 年教育的指导思想,还是由此形成的教育实践,人们对盲目移植、照搬苏联教育模式的做法多有诟病,导致教育教学僵化,忽视了课程设置、课堂教学本身的独立自在的学科规律,教育决策与研究中政治与学术的混淆等,这些积聚已久的问题一下子涌到教育决策者的案头。因此,业内人士普遍认为,思想和理论上的首先清理与明确,是教育革新、课程改革的先期任务。东方不亮西方亮。在深深怀疑苏联教育理论对中国教育事业的负面影响之后,转向西方社会求取疗救中国教育顽疾的良方的行动就是不可避免的。

这是一个西学再渐的过程。改革开放初期,人们心理上的崇洋与思想上的媚外,使得当时人们乃至教育学术界对西方教育与社会科学思想的无条件认同和接受趋之若鹜,与"五四"时期的热情相比,有过之而无不及。尽管人们不再以猛烈批判中国经典文化来实现对西方文化的认同和传播,但这时人们在心理和思维观念上还难以接受把中国传统思想作为行动的指导。这一时期，不论社会观念、民众心态、社会风气还是具体到学校教育，西方的月亮成了人们心中唯一圣洁的天体，似乎它可以永远照亮人们前行的心路。

课程设置、课程目标、课程内容等基本问题正是吸收了西方课程概念和话语。同时，对课程论与教学论，乃至教育学的新体系构建，也开始寻求与西方教育学理论的共性。西方教育理论一度成为改革开放初期中国课程变革的依托。在教育学术领域，教育思潮的多样化、教育观点的多元化，使本时期教育研究显现出十分活跃、自由的局面。几乎每一种教育哲学，每一种课程形式，每一类教学模式，只要新鲜可观，便毫不犹豫地被中国教育研究者揽入怀抱中。教育争鸣与学术论争十分活跃，"新论"话语不绝于耳，"商榷"文章屡见报端，一度成就了那个时代畅所欲言、言无不尽的学术争鸣景象。

当然，一旦热情僭越了理性，问题也就随之而来。过度热衷于以"他山之石"，琢"己身之玉"，使得在研究界出现了盲目的民族虚无主义和全盘西化、食洋不化的浅薄之风。表面上的学术繁荣遮盖不了事实上的思想苍白，即"思想淡出，学术凸显"的特征。

另一方面，全面西学取向的教育拜物教式的研究与变革动议，也使得忽视教育理论的社会属性、文化性格、历史传承等方面的后果逐渐显现出来，以这样的命题在警示教育研究者与决策者：为什么在西方社会成效斐然的教育思想，一旦入主中华大地，便凋谢枯萎了呢？同时，根据近来对教育学本质问题不断开掘的文化社会学的研究，人们越发领悟到，教育理论本质上是价值文化和社会哲学的一部分，没有社会的教育与没有文化的教育、没有历史的教育一样，是不可能成为有效教育理论的。而外来教育理论的本土化也由此成为教育改革与研究者们关注的焦点。

(二)教育的复兴：经典文化的回归

教育的复兴有着双重含义：一是建基于对新中国初期30年的总结，及改革开放新时期的教育调整和不遗余力的"百年大计，教育为本"的国策，教育迎来了自己的"春天"。教育思想丰富，研究活跃，争鸣自由，知识系统。二是，反思精神再度使久久沉浸在西方教育思想海洋里的中国学者们认识到，"客行虽云乐，不如早旋归"。一种漂泊的游子情怀，让他们开始思考、寻觅，回归自我的精神家园，寻根意识由此而生。

传统是"隐而不显"的历史过程，它超越时间的限制，成为影响人的隐性力量。教育研究者的寻根意识及回归情结表现为对教育及基础教育课程与教学之民族文化特性的求索。人们开始由外转向内，由今溯古，以渐渐燃起的热情正视并珍视中国传统经典教育思想的价值。由此推而广之，整个国民心理和社会意识领域悄悄地涌动起一股平缓但潜力巨大的复兴古典文化的潮流。历史往往给那些曾经轻慢历史的人以漫画式的自我嘲讽。一批发掘和重现古典教育理念的课程材料、资源被开发出来；古典式的教学形式被组织起来；传统的教育民俗与民间教育信念也开始逐渐为人们所认知、认同。在教育决策领域，体现中华民族特性的课程目标、评价方式、选拔方式，也渐渐进入了实施流程。新时期30年是剧烈的社会转型期、思想转换期，它汇成了课程发展的时代之声，预示着沉寂百年的中华民族文明在韬光养晦、蛰伏休眠、领略并吸收世界其他文明营养之后，即将开始新一轮的"千年崛起"。

第二章　课程与个体发展

人是教育的对象。教育的最终目的是促进人的发展，因此，人及其发展问题就成为教育的核心问题。广义地说，凡是与人的发展有关的理论都是教育理论的参考。教育与人的发展问题是教育理论的核心命题。在教学领域，苏联教学论专家赞科夫以其 22 年的实验研究，使"教学与发展"成为教学论研究的基本范畴。具体来说，人的发展是多侧面的，个体的发展、群体的发展及人类的发展构成了人的发展的三个阶段。与此相对应，关于教育理论研究的学科也相应地区别为三种类型，即个体发展、群体发展与人类发展，它们从不同视角勾勒出了人的发展的不同特征和规律，描绘出了人的发展的全程概貌。这三个"人的发展"的论题，构成了我们研究课程问题的基本理论基础。

第一节　人的发展概述

教育学理论最早是附属于哲学理论的。在哲学家们关于自然、人生与社会问题的思考中包含着最早的教育智慧。因此，关于人的发展问题的教育学探讨不能不涉及其他学科；而且由于人的发展的多元侧面，使得在不同学科或研究层次上，人的发展的含义与特征也不尽相同，这表明人的发展问题的综合性。

一、人的发展的含义

给发展一个明确的界定是必要的。在哲学上，广义发展指一切流变的过程，分为正向发展与负向发展；狭义发展指一种连续不断的变化与上升过程，也即新事物代替旧事物的过程。因此，发展是有方向性的，是一种前进运动，与一般的变化不同。

人的发展主要指人在其自然进程中，不断获得健康身心、丰富个性、完善人性的过程。人的发展与物的进化的区别在于，人的发展具有社会、文化、历史特征。尽管就某一种族而言，种系进化与发展过程表现出普适的相通模式，但不同社会情境和不同文化传统会对人的发展过程产生不同的影响，可能由此会形成不同的发展模式。因此说，人的发展具有自然进程（进化）与社会进程（发展）相统一的特征，是自然进程中表现出来的共同性与社会进程中表现出来的独特性的统一。而且，随着人们自身对人类发展与进化规律的揭示与掌握，社会因素对人的发展的影响越来越重要。也许有朝一日，先天论者们会彻底退出历史舞台，而让位于社会论者们。

二、个体发展研究的四种层面

人是多维的，或理性，或符号；或群居，或独处；或感性，或理性。因此，教育人、发展人的前提是洞悉人的发展的多维侧面，揭示从个体人到社会人、直至人类人的基本规律，由此为不同教育阶段的课程设置与教学设计提供具体的依据。

关于人的发展的研究，从生物性到社会性连续体中，可以区分出四种研究领域，即微观发展、个体发展、群体发展和人类发展。

微观发展，或称之为微观发生，研究生物学起点的人的发展规律，探究人的天性，成为课程科学的生物学基础。它依据生物学知识，寻求在胚胎阶段人的发生所依据的基因前提，为人的后天发展奠定优生学基础。微观发展属于生物学研究领域，也构成了人类种系发生研究的一个侧面。人的微观发生建基于基因生物学思想，日益受到人们的关注。传统上，人们认为生物遗传因素直接提供了人的后天发展的基础和大致方向，而且不可改变；但另一方面，随着文化人类学和社会生物学的进展，给我们提供了一个新鲜的理论启示，即人的微观发生与动物界其他物种不同，前者除了遵循生物学规律以外，还有自己的文化—历史规律。人类经历了数千万年的社会进化，在人类生物学发生阶段，不仅形成了生物基因，而且把人类几千万年的文化属性以代际遗传的方式"写入"基因里面，并有通过遗传表达出来的能力，这类基因或可称为"文化基因"。今天，微观发展的研究已经不仅仅为我们教育领域提供开展教育活动的生物学依据，而且也为我们认识人的发展的社会历史特征提供了文化学参照。

个体发展，属于个体发生领域，主要关注的是个体呱呱坠地之后，在身体和心理的自然变化和生长过程中，个体身心发展方面表现出来的特点和规律；探究人的个性，成为课程科学的心理学基础。个体发生在心理方面属于普通心理学研究领域；它全面探究作为个体的人所表现出来的一般特点，这些特点可以推广到其他个体角色上去。人的认识发展也是个体发生的一个核心，关注这一核心问题的是哲学认识论。与心理学家们研究个体的认识发展的心理机制不同，认识论学者更注重从社会科学角度寻求认识发生的过程与逻辑规律，思辨分析色彩更浓。如果说微观发生阶段形成了人的天性，那么个体发展则形成了人的个性，尤其是人的社会文化属性，及在社会历史进程的漫长时间内代代积累起来的特征或潜能的逐渐显现。

群体发展，或称社会发展，以个体的生物发展、心理发展为基础，借助个体间规范性的社会交往活动，逐渐实现的发展形式，其以探究人的民族性格即民性为旨趣，成为课程科学的社会学基础。群体发展的目的是形成相对稳定的社会集团或种族族群，也是民族或国家形成的初级形态，故群体发展是个体社会化的必由阶段。在群体发展过程中，以群体共同约定、认可和遵守的规范而形成的集体认识是重要的，它可以随着时间而逐渐累积，并经由杰出人物的系统化成为公共知识，它包含了不同历史文化背景下，一个认识群体的社会特征及特有的文化个性。因此，群体发展是文化—历史发生的反映，是一个社会群体形成民性的过程。从学科研究领域来看，以群体为研究对象的当属社会学，而以群体认识过程为研究对象、揭示群体认识特点的新兴学科是社会认识论。

人类发生，或人类发展，位于目前我们探讨人的发展问题的最高层次，探究人的本性，成为课程研究的文化学基础。在人类生存于地球的漫长演进中，有文明可考的时期，即人类文明时代仅为短短一瞬。人类文明的产生是漫长的史前文明积累和演化的结果，因此，史前文明时期的人类社会曾经发生的一切变化必将对理解人类文明的萌生与发展有重要价值。探寻人类史前文明状况的学科是人类学，它主要研究人类蒙昧时代、野蛮时代或当今原始部落群体的社会文化状况，以期探知人类史前文化发展的大略。文化人类学发展到今天，它的学科使命已经更加广阔了。按照我们今人的本体论思考方式，万端纷争的终结之道在于必溯其源，必寻其体。因此，人类文化差异、价值观分歧、宗教信仰争端等带有种族、民族、地域色彩的问题，可以通过研究其最初得以产生的根源来分析评判，从中寻求更好的消弭分歧的办法。人类学在这方面的任务就是探寻作为一个物种或"类"的人的普遍的、共享的、普适的特性，如孟子所言仁之恻隐、义之羞恶、礼之辞逊、智之是非；另外是作为"这一个"的子系统所具有的独特个性的合理性。如此人的彻底解放和自由最终就可以成为现实。而以揭示人类本性为目的的人类学，也将为人类发展提供达到理想愿景的金钥匙。

概言之，人的发展的四种梯度，分别以生物发生、个体发生、文化—历史发生、种系发生为起点，以生物基质、认识论、集体认识、本体论为视角，探究人的天性、个性、民性和本性，实现对人的发展的全程理解。

三、个体发展

(一)个体发展的含义及其基本问题

个体发展可以界定为身心的发展。身心关系问题是心理学的基本问题，对身心关系何者为第一性的回答，是划分不同心理学流派的标准。科学心理学，即实验心理学的创始人冯特认为心是第一位的，身是第二位的，因此，人的发展也就是人的"心身"发展。至心理科学舶来中国，受意识形态领域与学术规范的双重影响，中国学界秉持物质决定意识的哲学观考察心理现象，因此在中国，关于人的发展便中国化为人的"身心"发展问题，成为身本思想（孔子提出"以身为本"）。个体发展包括身体发展和心理发展两个方面。身体发展指有机体的正常发育和体质的增强，由体育科学来研究。心理发展是心理学研究领域，也是教育学最重要的学科基础。

(二)个体的心理发展

个体心理发展一般分为认知发展和非认知发展两个方面。从心理学发展的四个阶段来看，即行为主义、精神分析、人本主义和认知心理学，至今最为活跃、对课程教学影响最为直接的是认知心理学。因此，自 20 世纪 50 年代以来，主导世界课程与教学理论的基础理论多来自于认知科学研究的新进展，可以说，近半个多世纪成了认知取向的教育理论占统治地位的时代。但近来，人们开始以过度关注人的认知发展而忽视人的非认知发展为切入角，开始反思课程教学认知化的不足。认知科学理论主要给教学科学提供了原理、机制方面的实证支持，而关于课程理念、课程艺术、课程技术等领域则需要其他学科的理论滋养，才能建构起以课程哲学、课程科学、课程技术、课程艺术为结构要素的系统完整的课程论学科。

认知发展：认知能力的发展，主要指个体的心智发育状况，尤其以智力为核心的一般认知能力的发展，一向被看作是个体发展的核心。所谓一般认知能力是指人类进化过程中渐次获得的、维系其基本生存所必需的能力，是其他高级智慧和技能形成的基础。以此功能形成了认知课程学派，诸如结构课程论。

非认知发展：情感、意志等心理过程和个性心理的发展，包括情感、意志、能力、气质、性格、动机、需要、态度、兴趣、信念、价值观、人生观、世界观等。人本主义心理学思想是教学领域开始关注个体非认知发展的导引。以此功能形成了非认知课程学派，诸如进步教育理论、人本主义等。

人的认知发展与非认知发展水平均受先天生物因素和后天社会文化因素的影响。如认知领域内的晶体智力。但总体上来说，非认知发展的社会制约性更为明显。比如气质与性格就是一对描述人格特征但又彼此具有不同形成机制的心理变量。

个体发展的认知与非认知两个方面是相互联系的，既呈现出对立、统一的矛盾样态，又呈现出平衡、不平衡的守恒样态；既是天成的，又是人工的。尽管一般区别为智力的先天性与非智力的社会性，然而至今也无法断定两者之间的因果逻辑，使得认知课程流派（如结构课程论）与非认知课程流派（如人本主义）长期论争不休，但二者确实存在一定程度的相关。同时，认知科学的实证研究也在使人们更深刻地理解二者的关系，会矫正人们的一些民间或传统的教育观念。

四、终身发展

终身发展或作"毕生发展"。顾名思义，终身是指一个人从孕育、出生到终年而去的人世间的整个经历过程；终身发展是个体身心终其一生的全程发展，其态势表现为正向的上升时期与负向的衰退时期，直至消亡，回到生命的起点，完成人世间的一个轮回——出于生地，入于死地。

(一)西方心理科学的终身发展观

在西方，人的终身发展理论直接影响到终身教育理念的提出，是这个教育理念的人学基础。现代科学将终身发展纳入正式研究视野的历史尚短，传统上主要属于发展心理学的研究领域。因此，关于人毕生发展过程的分期各家各派所言有别。分析各家，我们择取其中一种——七阶段分期法[①]，因为它的阶段划分融合了心理科学的关键期理论，具有教育实践的有效性，也因为它的分期与中国传统哲学关于人的全程划分阶段有相合之处，更具有文化适切性。

个体终身发展阶段及其所具有的特征：

胎儿期（出生前）。微观发展，从物之太始到人之太素的质变时期，生命体由生物属性向人的属性的质变阶段，具有生物学和人学的双重属性。优生教育干预的最佳期。据此设计胎教课程。

---

① 彭聃龄：《普通心理学》，北京：北京师范大学出版社，2018年。

婴幼儿期(0—3岁)。语言能力发展的第一个关键期,适宜话语训练和言语智力开发。适宜游戏、感知运动。据此设计幼教课程。

儿童期(4—12岁)。具体思维阶段,适宜直观教学,并准备向抽象思维过渡。据此设计初教课程。

青年期(13—20岁)。生命之春。抽象思维成熟,成人性征出现,社会认知能力养成。据此设计中教课程。

成年期(21—40岁)。生命之夏。人生的社会学意义显现;晶体智力持续发展,但流体智力在后期开始衰落,而人的青春年华也将在这一阶段告别。据此设计高教课程。

中年期(41—65岁)。生命之秋。人到中年,化生而收,述止而作始;止于学而入于仕。据此设计继续教育课程。

老年期(65岁以后)。生命之冬。老而还童,复归于幼;自在,闲适,逍遥,随性。据此设计闲暇颐养课程。

(二)中国古代经典的终身发展观

在古代中国人看来,天生万物均遵循基本的生息过程,经历太易、太初、太始、太素这一生命诞生的四个阶段:太易,阴阳相存;太初,阴阳相往;太始,阴阳相和;太素,阴阳相成。生命始成。

在我国,其实一直是在以终身发展来建构教育理论和人生设计的。不论从朱熹"八条目"(格物、致知、诚意、正心、修身、齐家、治国、平天下)之修已达人之道,还是孔子之一生自述,都反映了中国古代之全人教育的基本原理。古代中国终身发展与人生规划的说法在《礼记》中有清楚论述①;更为人所周知的是孔子自述其一生为学求道的生命历程,虽然指陈自我,却可推及众人。一般我们也将之称为人生发展的阶段描述,言简意深,成为中国古代尊奉的"成长目标分类学",它确立了个体成长阶段与目标定位二者之间的对应关系。孔子的发展理论影响深远,其确立的应时、立事、成章的阶段与目标耦合思想,甚至已经内化为中国人民间"日用而不知"的教子信念,成为一个所谓人生正道者必须恪守的成长法则和教育习俗。且与上述心理科学之分期同工,反映了东西方直觉与理性认知方式殊途同归于真理。

---

① 《礼记·内则》:"六年,教之数与方名。七年,男女不同席,不共食。八年,出入门户,及即席饮食,必后长者,始教之让。九年,教之数日。十年,出就外傅,居宿于外,学书计。衣不帛襦袴。礼帅初。朝夕学幼仪。请肄简谅。十有三年,学乐,诵诗,舞勺。成童,舞象,学射御。二十而冠,始学礼。可以衣裘帛。舞大夏,惇行孝弟,博学不教,内而不出。三十而有室。始理男事。博学无方,孙友视志。四十始仕。方物出谋发虑。道合则服从,不可则去。五十命为大夫。服官政。七十致事。"

孔子在叙述其一生由志而乐的进德之序时说，"吾十有五而志于学。三十而立，四十而不惑，五十而知天命，六十而耳顺，七十而从心所欲，不逾矩。"（《论语·为政》）联系中国文化传统，古人把一生之中的十五、二十、三十、四十、五十、六十、七十看作是人生的重要时刻，届时要发生大的转折，包括生理上、心理上、社会上。

十五岁，逻辑思维开始成熟。二十岁，束发之年，成人之始。三十岁，五经学业初成，而立之年，修身齐家业。四十岁，成德成才之时，"四十强仕，君子道明德立之时"（《孟子集注》）；不惑之年，五经皆通而治天下。五十岁，知晓天地运行之道，通达人世兴替之理；天之规律见于河图，五十学易以知天命。所以孔子说，"后生可畏，焉知来者之不如今？四十五十而无闻焉，斯亦不足畏也已矣。"六十岁，顺常道，不违大道。七十岁，古稀之年，成仁得道，无为而治，心之所向，理之所指，故游刃自由，无所逾越，乃至高境界。盖此为圣人自言其进德之序，以为学者立法：盈科而进，成章而达。

孔子生活史历程的自传式描述反映了中国古代终身教育与发展理论的基本特征。

特征之一，揭示了中国文化所推崇的个体毕生发展的根本理想、成长模式与规律，具有全民族的普适性，成为华夏文明的社会时钟。

特征之二，依此确立了贯通个体毕生发展历程的自我理想与终极目标。

特征之三，明确了个体梯级发展的阶段性目标，适应了个体成长的差异性。

特征之四，阶段性目标及其实现的时间、条件、顺序不可改变，所谓进德之序"盈科而后进，成章而后达"。

特征之五，少年的自信进取与老年的淡然达观。少年之人，满怀理想主义精神，秉持自由乐观的人生态度，坚信或有一日，一切皆有可能；暮年之人，心境怡然，确信终有一日，一切皆成过往。人的一生是理想与现实、自由与随性、乐观与达观、进取与知止的统一。天下随时。夫子教学，各因其时。当其时，行其事。年老事终，不当其位，所谓"不事王侯，高尚其事"。

终身发展规律的探讨给课程教学乃至教育研究的启示是，它告诉我们，在人的一生发展过程中，不同阶段的人生目标与教育设计是不同的，学校教育仅仅是终身教育的基础阶段，完善的现世生活还需要学校以外的社会大课堂的引领。"化不时则不生"：春时温以使物生，夏时暑以使物长，长夏时湿以使物化，秋时燥以使物收，冬时寒以使物藏。在课程教学领域，教学理念的设计必须基于终身发展思想之上，改变分立教学、各司其事的割裂式教育模式，转而坚持整合设计、分期教学、各司其事的贯通式教育模式。一定要在个体发展的年龄关键期适时施行相应形式的教与学，做到年龄关键期、学习最佳期、教学最优期的统一，以期学生超越"一般发展"而实现"最优发展"。

五、人的四层面发展的教育意义

杜威认为，哲学是一般意义上的教育理论，而且对于教育科学而言，生物学、心理学、社会学是其三大基础。我们讲，孔德曾概括出人类探究动机的四种指向，即物理、生理、心理、哲理，万物之道皆可归其一。弗朗西斯·培根在分析人类最原始的认识错误根源时，曾提出著名的崇拜理论，即洞穴偶像、市场偶像、戏剧偶像和部落偶像，它们各自演化为探究动机、交往动机、表现动机和社会动机。由此可见，关于人的发展的研究是一个哲学、科学、社会学、人类学的跨学科工程，因此，教育或课程实践与理论也必然建立在多层面的关于人的发展的系统理论之上，既益于建构完善的课程体系，也益于终身教育和人的毕生发展目标的实现。

如今，我们的课程设置、学科规划及教学设计存在的问题之一是，缺乏对终身教育与学段教育之间关系的理解，缺乏对人学理论的系统全面的分析和把握，或只关注学前，或只关注初等，或只关注中等，如此不一而足。这就使人在不同发展阶段接受的教育不尽一致，有可能产生相互抵消的后果。关于这一点，皮亚杰在《教育科学与儿童心理学》这本小册子中曾言简意深地指出，儿童在先前某一阶段所忽略或错误发展了的能力，也许在后来需要相当长的时间才能恢复过来，或者永远不能恢复。因此，对于教育工作者来说，迫切需要一种通识的全息教育理论，指导终身课程设计与教学规划，建构课程与教学的终身发展理论，贯彻于微观发展、个体发展、群体发展、人类发展的整个阶段。对个体成长而言，那就是在这一终身课程教学理念的指导下，设计出依循个人特质、心性与禀赋的早期教育模式、社会化教育模式、成长成人与成才教育模式，直至逍遥余生的闲暇教育模式。

第二节　人的发展条件

在个体终身成长历程的不同阶段，使其获得自由、充分的发展所需要的条件是不同的。本节主要探讨个体发展层面需要的条件，这些条件一般以"影响人的发展因素"的形式出现。因应个体的生物发展、心理发展和社会发展的接续逻辑，以生物遗传、地理文化为主的自然条件，以童年经验、自我志意为主的心理条件，以社会文化、家庭环境、教育活动为主的社会条件，以自然进化和社会进化为主的种系条件构成了人的自由发展的四类条件群，它们分别揭示了人类生物发生、个体发生、文化—历史发生和种系发生领域的基本状况，进而整体描绘出个体自由而充分发展的全景轮廓。这些领域的特征和规律为人们设计最优化的人本教育活动提供了人学参照系。由于人的发展条件很多，其中有些是必要条件，有些是充分条件，个体享受完善的教育有必要依循人的发展条件来设计和实施课程方案，这是研究人的发展这一范畴及其相关问题的起因和目的所在。

哪些因素或条件影响人的发展，以及这些因素中何者为主，何者为次，对这类问题的回答因教育者本人的教育与社会哲学立场的不同而不同。甚至在意识形态干预的情况下，会忽略或批判某些因素，曲解人的发展规律。下面仅从教育学的视角，对人的发展的若干基本条件加以分析，其他暂且不论。

一、发展条件理论探源

教育发展史上第一个系统提出人的发展条件理论并影响后世的当推法国思想家卢梭。站在呼唤人性、启蒙社会的视角，他概括出了影响人的发展的"三因素理论"，即自然、物与人。这一理论意蕴丰富，一直为教育者们所认同。

在东方，本着"象天法地以成人教"的"天道即人道"的宇宙观，中国先哲则在《周礼·考工记》里从天人合一的角度，提出了"半缘天地半缘人"的嘉物生成理论："天有时，地有气，材有美，工有巧。合此四者，然后可以为良。"将之推及于人，从中可以窥见古人的教育智慧，进而可以推演出个体发展的条件理论，那就是"生逢时运，长于乐土，质素美善，知遇贤明，身受天命，合此五者，然后方为良才，可成世之治乱"。生逢时运者，谓之应天时；长于乐土者，谓之得地气；质素美善者，谓之得聪慧天资，行人间正道；知遇贤明者，谓之得人和；身受天命者，谓之得大任，因此，良才必合天、地、人、自然、道于一体，自古成大器、垂青史者莫不如此。这就是体现东方智慧的关于人的发展的"五因素理论"。

二、人的发展条件

如上所言，大体上，影响个体发展的条件可概括为自然因素、心理因素、社会因素和种系因素四个范畴，具体包括遗传素质、社会文化、家庭环境、自我因素、自然文化、教育因素、进化因素等七个方面。

(一)遗传素质

遗传素质是人的发展所依赖的生物学因素中最重要的一个。遗传是生命体在分子水平上维持和保持种系特征及繁衍后代的基本机能。现代生物科学一般认为，种系特征可以通过密码写入遗传递质即 DNA 当中，并在个体发展过程中逐渐将写入的先代种系生理或心理特性表达出来。所谓遗传素质，就是遗传下来的生物体综合特性，即通过遗传方式所传递的先代或种系的生物学特性，遗传素质的传递者是基因。

前面讲过，人的发展是基于微观发展基础之上的个体、群体、种系的发展过程，因此，发生于生物学层面的微观发展及遗传素质就是人的发展的物质前提，也是人的发展的起点。不论个体认知能力（如智力）还是非认知能力（如气质）均依赖于遗传素质所提供的发展条件。从某种意义上说，遗传素质在人的发展中以内因方式起着决定性作用，它限制了人的哪些方面可能发展起来，哪些方面无论如何不具备后天开发的潜质。当然，内因具有决定性作用，并不是说遗传具有决定论价值，而是说遗传作为一种"天赐"条件，非人力可控，非人力可及，它或多或少影响乃至决定着人的认知与非认知发展的水平和可能性。

遗传因素在人的发展中的作用表现为：

1. 提供了发展的可能性，决定了发展的方向和程度。

人的身心发展的大多方面关涉遗传素质；随着遗传生物学的进展，遗传因素对人的发展的影响也许越来越大，任何发展方面都可以追溯其生物学动因。在人性论之争中，历来有善恶之分。但人性之善之恶从何而生？古代有"性自命出"之说，它调和了"性善"与"性恶"之争。命者，天也，自然使然。就是说，人的本性是自然演进过程中先天生物学遗传的结果，无所谓善与恶，这要看你持以什么样的价值观去看待人性问题，由此使得人性论之争带有了价值论色彩，此为"性自人出"，人性在其本质上有其社会文化使然的成分。

2. 制约发展进程与阶段，非人力可控。

现代认知科学的最大贡献是将人的生物发展、心理发展和社会发展统一起来，并加以认知原理的解释，从而使人的发展研究更具有实证依据。在这方面，关于人的身心发展的序列与阶段研究尤为重要。它表明，人的发展尽管发生于后天社会情境之中，但本质上是沿着亘古不变或变化缓慢的生物学规律前进的，这就是跨文化的人类种系共同遵守的发展进程与阶段。个体发展进程诸阶段之间以关键期为临界点，任何想超越或延缓、挽留发展进程与关键期的教育设计注定都会失败。

3. 遗传因素以不同模式影响人的个性特征，甚至影响后代的综合素质。

最经典的古训讲，有其父必有其子，就是指明了先代对后代的遗传影响。除了这种同性—邻代遗传模式以外，现代遗传学也揭示出交叉遗传、隔代遗传现象的存在。可见，遗传对人的影响方式是多种多样的，而且渗透到人的身心发展的各个领域，尤其表现为气质特征即非认知发展方面，这是向来研究者关注不多的领域。

4. 遗传因素的影响领域不同，由此形成个体发展的不平衡格局。

遗传的影响一般更多表现在生物学性征，而对诸如信念、价值观、人生观等社会学特征的影响相对较弱。当然，我们不能断言认知发展与遗传相关程度高，而非认知发展与遗传相关程度低。总体上，在表现出更多生物学特性的发展领域，如智力、气质等，它们的发展多是来自于先天遗传的结果。后天环境与个人努力对个体的智力高低与气质类型的改变程度是微乎其微的，充其量只是改变了它们各自潜力的显现程度。相反，人的社会情感、态度、价值观等非认知心理的定型则多为"性自人出"的结果。社会文化情境既是个体非认知发展的土壤，也为非凡之人最终能够成长为非凡之才提供了历练的舞台。

遗传对人的发展及个体后天发展程度的制约起着至关重要的作用。然而，人的先天遗传优势并不能保证其后天发展的"既善且美"，在先天遗传与后天发展之间存在着普遍的矛盾对立。正如宇宙之间，天倾西北，地陷东南；日有阴晴，月有望朔，天地本不全，何况于人？宇宙所生，乃象天法地而成，非人力可为！此为大道，万物皆然。"大智若愚"、"大成若缺，其用不弊"，就是这个道理。以"性自命出"和"性自人出"为基础的中国古代天人合一的发展观，正是道明了先天遗传及后天社会因素对人的发展的协同作用，而后者也常常被人赋予"社会遗传"的指称，与"生物遗传"相对，成为决定人的发展走向的两大大命条件。

(二)社会文化

"盈缩之期，不但在天。"人类能在一定程度上把控自己的命运。社会文化主要表现为民族或国民在本土文化传统下所形成的价值观念、交往方式和行为方式。这些相对稳定的、为一个民族或国家的国民所特有的信仰和行事取向，影响到国民个体性格和心态特征，进而形成独具特色的民族文化和社会心理。社会文化因素与社会环境不同，前者主要指明一个社会精神生活的总和。

1. 民族性格

宗教信仰、民族性格和世俗科学是公共教育的三大基础。[1] 民族性格表现

---

① （俄）乌申斯基：《乌申斯基教育文选》，北京：人民教育出版社，2007 年。

为民族文化通过同化作用而在个体身上形成的核心而独特的性格特质。一个民族所共有的心理特征和民族个性是在漫长的相互交往的社会性活动中逐渐形成的，是超验信仰体系、人性理论和社会哲学综合影响下的产物。借由个体观念之间的相互碰撞、修正、认同与约定认可，民族性格逐渐显现成型，这一过程也是个体个性消融于民族个性的过程。民族性格的形成标志着该民族文化上的成熟，并开始发挥对其民族成员个体发展的规约和定型作用，这就是民族文化对个体的同化作用。不论个体先天具有什么样的人格特质，只要他出生在一个民族个性鲜明的环境中，他就无论如何也摆脱不了自己心灵深处被烙上该民族个性印迹的命运，这种印迹甚至在他于母体中孕育时就已经被打上了。每个人的人格特质都是他自己的"过去"和所属民族的"过去"的加权平均数。在个体日后的成长过程中，民族文化会以某种强制的方式，让个体性格中的独特成分渐渐蜕去，集体特质渐渐形成。个体性格中集体特质的形成过程是濡染的、不自觉的，然而无论如何不能摆脱的。因此，国民之民族个性的养成是社会文化的产物。一个人身在东方，徒羡西方之理性；或生在西方，徒羡东方之诗性，都是徒劳的。同样，个体想蜕尽自身的民族性的优点和弱点也是困难的，除非对整体国民性加以改造。

2. 群体规范

表现为个体对类属群体价值文化的顺应，以及群体价值文化对个体成员的同化。在个体发展过程中，自我文化与社会文化二者之间的博弈是自始至终存在的。如果说个体性格形成的一个方面是民族文化对他的不知不觉的强制同化的过程，那么，在个体苦苦挣扎而力求显明自我特性的过程中，他也会参照民族性格范型，主动开始自我性格塑造的自觉追求。吸收那些为集体观念所认同的品质，抑制甚至抛弃那些为集体观念所不屑的习性，这是个体主动的社会化过程，在这一过程中，民族心向和集体意识形成了。只有当个体能自觉地意识到社会文化何所崇尚、国民意识何所向往的时候，他才能主动朝着这一方向发展。民族意识是民族心理的一个方面，它通过个体心理作用于个体发展。

3. 时代精神

时代的精神状况集中体现为一个时代占统治地位的思想或总体意识形态对个体认识的潜意识规训。生活于现实社会之中的个体都是社会共同体的一分子，他的思考方式也会受到那个时代主流认识模式的影响。一般来说，我们每个人都摆脱不了群体所认可的思维逻辑的限制，即我们不可避免地生活于时代精神特质的阴影之中，使人们的思想、观点、判断带有特定时代的印记和历史局限性，并规约人们关于教育价值观的看法。如西方历史中的人文精神、神性精神、人性精神、科学精神、文化素养等，都曾经因其所代表的时代精神特质，而成为一代教育的价值追求和人才评判准绳。一切历史都是当代史①。中国古代文明的变迁史上，历朝也形成了所谓一代之学，与同时代的主流文化一道，完成了对那个时代精神范型的熔铸：先秦子学、嬴秦法学、两汉经学、魏晋玄学、隋唐佛学、两宋理学、明代心学、清代汉学、民国西学等，都对时人精神领域的发展施加影响。

4. 本土文化

民族传统——个体对本土文化的认同。"越人安越，楚人安楚，君子安雅。"生活于同一民族文化圈内的个体，持有共同的价值信念，表现出相同的人格特征，由此形成特有的生活方式，即民族传统，它是一个国家全体国民共同的行事规范，是该民族的"过去"在当前的投影。作为民族圈内的"局内人"，个体对该民族个性下所形成的自我性格特征有极强的认同感，坚信自己价值准则的有效性和高尚的人道价值，甚至推及其他民族群体，从而表现出民族自豪的情感。"家自以为我土乐，人自以为我民良。"对自我文化的肯定和欣赏是人性的优点，它确保民族传统的形成和传继。但这种唯我独尊的自我文化心理也是人性的弱点，它往往导致对"局外人"的排斥，自我批判精神不昌，从而导致文化民族主义，以及与外来文化交往时萌发出夜郎自大心态。这种抛弃他山之石、拒绝源头活水的故步自封，终将成为一个民族文明寿终正寝的终极根源。

社会文化关乎个体性格和民族性格的形成与健康发展，而推动其不断传承与创造的一个重要力量是教育。在古代，往往赋予帝王品行以那个朝代的意识形态思想，因其化为统治者推崇的国民精神符号，而成为教化民众、安邦使民的治国理念的简洁表达。在精神层面上，教育活动所具有的移风易俗的作用是任何其他方式所不可替代的。一般来说，教育通过它所传达的教育个性，肩负起传继民族文化和社会价值体系的使命。一般来说，民族性格要求与之相适应的教育个性，鲜明的教育个性通过教育活动培养出个体的国民性格，一个个独特且表现出鲜明国民性格的个体汇集起来形成了革故鼎新的一代国民精神和社会精神，由此，最终实现教育的化民成俗、变风为雅的功能。成功的教育必须是具有民族个性的教育，教育个性的形成是一个民族教育成熟的标志。

(三)家庭环境

家庭环境是个体发展的第一个社会性场所。初级形式的伦理观念、道德

---

① 意大利克罗齐语。意即训诂通今，古为今用。

信念、价值信仰均在此初步形成。自然层面的家园情结、心理层面的家族情怀、文化层面的家学家训、社会层面的家庭关系为个体奠定了走向社会的基础。

1. 家园情结影响个体的深层认识模式，是自然文化与社会文化综合作用的结果。乡土情结为个体初期的心理定型提供了孕育的土壤。人皆怀土，无论穷达。自然层面上的一山一水、一草一木，都浸润着个体自传式的成长记忆——抑或老屋映象，萦绕脑际，挥之不去，抑或家乡味道，才下舌尖，又上心头。

2. 家族情怀铸就了个人终生的伦理信念。血浓于水，根叶情深。心理层面的亲人故旧、父老乡人，都成为人们他乡怀友、佳节思亲的心灵慰藉。

3. 家世文化以家学家训的形式，内化为具有遗传优势的文化基因，影响个体的生活与价值观。杜威引用过一句古语："教育一个儿童，须从他的祖父母开始。"[1]从代际影响上看，家庭环境及伦理关系具有生物遗传和社会遗传的双重效应。生物遗传自不待言，上文已详述。与这种先天性遗传相对的是由于后天家庭交往方式形成的家庭关系，以及父母的价值观、人生观对个体发展的助长作用。与生物遗传相似，这种从父母及家庭环境中获得的发展均具有代际传递和世家传承效能——家学与家训，可称之为获得性遗传。生活于异样家庭环境，来源于不同文化背景、社会阶层的家族成员，会在其人生发展的初始阶段传承不同的文化基因和符号资本。因此，从社会学角度看，来自不同家世门第的孩子们在人生的起点就存在着获得文化资本的原初差异。尽管他们后天生长于相同的教育环境，仍然会产生事实上的发展不平等。中国民谚有言"将门虎子""名门之后"，都说明家庭对个体后天成长的影响。

4. 家庭教养方式影响个体的社会性发展。推动世界的手，就是推动摇篮的手。家庭教养指家庭成员之间的相互关系，尤其是以父母子女为核心形成的亲子关系，是形成伦理观念的重要方面。一般认为，家庭关系是社会关系的缩影，亲子关系是人际关系的体现。家之齐与国之治的先决条件是家国关系的协同一致，否则，家庭文化有悖于社会文化，家庭中所坚持的价值准则与社会环境中的行事价值观相悖，那么人们的社会关系和价值体系将是混乱的。家国同构，家者国之则，正家而天下定。不同的社会制度和社会形态造就了适恰的社会价值文化，由此对应，形成了理想的家庭关系和教养方式。不存在超越民族价值体系的通用的理想教养方式。综合起来，有以下七种家庭教养模式。

---

① （美）杜威：《我们怎样思维》，北京：人民教育出版社，2005年，第218页。

（1）专制型。怒而威，以专横、强制、刚硬的方式管理家庭、处理事物、调节关系。父母之命放之四海皆准，无条件服从，因而形成了一种对立式的关系，但相对稳定。

（2）权威型。敬而感，不怒而尊。这种教养方式往往是以父母辈在某方面博闻强识、能力超群而使子女心理上有高山仰止之感，父母虽不怒，但子女内心自生敬畏之情。

（3）差序型。尚往来而不失等第，求威严而不失人伦。差序型的中国社会结构，决定了差序型家庭关系模式是最适合中国家庭文化的。这种教养方式主张家庭成员之间以家族为核心，以伦理纲常为尊卑序列。不同成员均以"辈分之差、长幼之序"有序有等地分布于以伦理坐标确定的角色象限内，不可丝毫逾越；长幼之间有秩序，异辈之间有尊卑。

（4）民主型。具有人本主义或人道主义色彩的教养方式。平等而不是差等、博爱而不是兼爱、大爱而不是泛爱是其核心理念。强调独立永恒的个人尊严与独立人权，不受家庭关系、伦理关系、社会关系的束缚，是一种人人平等的、带有人本主义的教养模式。它所据以建立的前提是基于人们之间的理解、平等、对话。

（5）恩养型。教子崇孝养，爱子要商量。娇宠常负义，恩养必忘恩。所谓"甚爱者必大费，多藏必厚亡"（《道德经》）。随时制宜，万事皆然。幼小孩童如禾苗，要随其身心之宜，任其自由生发，不可厚以肥之，拔以长之。

（6）放任型。理论上不是一种处理和建立家庭关系的模式，因为它不尚规范，不求规矩，不设规则。

（7）太极型。以家长与子女构成太极之两仪，恪守子本父治的治家信条，推之于国，则成为民本君治的政治哲学，它是儒家差序型教养模式的升华。

（四）自我因素

个体发展的内因。与作为生物遗传的内因不同，自我因素是自我后天形成的阅历或意志、心向对个人成就动机的影响，更多表现为心理层面，与生物内因、社会内因共同构成个体发展的三大内部条件。在自我因素当中，以童年经验和个人志意最为重要，它们潜在或显在地影响个体发展。

1. 童年经验

颜之推以"教妇初来，教儿婴孩"为家训，民间以"三岁看大，七岁看老"为俗理，凡此皆表明，儿童早年间的体验、经历与濡染，渐渐累积起来，形成丰富的童年经历时，基本确定了他的一生的发展状态。此言虽有些童年决定论味道，但足见童年时代的个人体验对后来发展的巨大导引作用，尤其个体后天的极端行为往往投射出其童年时代的阴影。

从意识成熟历程来看，童年经历着从无意识到意识形成的全部过程。这期间也是个体无意识最丰沛的发生时期。正如人类原始时代积聚了人类丰富的集体无意识原型而影响人类文明的发展道路一样，个体童年时代也是个体无意识的丰收季节，它将积累个体日后终身发展所赖以需要的无意识资源。"韶华不为少年留"。不论个体懵懂时代忘却了的孩提记忆，还是从第一次有意回忆起的童年往事，它们都会随着个体年华的成长而被压入意识海洋冰山下八分之七的无意识深层，成为成年之后我们或许无法回忆、或许不愿回忆、或许欣然回忆的往事。在"东风暗换年华"的不知不觉中，在"对酒渐惊身老大"的蓦然感怀中，这些童年经历会时不时由于外界情境的触发而浮现出来，指引个体思想和行为。日常生活中，我们有时表现出"不由自主"的言行，有时也惊讶于他人表现的"出乎意料"的行动，但只要我们采用心理分析的方式，将童年经验与当下言行联系起来，那么任何后天的"意料之外"的行为都会得到"情理之中"的解释，它们都是早期童年经验对当下行为的投射，这就是童年经验对个体后天发展的影响。

童年经验对后天发展影响的研究尚处初步，但这种"人之初"的影响无疑是持久、广泛而深远的，甚至追随着人的一生。你最初带来的东西，就是你最后带走的东西。来者慎初始，无初有终者鲜矣。童年经验像一座无影的灯塔，牵引或划定了你未来的道路，让你按照它的路标走完你一生"注定"的航程。童年所经历的人和事往往影响和塑造着个体最初的价值标准和审美倾向。尽管逝者已逝，流年如水，但每每我们还是会发呆地回忆起童年的歌声、印象、风景、情致，成为慰藉心灵的绝好甘露。教育即回忆。教育过程也就是唤醒的过程——回忆自己童年的遗忘，回忆人类童年的遗忘。

2. 个体志意

个体志意指个体的人生志向及心所向往的、可预期达成的目标，包括个体志向和心向，其心理成分表现为个体成就动机，它是促使个体为实现某一目标而加以规划并设法完成任务的驱力，诸如认知驱力、自我驱力、附属驱力等。个人意图的持久、合理性直接影响日后发展水平。虽少不更事，但持幽兰之操而傲然、展凌云之志而不朽的少年，与农事不理、行乐放恣的纨绔子弟的人生轨迹是决然迥异的。个人志意表明个体认识世界和实现既定目标时所表现出来的坚韧性和持久性，是主体对客体的主观能动性及对主体自身的激励，这种坚韧性和持久性不是外在强加的，而是源自内心自由发展的动力，是人类实现自我价值和体现主体力量的表现。

关于个人志向和心向的作用，可以将之归于主观因素。这种来自个体内在的自我发展条件对个体发展的影响十分明显。显然，在外在环境相同、先天素质相近的前提下，个体发展的水平与速度，以及其所达到的成就均取决于个人志向的合理与个体意志的坚韧。此外，性格类型也在一定程度上影响个体发展的程度和水平。坚守自强不息还是自我享乐的人生态度，向往波澜壮阔还是波澜不惊的人生追求个体发展，所达到的发展目标是不同的。"山径之蹊间，介然用之而成路。为间不用，则茅塞之矣。"（《孟子·尽心下》）此本言心性，亦同理于外物。因此，在你通往成功的道路上，路近但心远之，则路遥千里；路曼但心向之，则路在脚下。

　　自我主观因素作用的充分发挥有赖于自身努力与自我调适，是最可为自我把控的条件。欧洲儿童研究运动中涌现出来的教育家，如德可乐利、蒙台梭利，无不强调儿童内发性在儿童教育中的核心价值。中国古代关于个体成长轨迹的"八条目"的描述，也明确将个体自我条件的获得作为实现日后平治天下的前提，所谓诚意、正心者，即是厘清并现实化自我之意向，匡正内心之操守。不虚己志，不违己愿，不欺己心，把求道的意向与得道的欢愉结合起来。好学近乎智，力行近乎仁，知耻近乎勇，率性近乎道。皆明性者天命，天性与人性是同理的。《易传》也说，"一阴一阳之谓道，继之者善也，成之者性也。"因此，得道在于"性"，性自命出，均道明"道""性"之关系，以及人们闻道、得道、明道、行道的根本机理。实现意图易，达到自由难。因此，在个体成长过程中，如何把意图与自由统一起来，去创造美好自在的人生，这是很难的。人生往往无非于此两难之中走过。

（五）自然文化

　　卢梭以自然之性来对话封建之神权，凸显人与自然的关系。夸美纽斯也主张师法自然，以类推教人之道。社会人类学家埃斯皮那斯（Espinas）认为，自然秩序与文化秩序之间存在着编年的和空间的连续性。人与物相忘，天与人合一是人类认识自我和探究世界的共同思维模式，同时也构成了人类文化的基础。

　　地灵而后人杰。"凡民函五常之性，而其刚柔缓急，音声不同，系水土之风气，故谓之风。"（《汉书·地理志下》）在人的教育成长过程中，不论物质条件还是文化条件，自然因素都扮演了极为重要的角色。在中国古代人学思想中，向来有天人合一、身土不二的天、地、人一体之说，所谓"天命之谓性，率性之谓道，修道之谓教"且视之为人文的基本内涵。在《周礼·考工记》中的描述更给育人者以启发，可以说是最早关于美物形成的自然主义哲学表达。"天有时，地有气，材有美，工有巧"，天、地、材、工者，嘉物成之必需。

此虽言物，于人亦然。《诗经》篇章中也将个体的人格特征、情感表达与自然特性联系起来，区别出山林文化、川泽文化、丘陵文化、坟衍文化和原隰文化五种自然文化带。《周礼》则详细辨明了自然地理特征与属地人格特质之间的对应性："以土会之法，辨五地之物生。一曰山林，其动物宜毛物，其植物宜皂物，其民毛而方；二曰川泽，其动物宜鳞物，其植物宜膏物，其民黑而津；三曰丘陵，其动物宜羽物，其植物宜核物，其民专而长；四曰坟衍，其动物宜介物，其植物宜荚物，其民皙而瘠；五曰原隰，其动物宜裸物，其植物宜丛物，其民丰肉而痺。[1]"

可见，一方水土不仅养育了一方百姓，也造就了一方具有自然特性的地理文化。由特殊的区域地理、地貌特征而孕育出来的独特文化称之为自然文化或地理文化。与社会文化相对，自然文化的形成主要是自然地理特征作用于本土人们而形成的特殊思维方式和生活方式的结果。文化是人的产物，但从天人之感应角度看，文化首先是自然的产物，而后才是人的产物。自然是文化得以发生和个性化的直接情境。人是自然塑造的，文化亦然。天人感应，物我相通；物性与心性是相谐的。道寓于物，自然物质本身就具有思想，所谓上善若水，比德于玉。情迁于物，人性因物性而迁[2]，所以与山石为伴和与水草为伴形成的心理状态不同；物性因人性而化，所以，没有人文的自然是静寞的天物，有故事的风景才是最美的风景。中国古典园林中多有"亭""桥"建筑，表征古人的生命哲学理念。亭者，停也。心的安适，人际交往的驿站。桥者，瞧也。似乎可以想见凭栏而望、"过尽千帆皆不是，望穿秋水盼人归"的津渡思人景象。桥实现水系交通，象征人际沟通的纽带，小桥流水、亭台阁院，均以天物感知心性，以符号、意象、象征的价值达到以天性感人性、以物性感心性的训诲目的。

因此，与社会文化相对，在文化地理学看来，自然文化是指一个由区域自然地理特征形成的独特人格特质、群体观念和人们日常生活型式的总和。一个地区的地形地貌、生态类型、气候特征等影响人们的个性心理、审美倾向、价值信仰、交往方式、社会结构、社会关系、生产方式和生活方式，所谓近山为牧，比川为农，居水为渔，临路行商；所谓物以方人：为牧者其性直，为农者其性刚，为渔者其性柔，行商者其性迁。自然地理特征的相近所

---

① 《周礼·司徒教官之职》，中华书局影印，第69页。

② 《庄子·达生》：孔子曰，何谓始乎故，长乎性，成乎命？曰，吾生于陵而安于陵，故也；长于水而安于水，性也；不知吾所以然而然，命也。参见郭庆藩著《庄子集释》，中华书局，1961年，第658页。

形成的上述诸方面的相同，就形成一个地理文化圈，或绵延成一个地理文化带，孕育出一个土风相通、土韵相谐的人文环境。观乎人文，方可化成天下。齐其政不易其俗，率其性修治其教。对于土著人来说，非本土文化的教育，也许尽善但不尽美，使教育活动具有更鲜明的地域色彩和本土特色，才是美善的教育形式。

（六）教育因素

教育，这里仅指学校教育。关于教育在人的发展中的作用定位，是争论颇多的，不同哲学立场者持有不同的观点。这是一个相当复杂的问题，我们无法仅仅数言讨论清楚。在此，除了一般认同的教育的整合功能、系统影响、作用于人的社会性发展以外，毋庸赘述，我们只讨论两个方面，一是教育的作用是内在的还是外在的，二是教育作用的有限性。

1. 教育既是个体发展的内在因素，又是外在因素

教育之于人的发展是有效的，而且越来越如此。一个原始人和一个现代人不接受教育，他们的发展将会大相径庭。这不仅是由于现代社会里文化资本的价值日显重要，而且与人类发展积淀起来的社会文化智慧内化为文化基因有关，这里，教育承担着内化、唤醒、展现文化基因的双重任务。

也许天赋予你傲骨的气质、皓齿的容姿、玉润的品性、璞石的潜质，但要成长为德才兼备的有用之人，那就绝不可缺少良师益友与你的切、磋、琢、磨的学习、相长与教育过程。学习可以补蔽，教育可以救偏。孔子论述了学习的功用，将之概括为"六言六蔽"：仁爱之人，若不勤于学习，就会至于愚钝；聪慧之人，若不勤于学习，就会至于自是；笃信之人，若不勤于学习，就会至于盲信，率直之人，若不勤于学习，就会至丁急切；勇往之人，若不勤于学习，就会至于鲁莽；刚毅之人，若不勤于学习，就会至于躁率[①]。因此，教育尽管不能改变你人生的起点，但却可以改变你人生的终点。

中国意识形态哲学主导下的教育理论认为，教育与环境是个体发展的决定因素。这一教育学基本命题有待进一步讨论。事物发展过程是内在原因和外在原因共同作用的结果。教育与环境对人的发展来说显然是外在原因，这与"事物发展过程中内因是第一位的，决定事物的发展"的哲学原理显然相悖。"教育与环境是个体发展的决定因素"就成了教育原理中一种自相矛盾的表述。如何澄清这一矛盾关系呢？只有重新分析教育与环境在人的发展中到底起到什么作用，才能澄清这一矛盾关系。这要从人本身发展历程的社会历史进程

---

① 《论语·阳货》：好仁不好学，其蔽也愚；好知不好学，其蔽也荡；好信不好学，其蔽也贼；好直不好学，其蔽也绞；好勇不好学，其蔽也乱；好刚不好学，其蔽也狂。

说起。

　　人类发展与动物发展的相同之处是，二者在自然进化过程中都形成了不断继承前代优势而使后代日益优秀的生物遗传机制；但与动物发展不同，人类除了在生物学上不断积累前代的优秀基因，也在社会性交往、文化情境的濡染中，随历史的延伸，把前代积淀起来的聪明才智以文化基因的形式保存起来，并传承给下一代，使得下一代不仅在生物遗传方面占据优势，而且也本能接受了先代创造的社会文化财富，使之在出生之时就拥有前代丰富的历史智慧。所以说，人的发展不是永远从零起点开始的，而是在人类积淀的社会历史文化基因的新起点上向前发展的。新生儿在基因上就被赋予了人类前代数千年积淀的丰富的文化历史经验。这种文化基因的内化过程既是社会文化环境的作用，也是教育的作用。正如心理学家瓦龙（H. Wallon）所说，儿童的发展，在其生物学结构中，就已经把社会作用作为其中不可少的东西了，而不是作为从外部逐渐附加上去的。① 在这一意义上，教育既是唤醒、显现、发展个体内在文化基因的外部因素，也是再内化社会智慧于个体基因而传递下去的内部要素，在生物学遗传介质里写入了社会文化信息。如果我们设想做一比较，今人与猿人基因的最大区别也许不在生物方面，而在社会方面。

　　教育在人的发展中的内因作用实现的前提条件，一是必须持续不断地、连续数代对某一群体施加教育影响；二是所施加的教育影响必须是一致的，即要体现一以贯之的价值信念和文化理念，也就是通常所说的教育的核心价值特性，这是形成和传续一个民族传统的重要条件，也是人的思想和信念得以塑造、内化的基础。如果一个民族由于社会历史的巨大变迁，其绵延数代的融于教育理念中的核心文化品性和价值特性发生断裂，那么教育的文化基因功能就会丧失，教育的内因作用及对个体性格的养成、对社会集体信念的塑造、对民族精神和国民个性的凝聚方面都将难以发挥应有的效用。因此，教育的化育心性、改造社会功能的实现尤其要注意民族个性、民族精神、国民心理、教育性格和个体性格的一致性，并历代一以贯之，不离其宗。

　　至此，我们得出的结论是，作为个体发展的前提条件，遗传素质包括自然进化的遗传基因和社会进化的文化基因，二者共同成为个体发展的物质文化前提和内在原因。由此，教育及社会文化环境既是个体发展的内因，起决定作用，又是个体发展的外因，起辅助作用。这就是我们主张的人的发展的"双内因说"，也是教育功能的内外因双重属性的基本解释。

---

　　①　南京师范大学教育系：《教育学》，北京：人民教育出版社，1984 年，第 22 页。

2. 教育社会功能的有限性及其育人功能的衰减效应

教育既有其正向功能，又有其负向功能，二者均体现出教育功能的有限性，它表现为两个方面，一是教育社会功能的有限性，二是教育育人功能的衰减效应。教育本身不能改造社会，不是历史进步的决定性力量。教育本身不能改造个人，在短时间内，教育不能决定个体发展的基本方面，它在人的发展过程中所起到的只是外在技能层面的改善，而对人的生物特质与某些社会价值体系的形成上作用也十分有限。上知者生而知之，故"贤能不待次而举"；下愚者困而不学，故"罢不能不待须而废，元恶不待教而诛"；"中庸民不待政而化"。（《荀子·王制》）上知与下愚不是教育所能改变的；个体意识形态，如价值观、思维模式、人生观也大多不是学校教育的产物，而是社会文化使然。可以说，教育乃是在发展个体的非自然的特点及人的历史特点的过程中的内在必要与普遍的因素。在共时层面的某一历史阶段，不是人的发展的决定因素，不能作为实现人们理想发展的充分条件。

教育育人功能的衰减效应主要表现为，在一定情形下，教育者的思想和思维在与受教育者的长期交往中，会限制甚至遏制受教育者思维的正常发展，抑制了受教育者本有的创新萌芽和思维活力，导致思维偏狭现象。大师无师。我们常常看到，大师的助手很少成为大师，成大器之人也很少曾经师从大师，这就是古人所说的"高山之上无嘉木，繁荫之下无秀草"的"灯下黑"现象的道理。可见，名师只能出高徒而已，却很难造就大师。另一方面，体制化的、整齐划一的学校教育也会在某种程度上限定和束缚人的思想和思维的创新活力，因此，从保持个体思维创造性来看，接受学校教育不见得越多、越高就越好，而应适可而止。同时，师而不法，心怀批判，不拘门派之见，敢破师门所承。不求持之有故，但开一人之先，也都是消解教育和名师晕轮所产生的负效应的有效方法。

（七）进化因素

在人类漫长的发展历程中，进化始终是一个不断进行的现象。所谓进化即进程中的变化，是生命个体在生存过程中与环境相互作用而使自身发生的改变。人与世界的相互适应中，以同化改造客体，或以顺应改造自身，而后在生物学结构上产生更有利于适应生存情境的特性，这就是"物竞天择"的自然进化，"秦时明月汉时关""年年岁岁花相似"是也。

人类除了与物理环境相互作用的自然进化外，由于人类生存于自己创造的、独有的符号世界，其自身也要不断改造以更好地适应社会文化情境的变化。这种由文化要素和社会要素导致的个体认知方面，进而生物学特性上的进化就是社会进化，"人生代代无穷已""岁岁年年人不同"是也。不论自然进化还是社会进化，人类社会精神状况变迁的总体趋势既表现出积极发展的一面，所谓后生可畏，青年胜于老年；也表现出消极衰颓的一面，所谓"大道废，有仁义"，古道不再，人伦益衰。也许人类正在经历一个由远古蒙昧时期，进化为文明现代人，至轴心时代达到巅峰，而后逐渐衰颓，重新回归原始童年时代的生息轮回。

人类演化在智力领域以流体智力和晶体智力表现出来，前者的不断发展是自然进化的结果，后者的不断复杂化则是社会进化的产物。古墓犁田，松柏摧薪。正是由于表现或发生于集体层面的进化机制的影响，历时人类演进过程中各时段的个体（例如，古人与今人）在遗传结构、心理个性、思维特点及语言运用上都有很大的不同。这告诉我们，对古代思想或文献的诠释和运用必须十分谨慎，切忌以今铄古、断章取义、以辞害意。一切历史都是当代史。人类发展的历代进化，使得每一时代的社会思想都必须完成对前代思想的当代解读，不可避免地渗入时代精神和集体认识的因素，经学历代注疏即是如此。时代化、时人化是经典重生的必要前提。先秦之儒家之经，嬴秦之法家之经，两汉之黄老之经，魏晋之道家之经，唐宋之佛理之经，清代之小学之经，莫不显一代之精神特质，成一朝之经世哲学。可以说，原典儒家哲学并没有真正成为任何时代的政治哲学，但儒家思想作为贯通中国政治思想史的文化轴心却百代依旧。

例如，在思维模式上，古人以形象、具体、直觉取胜，今人以抽象、概括、逻辑见长。这表明，由于长期处于不确定的、应激准备的社会情境中，古人具有今人所无法恢复的见微知著、预知未来的深刻洞察力和直觉感悟力，所以古代占卜之学极为发达。随着社会生活和认识视野的日益扩大，汹涌而来的知识信息已经迫使古人必须放弃具体细微的形象思维模式，以防止大脑信息过载。为了处理和存储日益庞杂的信息，认知结构中必须进化出一种以一驭十、以简驭繁、提纲挈领的概括型整理信息的机制，这就是思维概括性的进化过程。语言是思维的材料，反过来思维创造了语言。思维的演化通过语言词汇方面表现得十分明显。诸如菜肴、衣裳、歌谣、跋涉、贫穷、舞蹈、沐浴、孤独、死亡等词汇，在古人思维中每个词的两个字各有具体指称，但今天已经融合、概括成一个词了。这一方面表明，人的思维模式随着自然和社会需要而发生的进化趋向，语言表达经验需要一定的积累过程；但另一方面也表明，认知能力的用进废退。现代社会的规范化、体制化程度不断提高，人们几乎生活在一个无所不依规则的环境中，按部就班，循规蹈矩，不再遭遇需要瞬间激发人的第六感或直觉思维与判断能力的应激情境，使人类思维正在渐渐失去敏锐洞察的感悟能力。某些能力一旦以进化的方式消失，就很难复得。历史是对过去的记录，因此，古人的很多思想和行为，也许今人永远无法获得既信且达的理解。

第三节　人的发展观与课程教学

人是教育的对象，当然也是课程与教学的核心。课程设置与教学活动是为人的发展服务的，进而服务于社会变革与文化传承。有什么样的发展观就会有什么样的课程与教学理念；有什么样的人的发展理论，也就决定了相应的课程与教学理论的基本形式。因此，我们在讨论人类发展的层次及影响个体发展因素之后，要谈一谈在教育领域关于人的发展问题较有代表性和话语性，且对课程与教学理论、实践产生重要影响的人学观点，将其作为深入理解教育领域人的发展论题的理论框架。

一、人的发展的几种取向与教育价值

人的发展规律和本质的探讨先后分布在宗教、哲学和科学家群体之中，形成两大阵营。总体上，哲学上关于人的本质与发展规律的研究（有时也称为人学）历史渊源，至今活跃，是认识并建构人学价值论的基础。在科学领域里，人们主要在以心理学为核心的认知科学领域开展关于人的身心发展特征的研究，属晚兴之学，但其实证与经验的特征、可操作的理论假设，成为至今与课程设计最为相关的显学。哲学科学化与科学哲学化的走向，使得人的发展问题的研究进展也表现出价值与事实的结合，这就使得人的发展学说不仅为教育活动提供价值论指导，也提供足可操作化、实践化的策略。这是今天人的发展理论对课程与教学领域的新贡献，其研究旨趣表现出从思辨走向实证，从理念走向操作。

在影响个体发展的诸多条件之中，研究者最看重什么，成为划分人的发展观不同流派的维度。一般来说，较有影响且系统性较好的发展学说有四类：看重社会因素对人的发展的核心价值，即人的社会发展观；看重生物因素对人的发展的核心价值，即人的生物发展观；看重文化因素对人的发展的核心价值，即人的文化发展观；整合各要素纳入人的整体发展，即人的"合一"发展观。这四种人的发展学说都有各自产生的理论基础和适用的社会情境，我们在以之为视角分析和建构新的课程问题解决范式时，一定要记住所据理论得以成立的社会文化条件。毕竟人的发展规律是有社会文化差异的，即使坚定的自然主义者皮亚杰也承认这一点。

二、人的社会发展观与课程

人的社会发展观的代表理论是马克思的人的全面发展学说。

(一)马克思主义哲学的文化特性及其人的全面发展学说的含义

从社会角度看待人的本性及发展,并将人的本质概括为"在其现实性上,是一切社会关系的总和",是马克思主义人学理论的起点命题。它包括两层含义:一是社会关系是人的现实本质,此外,人也有非现实的、不可归结为社会关系的内在固有属性,是超越社会的类本性;二是人的现实本性是社会关系对人的类本性异化的结果。一旦社会进步到现实与理想、必然与自由相统一,人性的异化也将消失,复归于本真之人性。这类似于中国哲人之"惟民生厚,因物有迁"的人学观和心性说。

人的社会发展观的理论基础是马克思主义哲学,它发生的社会条件是社会的转型和阶级与社会结构的变动。欧陆文化圈与华夏文化圈的思维方式的相通,使得马克思主义哲学所体现出的文化特性和价值信仰与中国传统哲学理念有着天然的契合,因此,更容易使舶来之品的欧洲哲学和人学理论在中国社会中找到生根发芽的文化土壤,并最终本土式地融入中国哲学智慧之中。

略言之,马克思主义哲学的文化品性和价值诉求在四个方面符应了中国古典文化范式。马克思的"人是社会关系的总和"的本质观,契合了儒家以关系为起点分析人生问题的理路;马克思的"全世界无产者联合起来"的呐喊,契合了墨家以表达底层意愿为归宿的平民哲学;马克思的对现实持有悲情但对未来持有乌托邦理想的共产主义自由王国的假想,契合了儒道之"大道之行也,天下为公"的大同盛世的人类愿景;马克思的辩证分析的认识方式,契合了道家之相反相成的认识逻辑和正言若反的求是法则。

与教育理论相关的马克思的人学思想主要体现为他的人的全面发展学说。尽管有人认为这一学说本身不是哲学的,也不是教育学的,而是经济学命题,但由于今天对"人的全面发展学说"内涵的不断丰富,它还是可以作为一种哲学上的人学理论,尤其当从社会历史进程来分析人的发展问题,还是有理论解释力。此学说不是马克思本人提出的,而多为后人依其不同论述加以总结建构起来的,故此学说的含义历来众说纷纭。从社会维度来看,马克思的人学发展观可抽出下列要点。

1. 人的发展是一个自然、历史过程,受社会制约

人的生物品质的发展是自然进化的过程,而人的社会文化品性的发展则是潜藏在个体身上的内在历史性在现有社会允许的条件下的显现,这是一个

历史品质的社会浮现过程。而且不同时代和社会状况也为人的发展提供了不同境遇。江山代有才人出，时代使然；时势造英才，乱世方显英雄本色，社会使然。人的社会历史品性是人的本质，它是人类在漫长的历史发展中逐渐形成的，并日渐积淀、凝结内化为人本性上的特质。它们的存在为后代的发展提供了一个更高、更丰富的社会文化资本。每个人的人格特质都是他自己的"过去"和所属民族的"过去"的加权平均数。因此，人不是在零起点上"从头开始"。这种历史凝结成的文化信息，通过文化基因一代代写在人的本性载体中，后代的充分发展必须建立在对这些上代传承下来的、内化在个体身上的文化结晶的逐渐展现，人的发展就是人的历史化和社会化活动。真正的自由是理智的。[①] 自由王国必然是人类理智高度发展丰富的时期，即是一个从无知的必然阶段上升到真知的自由阶段的过程。人类发展是没有尽头的。由此，人的本性的发展、丰富与完善也必然是一个无止境的历史过程。人的本质只有"现实性"，没有永恒性。

2. 有限发展是全面发展的初级

人类社会发展进程经历群体本位、个体本位和类本位的三阶段。全面发展的个体一定可以实现，而通向个体全面发展的途路却是荆棘遍布。[②] 我们不可能企望在任何历史阶段都去追求个体全面发展的理想，而应保持历史耐心，以有限发展、多方面发展逐渐向全面发展靠近。

社会分工的依然存在也是个体有限发展的必然选择。社会分工产生了不同的社会群体，每一个个体必须扮演其所属群体的职能角色，一同构成完善、有序、有效的社会系统。孟子的社会分工与角色扮演思想对此做了最好的阐释。由于社会条件不同，从有限发展过渡到全面发展采取的模式也不一样。但相同的一点是，作为应然状态的全面发展必须以实然可行的有限发展为前提。如果忽略这个前提，把应然理想作为实然目标，并以此来确定教育目的，那么就无异于让四岁儿童学习高等数学。

3. 个人的自由、充分发展是一切人全面发展的条件

既然全面发展是现有社会条件和人类所处当下发展阶段不能实现的目标，那么，使个体自由展现其才能，让社会创造条件使教育最大可能地开发个体的潜能，为个体的多方面发展创造尽可能自由的生长空间，以实现个体的个性自由与潜力的最大显现，就是现实意义上的"全面发展"。而就全人类来说，

---

① 杜威：《我们怎样思维》，北京：人民教育出版社，2005 年，第 80 页。

② 高清海：《人类正在走向自觉的"类存在"》，《吉林大学社会科学学报》，1998 年第 1 期，第 1—12 页。

每一个个体自身能力的充分发展就促成了人类整体能力的全面提升。个体的自由发展换来的是人类整体的进步，这也是人的全面发展应有的内涵之一。

4. 人的全面发展是人类自然本性、社会品性和文化特性的充分展现，是人类发展的最高阶段

上面谈到，人是自然的产物，性自命出。"天命之谓性，率性之谓道，修道之谓教。"自然赋予人以先天品性，集自然造化、天地灵性于一身。这种天性的展现是人性自由发展的标志，要遵循"与天共时、与地共气"的自然成长节律，此非人力可为。同时，"天命靡常，惟德是辅"，性自天理之令而出，天当然认可那些符合天理的性格，故不同时代形成了具有不同社会价值取向和精神范型的时代个性，这一点明确体现在东西方人性价值观流变以及教育目的规定性的时代变迁轨迹之中。人的文化特性表现为其身上投射的本民族的历史和传统，以及由此凝结成的本民族性格的核心精神。人的社会进化和社会生活形成了具有社会文化品性的心理特质，内化地潜存积淀在一代代人身上，它的唤醒与传承需要借助于适宜的社会条件、文化情境、教育活动的开掘，才能如剥茧一样掀开历史的隔膜，抽离出人的代代沿袭的本性，这是一个历史过程。

（二）人的社会发展观的课程学意义

作为我国教育理论基础的"人的全面发展学说"，自然成为指导课程目标、课程设置和课程类型确立的理论指导。但由于对这一学说及相关论题诠释上的分歧，导致对某些基本理论命题的理解及实践化出现误区。例如，在谈到实现人的全面发展这一教育终极理想的途径时，我们常引用的一个回答是"教育与生产劳动相结合"，并据此设计课程科目、教学方式与教学内容。现在的问题是，马克思所说的"生产劳动"的基本含义是什么？到底应该涵盖哪些课程资源？涉及哪些人类文化经验？培养哪些身心发展技能？

曾经有一段时间，我们片面地将"生产劳动"狭义地解读为人类物质生产资料的创造方式，从而使教育活动异化为"生产劳动"的重复，以致使教育实践成为以师生为主体的体力劳动行为。显然，这是对生产劳动及其具有的基础教育意义的错误解析。

又曾几何时，我们把"生产劳动"仅仅限定在对现实生活领域存在的、社会现阶段占主导地位的生产行为的复演，而忽略了"生产劳动"这一概念的历史特征和个性特征。马克思是从经济学角度来论说人的全面发展的，因此他所指的"全面发展"主要表明的是人的生产技能的发展。所以，在马克思看来，把"教育与生产劳动相结合"作为实现人的全面发展的唯一途径，发展人们从

一个部门转移到另一部门所必需的熟练的生产技能，是符合逻辑的。但是，如果从人学或教育学角度，尤其是从发展基本素质的基础教育(而不是职业教育)角度理解以及从丰富人的全面发展学说角度来明确"教育与生产劳动相结合"的教育含义，则会得出不同的结论。

首先，生产劳动包括三个不同层次的活动，它们各自代表了不同的活动方式，用以发展人的不同品质。

1. 人类活动

属于动机取向的社会活动。人类活动是人类生存必需的、且产生了相应的文明形态的活动形式。它是历史或现实中真实发生的、不可重复的活动类型，这类社会活动是传承人类能力的基本方式，如狩猎、采集、舞蹈、种植、养殖、建筑、制造等。

2. 群体行动

属于目标取向的群体活动。群体活动是人们为达到某一共同认可或约定俗成的目标而设计的活动模式，模仿性、重复性是其基本特征。同时，通过行动程序的模式化，可以为所有人参与、掌握。这类活动的基本功能是传承群体能力与意识，如仪式、风俗、节庆、大众教育等。

3. 个体行为

属于条件取向的个体活动。个体行为是个人为获得某一技术能力或动作，在相应条件下进行的操作行为，它具有不可模式化的特征。这类活动的功能是形成个性，发展独特的个人能力。

各层次活动的教育价值不同。显然，人们学习或参与人类活动的目的是使人类本体力量凝结起来，并代代传承下去，形成不同的文明形态，如原始文明、农业文明、工业文明、信息文明等；而群体活动则主要是积淀和传递族群文化和生活方式，以形成不同的、多元的文明单元；同时，个体活动或操作的主要任务是开辟游离于大众模式的个人自由空间，充分发掘个体独有的自然与社会潜质，充分、自由地发展个性，彰显个体独特价值，为群体和人类活动的发展创生新鲜的元素，形成文明要素。

这三个层面的活动，人类活动与群体活动的保守性更强，重在积累传承。而个体活动创造性强，重在创新探究，是人类自身不断保持活力的源头活水。这三类活动对应着人类能力、群体能力和个体能力，整合起来构成了"人类全面发展"的全部要素，也就是教育活动及课程设计应包括的所有方面；同时，对于我们理解活动课程，探究课程、职业教育之训练价值都有深刻的启发。

三、人的生物发展观与课程

看重人的生物因素，强调人的身心发展的自然阶段，强调人的发展过程中人与环境的相互作用受先天发展水平的制约，总之，强调遗传和生物特性对人的发展的影响，是人的生物发展观的核心立场。

(一)皮亚杰关于人的发展的基本观点

在坚持生物发展观的学者中，以日内瓦学派领袖、瑞士生物学家、心理学家让·皮亚杰(1896—1980)最为著名。他提出的结构主义发生认识论是研究人类种系发生、个体心智发生与心理发展的著名学说。

皮亚杰的人的发展观是建立在"生物—心理"取向上的，他思考人的发展的基本方式是把人类种系发生与个体心理发生联系起来，把人的生物特征的发育与个体心理发展联系起来，把人的认识发展与人的智力进化结合起来。最后，他把数理逻辑作为研究手段，取代形式逻辑，运用于经验研究之中。正是由于皮亚杰研究上的诸多创新，使他的学说成为一种思想、哲学和方法论，具有了跨学科的辐射影响力，且对教育科学的影响持久深远。

1. 人的认识问题不仅是哲学问题，而且也是一个生物学、遗传学问题

认识是心智发展和功能的标志，是人探究未知世界和积累经验的方式。但人的认识活动具有生物学特性，有遗传学根源，可以从种系遗传和个体成熟的角度探究认识的生物学属性；认识能力的发展程度不仅取决于后天社会环境与心理发展水平，而且归根结底是生物特性表现的结果。从生物学角度和遗传进化逻辑来探究人类认识本质问题，这就是发生认识论。它是一门不同于传统哲学认识论的研究范式，而且直接奠定了认知科学的理论基础。

2. 从遗传和生物体自然进化的角度，追溯人类认识发生和个体认识发展的根源与机制

这种主张并不等于持有生物决定论的认识观，而是强调生物特性和自然进化水平及遗传素质对人的发展和认识模式的前提和规约作用。在发生机制上，发生认识论者重点强调人与环境的主动相互作用导致的一系列的心理变化对人的认识形成与发展水平的决定作用。概言之，相互作用是决定认识发生的因素；具言之，同化、顺应、平衡则是认识发展的策略。同化是"人为自然立法"，反映了人的认识模式对外来经验的主动改造，同化于己，以适应个体自身的认知结构，使动作内化为认知结构，所谓"为天地立心"。顺应是"自然为生民立命"，是人法自然，反映了个体对自然进化规则的依循，顺应于物，以便改造自己的认知结构以适应进化之普遍法则，使认识格式外化为操

作方式。个体顺应了当前，久之，人类顺应了自然。所以，自然法则成为人类进化的引导。平衡则是认知结构的自我调节机制，在种系发生层面反映了自然进化与个体发展二者之间的短暂平衡，它是两者新一轮博弈的准备期。人在顺应中发展了进化特性，在同化中发展了心智特性，在平衡中则实现了进化与心智的融合，即生物学与认识论的结合，发生认识由此机制产生。

3. 个体发展表现为受生物成熟水平制约的各个阶段，具有普遍性，但也存有文化差异

这是个体心理发展和智力演进的自然特性和社会文化特性的统一。在教育学领域，首次开启从儿童视角看待儿童的当属卢梭；在心理学领域，首次为人们揭开儿童思维世界的奇特和奥秘的首推皮亚杰，并因此饮誉全球。这两位自然主义者思想相通，在遗传与发展问题上看法亦多有相近。受到科学哲学家托马斯·库恩的科学革命论的启发，皮亚杰认为，儿童的智力发展也是从一个思维范式向另一个思维范式跃迁的过程。由此提出感知运动、前运算、具体运算和形式运算这一智力发展阶段序列，作为全人类儿童智力发展的普遍规律。

感知运动阶段(0—2岁)。儿童思维的萌芽水平。只有动作活动，没有表象、思维和语言。开始认识客体的永存性。

前运算阶段(3—7岁)。表象和直觉思维水平。形成表象或形象图式。语言(双词句，即电报式语言)出现。只知道一维空间，没有形成守恒和类的概念。"自我中心思想"比较突出。不能进行可逆性运算；缺乏传递性判断能力。

具体运算阶段(8—11岁)。凭借具体事物的初步逻辑思维水平。建立在二维空间认识上的守恒性是其基本特征。

形式运算阶段(12—16岁)。抽象的逻辑思维水平。运用命题，进行假设、推理，并能进行逻辑检验。

上一阶段的思维特征会整合(或融合)到下一阶段。在每一阶段内，只有当生物条件具备和成熟后，智力才可以随之发展起来，相应的认识方式和思维特征才会出现。否则，后天无论什么样的训练，也不会引发更高一级的智力形式的出现。他坚守的一个重要信念是，生命体的生物成熟水平决定认知发展水平，由此决定教育形式、教学方式及知识形式等。因此，"当其时而教"是一个最基本的教育原理。先时而教则收不到相应的教育效果；"延时而教"则丧失了发展某种能力的最佳时机。卢梭也认为："我们要防止提早拿那些需要有更成熟的心灵才能理解的东西去教育学生。"①但皮亚杰也承认，不同

① （法）卢梭：《爱弥儿》，北京：人民教育出版社，2001年，第276页。

社会条件和文化环境对生物成熟水平和相应智力阶段的出现是有影响的，或提前或延后，但总的顺序不会改变，也不可逾越。

4. 人的发展和认识过程是从物理经验上升到逻辑数理经验的过程，并最终从形式逻辑走向数理逻辑

皮亚杰是心理学史上继弗洛依德之后的一位"巨人"，是儿童心理学领域的泰斗级人物，他的心理学思想已经上升为一种哲学理论，为各个学术领域所珍视。

(二)皮亚杰的发展理论的教育学意义

从教育学角度来说，他的人的发展思想是消极了些，他置教育之于人的发展功能为生物学之附庸，使得教育活动与课程设计时刻参照人的生物成熟水平，唯其是瞻，亦步亦趋于心理成熟之后，不敢越生物特性雷池一步，使教育活动成了人的生物学发展的影子。这种"教育后于发展"的功能论，不免让人觉得课程之于人的发展功能的保守性，及课程对激发个体创新能力的被动性。但发生认识论所提倡的积极互动观对课程与教学方式的设计与组织还有很多值得探究的话题。同时，皮亚杰揭示的人类进化过程中所形成的普适的认识和心智特征，也为在多元文化情境下寻求人类共同的"类文化"常项提供了有存在依据的切入点。

四、人的文化发展观与课程

站在与皮亚杰相对的立场，批判生物因素对人的发展的核心作用，进而提出社会文化及文化历史因素是决定人的认识发展和智力进化的核心元素，以此观点横空出世、震动学界的是苏联的天才心理学家维果茨基（1896—1934）。

从理论来源上看，维果茨基的思想无疑是继承和发展了马克思主义哲学的认识论传统，同时创造性地运用于心理学研究，尤其在语言研究中实现了对心理学研究传统和思维范式的突破。这种突破表现在多方面：从"心内"到"心外"，从实验室到社会，从个体到种族，从遗传到文化，从当下到历史。以往心理学家关注的是"心内"问题，如意识、心因动作、思想、意志等，而维果茨基则来了个一百八十度逆转，关注"心外"问题，如社会、文化、历史，从个体到小众到大众。他把以往心理学关注的生物现象、心理现象延伸到社会文化世界，形成了我们今天看到的科学心理学与文化心理学的并峙，这实际上是心理学研究路向的回归，复归于人的本质特征——社会文化品性。

似乎在那个时代，杰出人物对人的发展普遍采用一种个体与种族相结合、

历时与共时相结合、进化与发展相结合的研究范式。因此，在他们的思想中充满了人类学的思考，维果茨基自不例外。在他的理论中，文化人类学思想随处可见，甚至成了其思考问题的起点；当然，这也是马克思主义哲学的文化特征。

(一)人的文化发展观的基本思想

维果茨基及其社会文化学派（或文化历史学派）认为，社会条件和文化模式最终决定人的本质和社会化发展，教育活动在其中扮演着重要角色。

1. 个体发展是种系进化和文化变迁的统一

个体发展是在自然条件和社会文化条件下发生的，是自然生物学因素和社会、文化、历史因素共同作用的产物，是"性自命出"与"性自人出"的统一，是自然本性与社会本性的统一；人发展起来的自然本性有先天生物学的一面，人发展起来的社会本性则是人类社会历史和文化塑造使然。生物素质和社会文化环境共同分担个体发展的功能，而且在现实情境下，在展现人的本质力量方面，社会文化因素有优越的一面。在此，维果茨基实际上提出了人的发展的两个方面和影响人发展因素的两大部类及其功能，即人的自然本性及其展现取决于生物成熟水平，而人的非自然的历史本性及其展现取决于社会文化和教育程度。这就为我们处理人的发展与教育功能的关系提供了理论依据，即教育不应是被动依附而应是主动促进人的发展，课程与教学的作用是积极的。

2. 人的发展序列首先是心理间的，而后是心理内的

他提出并区分了人的社会发展层面和人的心理发展层面，挑战了"人的发展顺序是首先源自个体而后上升到群体"的模式，主张个体发展是一个从群体观念的共享到个体观念的内化的过程。儿童最初是我你不分，没有形成自我观念。这与人类首先是群体意识出现，而后是个体意识确立的进化顺序相一致。

所谓"心理间的"意味着个体心理发展不是可以单独靠生物遗传及成熟而自动获得的。一开始就必须给儿童提供个体间进行彼此交往的条件。他律先于自律，交往是个体初级观念形成的前提。在个体间社会化交往过程中，儿童借助观察、模仿，做出自我判断、自我修正，从而形成初级的心理个性和价值观念，唤醒人的历史智慧，此时获得的观念是共享的，并在交往中表现出来。在这一过程中，儿童的观念系统会在人际交往中不断得到矫正，而后将群体认可的观念纳入认知结构中，个体进入"心理内"发展阶段，比如，儿童的"去自我中心化"就是这样实现的。儿童将他们在个体间社会性交往时期

建立起来的初级价值和心智模式，内化成自我认知结构，形成个体自持的观念体系，这标志着个体心理与认识开始了新的变化——由群集到个体。此后，个体继续在新的个体间社会化交往过程中形成新的观念，充实、内化、丰富、精细自我认知系统。个体以"初级社会化—初级内化—次级社会化—再内化"这一路径，循环往复，个体发展逐渐展开，直至社会化结束。

3. 人的发展具有中介特征

人类特有的符号能力决定了人的交往与动物的交往不同。动物交往或生活本领的传递，主要是通过直接作用于物理环境，或通过动物间直接的交流实现的。"重要他人"式的动物消失了，它具有的生活本领和技艺也消失了。人类则不同，人类经验的获得与传承可以不完全依赖物理环境，而可以通过文化历史经验来学习；不完全依赖人际间的口耳亲授，而可以通过语言媒介来实现跨时空传播，而且后者是主要的传播方式。概言之，人的发展是借助符号来实现与物理环境相互作用，或直接与物理环境相互作用而经由符号的处理上升为高级心理过程的。语言是理性能力的基本介质和思维的材料。儿童认知发展是一个从外部言语向内部言语转化的过程，语言在其中起着自我提示、强化和显现思维加工过程（黑箱）的作用。内部言语是认知发展不可逾越的阶段，它出现反映了个体心理资源的丰富、信息加工能力的增强和认知水平的提升，是个体思维发展日臻成熟的标志。

（二）人的文化发展观的课程教学意义

维果茨基强调文化因素在人的发展中的首要地位，其中社会文化、人际交往、高级认识（以语言为思维工具的认识形式、文化认识）等对课程与教学理论颇具启发。同时，正是由于他的学说极其看重社会文化对人的发展的价值，也使得我们站在不同于他的文化哲学立场上反思他的学说成为可能。

1. 高级认识与低级认识的区分。如果我们把自然进化赋予人的认识能力称为一般认识的话，那么，随着人类自我文化积淀的日益深厚，随着人本力量最集中体现的"世界3"（见第六章第一节）的自主性日益增强，社会文化所赋予人的认识能力就可称为高级认识。人类高级认识的成熟与发展有赖于社会文化条件，教育在这方面起主导甚至决定作用。

2. 教育在人的社会性发展中起决定作用。教育可以而且必须走在发展的前面，引领和促进人的发展。因此，不论课程内容的选择，还是教学科目的设计，必须以儿童的"最近发展区"为参照，不能以"现有发展水平"或"曾经发展水平"（人类认识史）来设计教学。

维果茨基的个体最近发展区理论也可以解读为群体最近发展区理论，从而为课程设计提供文化人类学支撑。群体意义的最近发展区指的是个体活动与由集体创造的、历史上新的社会活动形式之间的差距，这个差距是确定和编制活动课程的"人类活动"内容选择的指导。

3. 研究性学习的原理

维果茨基的探究教学思想与杜威及后来的布鲁纳的发现学习有所不同。在经验主义哲学传统下成长起来的杜威和布鲁纳，更多关注探究过程中的科学品质，布鲁纳甚至把学生进行发现学习看作是科学探究过程的复演，其实二者是不同的。有深厚社会文化哲学修养的维果茨基正是意识到了这种区别。他把学习的研究性与社会性、个体操作与合作交往联系起来，更多关注探究过程中的社会品质，使探究学习的过程体现出社会性和科学性，关注人的非认知发展，这更符合今天科学活动所表现出来的社会特征。他指出，探究教学的基本特征是：(1)探究教学是探究性活动；(2)探究教学是高级学习形式，具有形成理性经验、发展学生高级心理过程的功能；(3)探究教学是个体以简约结构的操作走过科学探究的原初过程，探究教学所设计的这类简约结构，必须能迁移或应用到更广阔的问题空间。用他自己的话来说就是："儿童学会了进行某一操作，从而便掌握了某一结构原则，这一原则应用的范围要比单是掌握这一原则所进行的这种类型的操作广阔。因此，儿童在教学中走一步，在发展中却前进两步，也就是说，教学与发展二者并不是同步的。"

4. 关于直观教学

依照儿童认知水平和思维特征采用适宜的教学模式，向来是心理学所提倡的学习原理。在这方面，直观教学尤为引人关注。低年级儿童是以直觉动作和形象思维认知事物的，因此在儿童阶段，应采用直观、形象、可感的教学方式，避免运用概念、判断、推理、命题等逻辑手段，这是众所共知的。但由于对教学与个体发展二者关系持有不同看法，皮亚杰与维果茨基在儿童直观教学中的立场也不一样。按照智力发展阶段论，皮亚杰认为，语言运用与理解需要逻辑思维，因而在儿童低年级教学中不宜运用语言媒介来组织、传递信息，否则事倍功半。从儿童道德信念形成来看，儿童无法解读语言信息所传达的道德要求，也就无法养成道德行为习惯，故常常表现出"听不懂人话"的现象。而维果茨基则从另一个角度考虑这个问题。他同意在儿童低年级中运用直观教学的合理性；但从发展的角度，他反对为直观而直观，提倡要在直观教学中融入抽象逻辑思维的训练，并最终促进学生思维水平从直观形式跃升至逻辑形式。他说："由于它（直观教学）完全建立在直观性的基础之上，并且从教学中排出了一切与抽象思维相联系的东西，所以它不仅不会帮助学生克服自身的天生的缺陷，而且还使这种缺陷巩固下来，从而使儿童完全习惯于直观的思维，并妨碍了这样的儿童也仍然具有抽象思维的微弱幼芽得到发展……直观性只是当作发展抽象思维的阶段，当作手段才是需要与不可避免的，但是它本身并不是目的。"①

今天，维果茨基的这段表述常被用来质疑直观教学原则的依据。实际上要具体分析。维果茨基强调直观的目的是发展抽象思维，这本身没有大问题，而且他也是针对"天生缺陷"的智障儿童有感而发的。语言是（逻辑）思维的材料，但一旦语言介入了思维过程，反过来就成为限制思维的窠臼——语言出现的地方就是思维终止的地方。直观教学除了承担发展个体的抽象思维能力外，也承担着丰富学生直觉和形象思维的任务。在认知世界和心理发展上，直观、思辨、形象、抽象、直觉、逻辑都是不可或缺的思维方式，无高低之分；同时，不同的社会文化环境，也使身处不同文明单元内的各民族形成了自己最擅长的认知外物和自身的本土模式。道可道，非常道。大道不思。最伟大的思想最初常常不是由语词逻辑思维引发的。

最后我们谈谈维果茨基的教学发展观。与皮亚杰的"教学依赖于发展"的观点相反，维果茨基认为，好的教学促进发展，是使学生从现有发展水平进入最近发展区的动力，没有教学，这种跃迁是难以实现的。发展性教学（指向最近发展区的教学）的正确组织有利于引起儿童一系列的智力发展过程。没有教学对这些智力发展过程加以组织、引动，儿童发展是不可能实现的。总之，教学的发展功能除了表现为智力方面外，必不可少的是发展人的非自然的特性及人的历史特性。但教学能不能改造或发展儿童的自然特点和生物特征，维果茨基似乎持有谨慎态度。

五、人的合一发展观与课程

分别关注社会因素、生物因素、文化因素在人的发展中的核心地位，相继提出了关于发展的社会学说、生物学说、文化学说。尽管诸说在强调一个发展要素的同时，也关注到其他因素在人的发展中的价值，但终究是单向度的。以整体思维，整合社会因素、生物因素、文化因素等影响个体发展的诸多因素于一体，提出终身与终生发展的是中国古典的"合一"人学思想。

《学记》说："大学之法，禁于未发之谓豫；当其可之谓时；不陵节而施之谓逊；相观而善之谓摩。此四者，教之所由兴也。"豫者，教学促进发展；成功的教学必须关注学生发展的"将来时"，不预则废。时者，教学适应关键期；"化不时不生"，学当其时，成功的教学必须关注学生发展的"进行时"，学务

① （苏）维果茨基：《维果茨基教育论著选》，北京：人民教育出版社，2005年，第387页。

时敏。逊者，教学顺应认知结构和生物成熟；成功的教学必须关注学生发展的"过去完成时"，敬逊其志，申志而后能敬业。摩者，观察和模仿是教学的重要方面，凸显合作体察的社会性和人际性，三人有师。"预""时""逊""摩"之说，可谓集人的文化发展、生物发展和社会发展于一炉，异曲同工，熔铸成天人合一的发展学说。

综合来比较，上述四种发展观及其思想就"课程与发展的关系"这一命题给出了不同的回答。社会发展学说认为，课程主导人的发展，课程与发展是辩证的，所以，课程是能动的；生物发展学说认为，课程后于人的发展，课程依赖于发展，所以，课程是被动的；文化发展学派认为，课程先于人的发展，课程促进发展，所以，课程是主动的；合一发展学说认为，"力行近乎仁"，独善不足为善，及人方可称仁。付诸实践（包括思想实践与行为实践）的课程才利于学生发展，所以，课程力在行动，方可达仁。

第三章　课程与群体发展

学校即社会，修身而后家国天下；个体成长必将融入社会群体之中。

前文说过，人的发展的四个层面既对应人的成长的不同阶段，也对应着不同学科范畴。群体及其发展是一个社会学范畴，更具体地说，它是一个社会心理学研究的核心论题，这当然是社会学研究心理化的一个产物。

群体的形成及划分有不同的标准和维度。从文化变迁意义上，以该群体共同创造和享有的生活型式形成的文化圈层来划分群体，描述群体结构与特性，是长期以来人类学中"族群"所指称的；文化是其形成与发展的动力。在这一层面上，以政权及社会形态形成的政治信仰来划分不同地域的群体类型，便形成了与族群相对的"民族"，它是政治斗争和意识形态信仰的产物，意识形态是其形成与发展的动力。将族群与民族这对概念推而广之，祖国与国家在概念表述和内涵上具有相同的划分维度。当然，这一层面的群体是就"人类"这一类种族背景下言说的，对它的结构与特性的探讨我们归之于民族性、国民性的范畴。推之课程或教育，则是教育民族化或教育本土化命题的题中之义。

在本章中，群体发展主要集中于以生活型式与以之为基础形成的共同的心理情感、个性特征、思维模式、认识倾向、价值体系为核心的社会集团，它们在个体发展中具有文化俗成的作用，在社会发展中具有子系统的功能，是社会结构与社会组织的中间环节。百川入海。个体的发展与自由生长，必然会延伸向各个方向而汇入不同的群体类型；群体类型以其自有的社会人格、自持的群体信念，相互作用，共同约定，影响整个族群或社会的变迁与塑造。这就是从个体到群体，而后走向民族共同体的发展逻辑，它们共同作为社会系统的"各在其位"的子系统、多要素的一分子。教育与课程活动正是通过这些要素相互联系，推动个体发展的完善和社会变迁的实现。

第一节　群体类型与特性

群体类型指由群体之中的个体表现出来的生活方式的差异而划分出的群体种类，同一社会集团因其所属相同的群体类型而表现出来的个性特征，就是群体特征，包括心理情感、个性特征、认识方式、思维模式及价值文化体系等。不同群体类型之间可能存在共同信守的群体特性，也可能具有各自持有的群体特征。前者保证了各个独立群体可以共享于相同的更大的文明蓝天之下，是一个独立民族或族群、国家形成的前提条件。而各群体间不同群体个性的存在是形成社会阶层、社会结构和社会组织的基础，也是构造有层级、有秩序的稳定的社会结构的条件。因此，我们在一个稳定的社会形态中常常可以看到特征鲜明、生活方式迥异的社会群体的不同社会等级分布。而一旦当某个或某些社会群体由于集团的社会地位与利益之争，力图打破原有的群体类属，突破群体间的界限，想方设法从一个社会层级跃迁入另一个社会层级时，整个社会的结构序列就会出现变异，社会组织的分裂及社会革命就会发生。而社会革命或社会转型则是打破旧有群体系统的分布格局，依据新兴社会集团的利益关系，重新布局社会系统内各社会群体的社会层级定位，当重新设定的社会定位与社会群体的新赋属性相匹配时，新的社会结构就建立起来了。新的社会系统便以新的社会群体为元素，按照新的社会规则开始新一轮的社会发展。

社会变迁是伴随着新旧社会结构与组织的更新与改造而实现的，它既是一个旧的社会群体分化、重组、形成新的社会群体的过程，也是社会生活方式的变迁催生出新的社会集团的过程。所以从社会变迁总进程来看，一个民族的群体集团有相对稳定的基本类型，并与人类文明类型和文化类型相一致。这决定了无论什么样的社会形态，无论什么样的文化圈层，也不论一个社会的劳动分工如何变化，群体类型是相对有限的、稳定的。相对少的群体种类确保了社会结构的简单和社会运行的有效。当然，人类文明的不断前进和社会变迁，也创生出新的群体类型，它们在社会结构中的定位及其群体特性的形成与成熟，取决于该群体所代表的社会生产方式和生活方式的型塑功能的广泛认可，从而起到社会角色范型的作用。

关于群体类型的研究与划分，不同文化背景下的学者划分标准大致相当，即主要以生产和生活型式为核心，辅之以所属社会的基本特征来归类。而对群体特性的研究则有所不同。从研究取向来看，群体类型的研究属于典型的社会学领域，是对人类物质生活方式总和的考察，群体个性的研究则属于典型的价值哲学领域，是对人类精神生活方式总和的考察。这样一来，基于群体类型的群体个性的描写往往涉及价值信仰、上层建筑、意识形态领域的问题，这些都是阶级之间、政党之间，乃至国家之间政治斗争的核心问题，相当具有政治敏锐性。即使本着政治无涉、价值中立的文化学立场分析群体特性，也往往冒忤逆信仰之风险，激发起种族、宗教的纷争，更不用说文化主客体之争了。

上述这些问题都使群体个性的研究与描述呈现鲜明的色彩。因此，毋宁说群体特性不单是附丽于社会集团之上的群体属性的总和，更是表现不同社会集团价值观及其类属的更大社会组织、文化圈及文明类型的共享观念的折光。在其中，可以看到群体特性以外的东西。

相较而论，社会学诞生地的德国及欧洲大陆文化圈中，以思辨、唯理、逻辑著称的学术研究倾向于从社会结构中寻找群体结构的特点，从社会组织中寻求群体类型的划分，从社会精神领域探寻群体属性的特质。即使他们的探究触角延伸到社会结构的微观层面，深入到个体与群体的心灵深处或心理层面，他们还是喜欢将微观意义上的个体心理、群体特性与社会结构、人类结构等宏观背景联系起来考虑，并试图探寻出简单直观的人类发展通式，以解释纷繁的社会人生问题。可以说，欧洲文化圈的学术风格是系统论方法的极致运用，包括迪尔凯姆的社会结构理论、韦伯的精神特质理论、列维-斯特劳斯的结构人类学理论、曼海姆的意识形态理论，等等，都是如此。

在学术风格上，欧洲属于"唯理－结构"型，英美属于"实证－经验"型。英美文化圈关于群体研究的学术传统注重从经验概述和叙写中，从不厌其烦、事无巨细的人种志资料收集中，从深度参与、思想契合之中，力图使自己的"局外人"身份经由认识方式的顺应、思维模式的转化、价值观念的改造等转变为"局内人"，从心灵和精神视角体验、感悟不同群体的结构特征和个性特点。他们的研究触角一般是实用的、实证的、现实的；就事论事，以今论今；少做遥远的揣测，不求冥思的遐想。因此，在他们笔下，描写多于概括，感悟多于思辨。这决定了他们的群体类型及个性研究以微见著，以细取胜。篇章之中看不到宏大的社会理论和思考范式，读到的多是感同身受、受之可用的有关群体规则、机制的解释与分析。

经验与唯理是在西方哲学视角下划分出来的西方文明类型及群体认识与思考范型，二者互补，共同为教育研究与课程分类提供了理念层面和操作层面的指导。长期以来，在这两种教育观念引领下所形成的教育理论流派论争不断，造成了杜威所批判的"二元对立"的思维方式。可以说，这是两大文化圈内群体思想模式的反映，并不足以评估孰之优劣，而正是因为唯经验和唯理性的存在，才使得人类族群文化得以相互改造、借鉴而更新。大同意味着衰亡。我们现在要做的不是消灭认识世界里的"二元对立"，而是基于群体类型及尊重群体个性，充分吸收"另一元"为我所用，以实现自我个性的改造和创新，这是最好的目标。

课程类型与课程个性的划分与形成正是基于这样的群体发展逻辑而来。我们知道，即使在个性化的个别教学时代，个性与群体价值观念的养成也是课程设计与教学过程的重要目标。到了以群体为单元组织教学的班级授课制时代，如何以群体类型与个性为参照，更好地开发、设计出相应的课程类型？一方面通过教学活动培养群体的集团观念，最优化地实现群体认识方式与课程组织方式、教学方式的统一，促进个体认识发展，避免因不同群体认识方式与心理倾向的不同造成教育传递过程中的不平等。另一方面，以群体类型与个性理论为参照，最大化地引导群体个性的完善、群体动力的增强以及群体间相互融通的流畅，为实现不同群体中个体的自由流动创造条件，为新的社会结构奠定基础。当个体意识观念上升为群体意识形态时，新的社会集团便出现了，社会更新与变适的源头活水也就出现了。从这一方面讲，教育以至课程与教学设计的社会功能取向就是促进新社会群体的更生和社会群体间的充分自由流动，完善的社会组织由此而形成。

中国东方文明是迥异于西方"经验与唯理"的第三文明类型，因此中国人具有不同于"感性与理性分立"的特有思维范式，即诗性与悟性，这决定了中国文化情境下划分群体类型与勾勒群体个性的标准和指标不同，联系于社会结构与社会功能的逻辑也有差别，由此便出现了不同于西方世界的中国文化下自有的课程划分类型和教学目的，成为中国传统哲学的一部分。

第二节　群体认知与社会精神

人类对认识问题的研究由来甚久，从原始先民的无意识探究到文明时代人类自觉理性的思考，都表明了人类对未知世界的探索热情，可以说，人对未知事物的探究与自身的思考同样久远和有吸引力，这就是为什么人的认识问题首先进入古老哲学领域的原因。

以前，哲学家们对认识问题的研究有一种既定的范式和取径，即主要研究个体对未知世界的认识及获得知识的过程与机制，把人类认识规律看作是以个人为主体展开的，这也导致了人类认识史和知识史的叙述与描写事实上是站在个人认识的角度探究人类个性、群体、种系的认识发展。随着现代认知科学、哲学语言学及社会语言学等相关学科的进展，人们越发感觉到，人的认识发展既是个体的行为，也是群体行为，而且是在现实的种系社会文化语境下发生的，是受特定认识发展史的规定和制约的。而且，随着人类社会生活方式和社会结构的变化与重整，个体认识越来越显示出群体色彩，人的认识的发展及知识的获得越来越表现出社会建构的特性。基于认识与知识的社会性，人们开始超越传统个体认识论的樊篱，在社会群体、种系文化条件下，从社会学视角来分析考察认识的集体性和知识的社会性，这是近来社会认知的集体性和知识的社会性研究，也是近来社会认知理论及社会认识论产生的根源。在本节中，我们主要从社会认知或社会认识论视角来讨论人的知识与认知发展过程，并分析课程与教学活动如何更好地促进这种发展。

一、群体认知与发展

群体认知是以具有某类关系的人群在交往过程中形成的对未知领域的理解为基础的认识方式，它的主要特点是集体性、约定性、公共性。知识的创造是集体行为，个体只是集体或群体的一部分，其本身无法或不足以产生有效的、认可的知识内容，集体性是群体认识的首要条件，它表明集体认识的其他重要特性，即无意识的、强制的、内隐的。

约定性表明群体认识的形成标准和过程。在传统的个体认识论规则当中，人们力求遵守一种超越个体主观愿望而客观存在的标准，来获取或确证某类命题的知识资格，这使得知识标准或认识过程相对绝对化，是属于主观无涉、价值中立的，以期希望达成客观必然性和普遍有效性的设定理想，以至绝对真理。但只要我们认真分析一下个体认识法则就会发现，尽管在个体认识范式内，认识过程和标准也并非完全置集体主观愿望或倾向于不顾的。也就是说，在个体认识论中仍然有着群体规范和集体观念的影子，其作为评判个体认识有效性的尺度——共同体范式。例如，在众所周知的柏拉图关于"知识"的三元定义中，把"被确证的真信念"作为知识，其中"信念"这一表面上的个体主观状态的维度事实上要受到群体信念制约，必须遵守群体认可的一般研究范式，而不是个体自由意图的充分描述，否则，一个人有一个信念，那么认知或知识岂不因人而异、无从谈起了吗？所以说，个体认识实际上是受集体认识规约的。

社会群体成员在遵守和信奉的群体生活方式的长期交往中，形成了或显现或潜在的群体规则、群体规范和群体信念，规则、规范与信念的长期作用，内化成相近的心理个性和认识方式，以及看待世界的思维范式。同时，在长期的社会交往中形成了群体信念，当这些非自觉形成的群体信念相对稳定并传承延展下去的时候，群体文化便形成了。群体认知的约定性就是指群体成员在认识形成与发展过程中，在群体文化的规约下，对认识过程、标准的自觉地协商、议定，最后达成认可的过程。群体认识的这种约定俗成的特点表明，群体认识的形成机制有别于个体认识，即它的发展离不开人际或群际交往，离不开对集体心理、认识模式、群体价值观的适应，离不开群体阶层特有的精神结构、生存哲学，甚至离不开如今已经逝去了的群体共同走过的遥远过去和历史尘封的久远记忆。

人类文化学家对人类认识发展史的探究从不同角度说明了人类认识进程的集体特性，以及人类公共知识体系形成的无意识的传承性，诸如集体记忆，它代代相沿，难以找出最初认识的个体，却常常印刻在每一个集体成员的心灵深处，影响着每一个个体认识的发展和社会价值哲学的取向；集体无意识与原型，则从更深邃的人类学视角厘析出群体认识的不自觉的特点。或许正是在人们个体精神尚未觉醒、自我认识尚未确立、我你合一的原始认识阶段，群体精神却先行出现了。群体认识成为人类探究外部世界、积累公共知识和共享经验的基本方式。自觉或群体自我认识的缺乏，使得群体认识处于无意识状态。客观上，人们认识了世界，洞悉了宇宙法则和社会规则，但自己却有所不知。在人类认识进程中，认识的定型与沉淀过程一直没有间断过，相继固化为相对稳定的、体现某一群体信仰和认识特性的、反映群体一贯稳定思考风格的认识产物和框架，这就是原型，它成为一个社会群体认识的基本参照，纵贯古今。

群体认识的无意识特性及由此形成的原型特征，使群体认识带有鲜明的强制色彩和内隐特性。集体中的个人在认识未知领域的历程中会受到源自其类属群体之认识范型的强制制约，在某种程度上迫使个体放弃那些"背离祖宗""标新立异"的想法，而回归到群体约定的认识轨道上；这种顺应有时是有意识的，有时则是内隐于认识过程之中悄悄实现的。这实际上决定了群体认识的公共性和共享性。长此以往，形成了与个体认识相对应的集体认识和社会公共知识，后者的社会建构特性相当显著，其已经植入了社会集团的基本信念与信仰。

群体认识或社会认知，不同于传统哲学的个体认识论。尽管对集体认识的研究与关注久已有之，但从社会视角对群体认识及与课程教学之关系的深入剖析则是近来人们热衷关切的领域。这类研究为我们在传统社会学维度之外，寻求更新颖地分析群体认识的特征、更好地组织与设计课程教学，促进群体发展提供了路径。建立在个人认识规律基础上的教育哲学，随着人类社会的不断进化，尤其是日益深刻地影响人与社会关系的社会进化，使得对群体认识和群体社会化的研究更为迫切。站在历史的视野，回答天命之自然恩赐于万物之灵的人类禀赋，如何在日渐复杂的人事之社会演化下发生着日积月累的变异，这应当是教育要关注的问题。

教学即唤醒，课程即回忆。回忆什么呢？回忆沉淀在远古记忆中的、被人们代代继承下来的集体认识，这是课程设计的一个重要资源，是设计最适合、最能体现群体成员需求和认知个性的课程的前提，是有效教学的标准。正如法国文化人类学家列维-斯特劳斯深刻指出的那样，如果我们能寻找出适合那个民族儿童认识方式的教学模式，那么教学效果将大为改进。中国古代先哲立学设教极为看重这一点，提出所谓"五常十二教"："因此五物者民之常，而施十有二教焉。一曰以祀礼教敬，则民不苟；二曰以阳礼教让，则民不争；三曰以阴礼教亲，则民不怨；四曰以乐教和，则民不乖；五曰以仪辨等，则民不越；六曰以俗教安，则民不偷；七曰以刑教中，则民不虣；八曰以誓教恤，则民不怠；九曰以度教节，则民知足；十曰以世事教能，则民不失职；十有一曰以贤制爵，则民慎德；十有二曰以庸制禄，则民兴功。"①

二、群体精神、群体灵魂与课程结构

移风易俗、变风为雅是教育的基本功能。如果说教育在改造社会、决定历史走向的进程中不是决定力量的话，那么教育对于改造人类精神世界，以及由此改造社会精神特质方面，不可或缺。社会精神特质的形成反映在两个方面：群体精神和群体灵魂。它们分别代表社会精神的雅俗特性。一个完善且生气勃勃的社会精神状况及国民心理有助于教育者们依据群体精神和群体灵魂的形成与发展原理来设计相应的课程结构或教学观念，发挥群体精神的引领、净化功能，实现群体灵魂的寄托、皈依、家园功能，这是教育通过化民成俗而达到明德新民的必要途径。

按照德国文化社会学家马克斯·舍勒的深刻直觉的判断认为，群体精神是一个或若干时代的精英人士提出的具有反映社会群体追求和未来走向，且具有指导这个时代群体价值观走向的思想体系②。群体精神只可以被少数精英人士提出，反映人们思想世界的最高尚、纯粹、圣明的那一面，即大雅之境。根据人类精神形成和传播的感染律，随之就有一群人追随和效法这个精英人士的品行，由此，社会高尚层面的群体精神逐渐形成，成为那个时代社会精神领域的新的价值标杆，引领人们朝着那个方向前行。

群体精神的精英特性的一个负面效应是，它所由以形成的价值观基础和生活方式不同于大多数普遍民众朝夕相伴、日用而不知的价值标准和生活法则。因此，二者之间常常出现自娱自赏的阳春白雪与下里巴人的阻隔状态，这也是任何一个时代文化发展中雅俗之矛盾关系的一种体现。代表上层社会普遍珍视的群体精神和代表下层民众日用不知的群体灵魂二者如何实现相互协调，达到改造、转换，是保证社会精神状况良性发展、日臻完善的途径。

很明显，作为与群体精神相对应的群体灵魂是一种平民之道、老百姓的

---

① 《周礼·司徒教官之职》，中华书局影印，第 69 页。
② （德）马克斯·舍勒：《知识社会学问题》，北京：华夏出版社，1999 年，第 62 页。

日常生活哲学。大凡一个群体或民俗所具有的民间生活方式的总和都是群体灵魂的成分，举凡民间习俗、风尚、礼仪、服饰、谣谚、宗教、巫术，等等。之所以称之为群体灵魂，是因为这些源自民众心理层面和生存底层的行动准则是与一个存在的现实的个体须臾不可分离的，它如灵魂与躯体一样，是生命的基本守护者和精气所在。无疑，群体精神的高山仰止代表圣者之理想，群体灵魂之民者之道代表生民之必需。圣者之道服务于民者之需的使命，决定了群体灵魂是群体精神的基础，是形成和改造新的群体精神的来源，是群体精神能不能为广大民众所悦纳进而净化、改造群体灵魂，实现群体文化全面提升的重要前提。

　　课程与教学功能的一个方面表现为通过改造群体灵魂确立新的群体精神，进而实现社会精神特质的升华。因此，在课程资源的选择与组织、教学方式的设计与实施上就必须考虑群体精神与群体灵魂二者的互动机制和规律，使课程与教学活动体现出雅俗相谐的特征。因此，不论出于何种教学目的，单一的精英课程与生活化课程都是违反这一规律的。

　　那么如何处理课程结构的雅俗关系呢？从根本上说，"民为邦本，本固邦宁"。江湖决定庙堂，群体灵魂决定群体精神，雅归根到底是俗的产物。因此，在设计课程结构、选择课程材料时，体现民众心理、反映民间风尚、代表民众生活样态且符合社会精神之大道，或经过改造可以融入提升到精神层面的东西，是最好的课程资源；有些尽管不能升华为群体精神，但却是群体灵魂百代以继、生生不息的一部分，它们也是课程选择的重点，它们是群体灵魂存在的基石，是无须用群体精神加以改造的。在人类精神领域之中，并不是所有"风"都需要移易，所有"俗"都需要雅化。

　　我们发现，很好地处理群体精神与群体灵魂二者关系的课程材料是最具有精神价值和群体文化、民族文化传承能力的。这些课程文本本身将成为民族文化和传统哲学思想的载体。略微扫视一下承载中国千年文明斗转星移、星光不减的中国古代课程材料，不难发现这个事实。清代学者章学诚在《文史通义》的开篇概论中说"六经皆史也"，指出中国古代经典的纪言纪事功能。此外，从教育的雅俗结构来看，以六经为代表的中国经典教育文本的一个鲜明的文化学特征是"六经皆俗也"。

　　《诗》者以风为始，而及小雅至大雅，终于宗庙，演绎着一个个体修身的完整心路逻辑，反映社会发展由群体灵魂、群体观念和精神直至虔诚信仰养成的社会历程。

　　《书》者明先王言论，疏通知远，是一幕幕个体生活叙事史，其间贯穿着不离尘世的世俗生活，叙写着治平天下、布道众生的社会理想和伟绩。

《易》者言天地变化之道，人世兴替之理，人更三圣、世历三古而后成。"天与人参，王者治世之大权也。"[1]观乎天文与观乎人文是明天道、人道的基本途径。天文者谓象，人文者，众生生存之样貌，代表世俗世界的原始形态。

《礼》者，不论《周礼》之官制，《仪礼》之行仪，还是《礼记》之道德规约，都既是治世之理，也是人们日常之用，尤为俗性。

孟子说："王者之迹息而《诗》亡，《诗》亡然后《春秋》作。"(《孟子·离娄下》)《春秋》向以信义著称，在列国外交之中以言国事民生。传记的体例让《春秋》之笔法直书不讳，论理国政间以民众标准，成为以俗框雅、以民众生活史叙写社会编年史的代表。

《乐》者以功成而作之，是教化之功所由成的媒介，所谓兴于诗、立于礼、成于乐。乐歌传统、采歌之风都是通过百姓的"感于哀乐"而发的民间心理和民众心态的真切表露，来达到了解社会的基本状况，据此确定群体精神的引领方向。民歌永远反映的是群体灵魂的最基层、最深刻、最敏锐的特质。乐达于理的直抒与直白，使乐教更能深入触及人们灵魂深处，且铭心难忘。

第三节　社会人格与课程设计

一个人或一个群体在不同的生活情境中总会以不同的身份出现，扮演与身处情境相一致的角色。当生活或行动情境发生变化时，个体或群体也会自觉实现身份角色的相应转换。情境与角色的相适性是个体或群体功能有效发挥的前提条件，也是其心理成熟的标志指标之一。

一般来说，不论个体还是群体，在长期的生命进程中总会不断地转换自己的身份角色以适应变化了的情境。这种角色扮演和转换是频繁的，如此让人生更丰富，生命更多彩。没有几个人情愿在终其一生的历程中始终以一成不变的面孔应对世事的纷杂。我们把个体或群体在一个较长时段内所扮演的角色特征的总和称为社会人格。由于群体类型与特性相对于个体来说较为确定，变化也相对较为缓慢，因此，群体所扮演的社会形象和角色相对较为固定，它的社会人格的变迁或转换也会视具体的文化变迁和社会发展而发生。甚至在某类特性方面，社会结构的稳定性使得群体类型相对稳定。在不同时代、不同的文化变迁中，同一社会群体只会在其社会形象与角色特质的某一方面做出调整，这是群体人格的稳定性。

正如社会角色会随着社会与人的发展而不断创新和生成一样，在一个新

---

① 章学诚：《文史通义校注》，北京：中华书局，1985 年，第 3 页。

的社会组织或社会分工产生之后，群体类型会随之产生，它所被赋予的社会角色也将产生，新的群体人格就会出现。尤其在现代社会，新的劳动职业和分工日益扩展，其数量与速度均今非昔比，由此新的群体类型相继出现，与之相匹配的群体之社会人格也产生了，这是群体人格的创新性。

我们在考虑教育之于群体发展的关系时，应当从这两个方面来分析教育对群体人格的作用，以及通过群体人格对社会精神领域、价值体系的形成与塑造价值。据此，我们认为，教育应当顺应群体人格的稳定特征，使其在当下情境中找到合理的定位并充分发展，以最优化地发挥群体的社会角色本身应有的功能；同时，新的社会情境可能导致群体人格的变异，使群体生成了新特质。批判性分析新特质的合理性、恰当定位、积极关注，是保证群体的时代生命力和革故鼎新的内在动力。还有，对于新的社会群体，要正确地分析和评价它们在社会发展进程和人类自身进化历程中的位置，理性看待群体特质的新属性，为实现个体与群体充分发展、展现其历史丰富性创造条件。

社会系统的良性运行有赖于有序的社会结构和明确的社会分工。建立在社会结构与社会分工基础上的社会组织与社会角色界定了不同社会群体的功能定位。也就是说，社会性动物的一个最基本特征是群体功能的区分与优化，表象上意味着社会分工造成了个体劳作义务与权利的不平等，事实上是社会秩序有序化、社会组织条理化与社会角色组合化的必然要求和结果。为此，课程与教学设计从结构—功能主义视角来看，必须针对不同类型社会群体当今或未来的角色取向加以分析，这也是在人类社会目前发展阶段，在社会群体差别和劳动分工尚不能彻底消除的历史阶段的不二选择。如果我们不顾及社会发展状况和现有生产方式，一味从所谓新教育社会学批判理论的视角，大声疾呼消灭教育与社会领域的文化资本差异，无差等、无团体地淡化群体类型的存在及其社会角色差异的存在，那么无疑将破坏人类社会结构的有序性、恰切性，势必引发社会生活和价值信仰的紊乱。或许教育本身所发挥的这种维护并服务于现有社会制度的功能有些保守色彩，但正是这种保守才换来了社会结构要素与功能的最优化、最大化。

就中国东方文化传统来看，其处理教育与群体发展二者关系时，遵循两条基本原则。一是超越社会组织与劳动分工，在文化属性层面概括出"华夏君民"的本质属性和素养结构。作为教育之大伦，它将社会文化取向和价值体系相合为一，教育与社会的融合由此联系点而实现。二是建基于社会结构与劳动分工层面，清晰剥离出群体之所以"人以群分"的社会存在依据，并赋予不同社会群体为充分实现其社会功能和角色所必须习得的素养、技能及价值信仰体系。"三纲领"是前者的基本宗旨，《考工记》是后者理论的阐释。"三纲领"即明德、新民、至善，既是中华文明最为崇尚的人生价值取向，也是中国文化对完美人性和人道含义的解读，成为历代仁智之士心向往之的生活目标和修身范型，由此推及成为人间正道、公序良俗、风清气明之同治社会理想的标尺。

在《周礼·考工记》中，经典论述了中国哲人所倡导的社会分工和社会集团理论，这是中国古代最权威的、被治世安民、兴国安邦者信守的圭臬。它界定了不同社会角色所应承担的社会职能、义务，以及为完满履行自己的角色职能所必须获得的文化知识素养、认识方式、思维模式、人格品质、职业取向及价值取向。角色差异与社会分工理论充分证明了社会结构与劳动分工的存在是实现群体社会角色及个体发展的历史条件。

如果说"明德、新民、至善"是古今教育之大伦，也是中国文化圈对人性与社会理想的向往式描绘，那么"考工记"中的职能角色理论则是教育目标之具象所指，是直接切近的教育目的和人才培养方案。在"考工记"社会角色理论看来，人之于社会结构与分工有角色不同、职能不同、价值核心不同、人生目的不同，但殊途同归，共止于至善。

仁者、智者、述者、作者、百工者是依据不同的社会分工而自然形成的、与社会有机体结构相匹配的角色群体，没有人性上的差别，也没有身份上的尊卑。这种分工既是儒家差序哲学的实践，也是道家清虚自持哲学的体现。"差序"什么呢？职能有序，劳作有差。"自持"什么呢？自守己位，无为其他。仁者论道而不行，智者创物而不法，述者传道而不亲，作者践道而不殆，百工者敬业而尚工。倘若今人批评那样，让仁者论道而不坐，智者作道而不述，那么，肩负人间生民信仰体系的大道由谁来论？肩负传承先哲治世常道的圣者之思由谁来述？所以"坐而论道"本是圣者、仁者分内之事，"述而不作"也是智者职业精神的要求。论道者有圣、述道者有智、作道者有工，此乃是社会角色合理化的真义。这一理论，对于人才培养模式的标准颇有启发。

关于社会发展、文化变迁及生产生活方式的变化，使得历史上的群体类型被赋予了新的人格特征这个问题，可以从角色转换的角度加以分析。

某一社会群体在社会生活中所扮演的一切社会角色的总和，称为该群体的社会人格。与个体的社会人格一样，群体的社会人格的内涵也随着社会、历史、文化的变迁及人们生活方式、价值信仰的转型而丰富着、改变着，表现出增添了新的人格特性，退去了原有的人格形态。一个群体在其成长过程中如何扬弃其人格特性，使群体养成的社会人格特性适应社会需要和文化传统，从而更系统地作用于群体中个体发展和心理个性的成熟，是教育活动的重要任务。

　　批判性地甄别和分析群体人格的新属性，进而将有价值的人格特质纳入群体人格发展的教育活动中，是丰富群体人格特质的第一步。由于社会群体形成的基础是社会结构与生产方式（或社会分工），如果一个社会形态、文明单元或一个民族在其生息繁衍的过程中历经社会形态的更迭，但社会结构与生产方式均保持相对稳定，没有发生彻底转换的革命性变化，那么社会群体类型的存在基础就没有实质性替换，旧的群体类型必然在新社会形态的背景下重新步入角色扮演的舞台，这在人类发展的同一文明单元内表现得十分明显。

　　尽管跨越不同社会形态的群体人格显现出稳定的人格特征和角色功能，但社会形态的更迭毕竟使社会组织与制度发生了变化，原有社会群体或者被赋予新的人格特征，或者被剥夺某些原有的人格特征，从而使该社会群体在社会结构中的定位与功能定向发生变化。教育者要正确识别出在社会群体人格上发生的这些变化，系统准确地指出发展了的或抛弃了的人格特性，据此在设计课程理念和制定教学目的时，充分考虑群体精神的培养、群体灵魂的濡化。

　　在课程编制历史上，后人足资垂鉴的历史教训是，作为引领时代精神走向的教育者们没能准确地、前瞻性地在社会革命或社会转型造成的人文环境的巨大反差下，站在群体角色、社会结构、社会分工相统一的视点上，把握群体人格的实质，结果不适当地保留了本该抛弃的特质，遏制了那些促进社会进步、人性彰显、价值重塑的群体人格新特质的诞生（舍勒）。

　　最后谈一谈群体类型的创生问题。上面说过，群体类型划分和存在的基础是社会结构与社会分工，即结构的类型决定了群体的功能，而特殊的群体之功能的实现有赖于群体划分，即群体类型的出现。一般来说，只有当社会结构、劳动分工、生产生活方式发生分水岭式的革命，只有当不同文明形式新旧更替时，才能催生新群体的出现。迄今为止，世界文明进程经历了原始文明、农耕文明、工业文明和信息文明四种文明样态，形成了古希腊文明、印度文明、伊斯兰文明和华夏文明四种原初文明类型。因此，总体上看，社会群体的稳定性和简洁性是第一位的，新群体的创生往往仅发生在文明形态交变之际。

　　今天，人类社会正在经历着文明时代以来最广泛、最深刻的文明转型。在统治人类仅仅数个世纪的工业文明形态行将退却之际，以信息、符号为主要媒介的信息文明时代已现端倪，在一个强大的虚拟时空之中，重新彰显集天地之灵性的人类的主体力量。与以往三种文明形态不同的是，史前文明、农耕文明、工业文明时代，社会存在、社会发展、社会分工的基础是物质的，文明变化的动力也是物质的。而即将到来的信息文明时代，则是精神基础的时代。这必将使未来的社会结构、社会分工、生产方式发生难以推定的转换，催生新的群体类型的诞生，它迫切要求人们赋予其全新的人格特性。这种情形现在已经隐隐略现，而且如此迅猛，使得社会管理领域和教育领域面对新兴群体的出现，面对它们的角色定位，无所措其手足。不能系统恰切地将群体人格的培养提升到理性的群体发展的层面，致使教育家、社会学者关于教育之社会属性问题，一直论争不休。这将是未来相当长的一段时间内，处于文明大转折时代的人类自身面临的重要考验。

第四章　课程与人类发展

在人的发展的四个层面中，微观层面奠定了人的发展的生物学基础，个体层面奠定了人的发展的心理基础，群体层面奠定了人的发展的社会基础，而人类层面则奠定了人的发展的种系基础，它是指向作为一个宇宙生物实体的类的发展与演进。那么，在这个指向类层面的发展过程中，更多关注哪些方面？教育要实现人的类本质的展现和人性的丰富，最终实现人类的自由与解放，它应当如何确立反映类特征的课程理念与知识资源？应当确立什么样的人才培养标准？应在个体心灵中植入什么样的价值体系和人生信仰？这些都是本章中要讨论的话题。

第一节　人类发展历程三阶段学说

人类发展进程的分期有不同的考察视角。从不同视角来看，人类发展经历了不同的时期，文明单元的划分就是一例。从另一角度看，如果我们以人这一主体在其历史发展进程是以何种身份和地位出现的来划分，那么，人类社会的发展历程可以概括为三个阶段。这种概括是马克思在考察人类既往发展史以及对未来社会变革和前景时的逻辑预测，这就是人类发展的三阶段学说，即群体本位、个体本位、类本位。[①]

群体本位阶段，或族群本位阶段，主要指原始社会及人类文明进程的初期。生产方式的落后，物质生活资料的贫乏，社会结构和组织的集团化，使得这时部落或族群的存在必须以集体为单元。任何脱离群体的个体都注定了或迟或早消亡的命运。群体生存是个体发展的基础，是第一位的，因此，群体本位的生存法则决定了社会结构、社会组织的族系特征，并由此逐渐形成一套以群体价值高于一切的社会价值体系。生活于这一价值信念中的个体无论何时何地，都不允许从个体取向来认识和分析现实生活现象。尽管从人性自我觉醒的角度来看，或时有自我意识的闪现，但随之被淹没在族群利益的

---

① 高清海：《人类正在走向自觉的"类存在"》，《吉林大学社会科学学报》，1998 年第 1 期，第 1—12 页。

社会浪潮之中。当然，这一阶段的人的发展是以群体的共同发展、群体价值体系的确立为目的的。

个体本位对群体本位的取代，标志着人类发展的第二阶段。它主要发生于生活方式的个体化、生产方式的改进、物质生活资料的逐渐丰富的时期。在人与自然的生产斗争中，人的主体力量得到了极大提升，使得获取必需生活资料的过程不再必须集全体社会成员之力才能实现。当人们不再把生存压力看作是人生的全部，不再把全部时间孤注一掷地投入物质资料的生产，换句话说，当人的基本生存问题已经不是全体应付的第一要务时，就为个体生活和个体思想留下了空间，群体取向的思考模式和价值体系也受到了挑战。个体精神的反思、觉醒与确立，加速了人们对自我生存价值与意义的存在主义追问与思考。于是在族群阶段形成的一套群体本位的生存法则便逐渐禅位于以彰显个体精神和思想自由的个体本位，个体开始逐渐摆脱群体的束缚，建构个体价值体系。

上面略谈的人类发展的群体本位和个体本位阶段是人类社会曾经经历和正在经历的发展时期。不同地区、民族、国家的社会发展水平的差异，使得在共时层面上存在不同阶段的人类发展态势。某一社会到底处于哪一级发展阶段最终决定于社会生产方式和生产力水平的高低，由此形成相应的意识形态和社会精神系统。依据这样的分析标准，我们认为，社会发展水平较高的发达国家已经走过了漫长的群体本位的人类发展阶段，进入个体本位时期。这些国家的社会精神特质和价值系统无疑建立在个体本位的基础上，主张个人权利高于群体权利，高扬人权高于政权的口号。

相比较，还没有走完群体本位的发展阶段，还没有创造出丰厚的物质基础和精神财富，不足以结束群体本位阶段，没能跨入个体本位阶段的地区、民族或国家，大多为发展中国家或地区。这些国家中，不论社会结构、组织，还是群体信仰、价值观、生活哲学，都多以群体本位来建构。群体价值高于个体价值是最核心的信条。当然，社会发展及社会价值的核心是依据群体还是个体，以及如何正确解释这两类社会发展走向和价值信仰系统，是一个复杂的问题。我们这里只就一个方面提出来讨论，即物质资料的生产方式及人类第一需要对社会发展类型的影响。

当生产方式的改进、物质生活资料的较大丰富、社会化大生产全面实现之后，我们就具备了从群体本位进入个体本位的发展阶段，社会价值观和人生信仰也将转向以个体为本加以建构。

这种推断有其合理依据，然而依据的合理并不意味着实现的可能。我们觉得，这种以一个社会的发展模式和轨迹为参照，推理另一个社会的未来发展走向的逻辑忽略了社会发展的基本特性和条件——社会条件、历史条件和文化条件。社会科学理论的通约性和有效性正是而且必须建立在这三个条件基础上。只有当两个社会或国家具备了大体相同的文明传统（具体化为三个条件），它们的发展模式才具有可比性和类推的价值。否则，一个社会无论它的远邻近舍怎样迈着历史的步伐，它自己仍然会在自属的文化圈内，以自己的节律、伴随着自己的文明传统走下历史舞台，同时拉开新发展的序幕。

　　况且我们认为，个体与群体发展的分析对于中国文化而言，只是论说之便利，没有太大的文化学价值。与西方文明表现出来的泾渭分明的个体与群体价值系统相反，华夏文明之特征使得在中国人心目中及中国社会价值话语中从来不存在个体与群体的绝对二分和对立，这是认识方式和思维方式上的整体性、综合性所决定的。因此，诊断中国社会目前处于何种发展阶段，具有怎样的发展特征，恐怕难以仅仅用个体或群体本位来指称。但不可否认的是，马克思的三阶段学说为我们正确认识和处理社会发展进程中群体与个体层面的关系，以及如何实现教育在人类发展的三个层面上发挥其应有的功能，是颇有裨益的。

　　类本位，顾名思义，是人类社会未来发展图景的设想。当人类社会经历了族群时代的集体精神为核心，经过个体本位的个体自由和精神觉醒的人本追求，人类发展的取向将超越种族、人种、民族、国家的界限，在保证各自特色和文化特性的基础上，作为地球上生灵之一支的人在类属上所具有的本性和本质特征将成为实现不同群体互相融通、共存共荣、协调发展的基础。人们在社会生活和价值体系、人文信仰方面，将突破种族偏见、民族狭隘、血统傲慢，更多认同和追求作为类层面上的人们共同珍视的价值体系、珍爱的人生理想和社会目标，这是一种更接近完善和丰富了的人的本质的追求，是被社会所异化和扭曲了的人本质的复归，是人类长期以来，在不断与自然共生、与人自身不断改造的基础上，逐渐展现其历史上形成的丰富的人的才智、社会上不断生成的新的智慧，以及自然赋予人类的先天的本能。当历史才智、社会新知与自然天性获得丰富与整合时，人的真正本质的显现和实现才有可能。这些类本位意义的丰富人性是在以群体为本位的发展阶段，由于族群价值观上的不可调和，以及在以个体为本位的发展阶段，由于个体价值观上的不可共享的情境下，无法实现的。

　　马克思关于人类发展的三阶段学说，后来论述、研究与发展的也不多。但从马克思主义人学与社会哲学体系来看，他对三阶段的概括和对类本位前景的向往是充满信心的。对人类最终的发展愿景，即类本位的实现和人的彻底解放是持有理想主义的积极态度的。

将这一观点用于分析教育活动，也许我们可以重新看待和评价在当前社会发展阶段教育的社会功能与个体功能的实现状况，重新理解由于必须在个体本位与社会本位的教育目的观的两难抉择中选择其一，从而导致教育的社会价值和个体价值的某些负面效应，就是教育在从群体本位、个体本位走向类解放中必须付出的历史代价。此外也说明，那种在教育目的选择上试图在群体与个体之间寻找第三条道路，兼具改造社会和发展个体功能的所谓最优教育理念的做法，是不大可能实现的。即使在中国传统教育哲学中，在整合教育之群体价值与社会需求、个体价值基础上的天地人合一的教育理论，也不可避免地在不同社会情境下或偏向社会、或偏向个体，它们均以社会成本或个体成本的相对付出来换取人的发展的绝对进步。

前文提到，马克思关于人的发展的三阶段学说主要建立在唯物主义政治经济学理论之上，同今天我们看到的马克思的其他教育学说或命题一样，对其内涵的解析需要一个从经济学意义到教育学意义的转换和再诠释，而不能就其本义来理解，否则如此，往往会犯以经济学视野理解教育学问题的毛病，在阐述马克思主义教育理论时，观点纷争最多的也在于此。

从这个问题也引出一个如何从三阶段学说这一经济学观点加以发展，进而提炼出教育学命题的话题。比如，三阶段提出的依据是社会物质资料的生产方式，那么，人的发展除了物质资料的基础外，还有哪些必要条件？这些必要条件如何影响到人的发展的不同层面和取向？在同一生产力水平下，为什么不同民族、国家的价值体系中关于人的发展取向不同？诸如此类问题的澄清，将有助于更确切地理解三阶段学说的含义，丰富它的课程与教学价值，更好地从人学角度指导课程建设。

第二节　人类的多元文明与核心信条

人类的理性、政治性、符号性的通有特征表明了这个类属性。不同社会发展模式、民族传承、文化归属及种系自然特征，直接的结果就是证明了同类而殊元的现象，形成了相对独立的文明系统。共时层面上的文明系统与历时序列的文明阶段相互交织，构成了复杂多样的人类文化体系。历时层面的文明发展序列大致为各种民族所共同经历，共时层面的文明发展状况则成为分析多元民族文化的重要参考。因为它涉及在历时序列的同一阶梯上，由于种族特征、社会制度、生产方式及自然环境的差异，形成了多种多样的生活样式、社会道德准则及价值观、世界观系统，总之，形成了体现本民族人民普遍认可的、约定俗成的文化。文化形成的社会历史条件的迥异，使得不同文化之间或可通约、交流，或不可公度、相互冲突。诸如此类的问题都是建立在不同文明基础上的多元文化研究的基本命题。

向来，导源于社会人类学的传统学风，把人类文明发展的不同阶段或不同地域的文化状况给予高低文野之分。或名之开化民族，或名之未开化民族；或名之蒙昧人，或名之野蛮人，或名之文明人。这种区别，潜在地认为，不符合现代文明社会特征的文化状况都是异己的、落后的、无价值的，有待文明化改造。我们认为，人类共同恪守和捍卫的物质领域的准则和精神领域的准则决然不同。人类可以走过相似的物质生活发展史，但未必也走着相近的精神生活变迁史，后者正是多元文明得以形成和定型化的过程条件。

从文化人类学这一"一元化"传统来看，似乎当我们谈论寻求人类发展之核心信念时，有"多元归一统"的文化霸权和文化入侵的嫌疑，在不自觉地把"一元化"的文化学理念应用于分析课程教学与人类发展问题。事实上，我们是在做这样一种努力，即在传统文化人类学的理论中寻求不同文明单元之间，不同种族、民族之间的共同性，探寻作为人的类本质属性。

一方面，人类作为繁衍于地球中的一个物种，与其他生命家族一样，尽管人类的社会本性造就了其他物种不具有的文化现象，但不同民族也一定存在共通的东西，这些共通的东西就是人类共同信守的核心信条。另一方面，从文化发生及其对所属文化圈内个体、群体的生存境遇来看，任何类型的文化形式或文明状况都为当地人的生存所必需，都是他们据以获得精神动力和幸福指数的必要条件和前提。个体的心理体验与其文化状况之间的这种同应共振关系，是在长期生存进程中逐渐缔构起来的，这就决定了每一种文明范型对属地民众生活都具有不可替代的价值。因此，文明本身和文化状况本身是不可比较的，文化的本土价值性是不可论证的，不存在用一种文明取代另一种文明，或改造另一种文明的问题。外来的、异己的文明改造与文化植入都是对本土文明的破坏与入侵。或许暂时看到的是文明的共同进步，但确是文明长期衰微的前奏。自然的、文明化进程的良性发展必然建立在文明多样化基础上。一枝独秀时期的出现，也暗示着生命活力的逐渐终结。正确处理轴心文明与衍生文化的关系应当秉持"修其教，不易其俗；齐其刑，不易其宜"（《礼记·王制》）的理念，多元文化理念的提出正是基于此。

法国社会人类学家列维-斯特劳斯在分析人类理性产生的人类学根源和进

化历程时，曾用树形图给予说明。① 人类文明进程及其多元化路径的关系，也可诉诸树形的隐喻来解释。人类自我"类文明"的存在，表征人类独有的区别于其他生物或智慧生命的文明样式，相当于树的主干。主干的生长过程依靠旁枝侧叶的辅助，没有枝叶扩展，多方位吸收光照和空气，将养料源源不断地输递给主干，大树主干的生长是不可能的。倘若为了主干的更快生长而削掉所有旁枝侧叶，那无疑主干的生命也会毁之于此。侧枝的繁盛、协调、有序，不相互勾连，更有利于集尽可能多的自然养分为主干所用。天人同理，人类文明的发展与兴盛，以及多元文明间的协调关系不言而喻。

概言之，考察人类发展的基本规律必须从文化多元与文化归一两个方面入手。文化多元研究提供了课程的独特的文化性格和特色，有利于人类文化的多元化和健康发展，避免人为的文化湮灭与趋同，这是形成教育的民族个性以及群体的国民性格的根本。文化同一或文化同归之大势的研究提供了教育活动的共同的核心文化追求，彰显人类的类本性，它既是规约和指引多元文化发展的路标，也是解决文化冲突、文化纷争，实现多元文化协同共处的标尺和手段。文化冲突中的是非恩怨，仁仁智智，靠什么来评判呢？靠的就是人类共同的文化追求和大势，这是矫正和防止文化民族主义和民族虚无主义的方剂。

只要人类文明生命体存在着，文化多元化趋势就会存在，文化同一化趋势也将会不断发展，二者具有不可互代的价值。这要求课程设计者在充分体现课程民族特色、展现课程独特个性的同时，必须遵守并尊重人类文明发展之大势。世界文明时有湮灭的一个主要原因不在于该文明的独特性体现得多么不充分，而或许是它体现得太充分，孤芳自赏、高不胜寒，以致特立独行于文化多元家族之外，背离人类文明发展大树的主干越来越远，终究免不了叶落枝枯的命运。

今天在谈论多元文化和教育之民族特色时，常引用来辩护的一句话是，"越是民族的，也就越是世界的"，我们要谨慎接受这个理念。理性的理解应当是："只有在走向人类文明发展的人间正道上"，那么"越是民族的，才越是世界的"。否则，不日之后，也就越是短寿的，如夜晚星际间的流星，其美转瞬即逝。比风俗之清浊，课士人之优劣，亦不可同年而语矣。以差序格局理论的提出而闻名文化学界的费孝通先生关于多元文化与文化同一关系的论说，更简洁地道出了文化发展、演进和繁荣的逻辑。他说："各美其美，美我之美；美美其美，世界大同。"是为至论。

---

① （法）列维-斯特劳斯著，李幼蒸译：《野性的思维》，北京：商务印书馆，1987年，第180页。

人类的多元文明与人类的核心信念二者之间是相伴相生的。如上文中谈到的那样，文明的多元与独具，并不与多元文明的共通性相矛盾。尽管每一种文明的产生都有其特定的人群、社会、历史环境和文化传统的土壤，本身具有不可替代性，但它们共同作为人类种族的精神之花，必然朝着某一轴心方向汇集和生长。而且有一点是可以肯定的，那就是无论多元文明中的哪一元，要想获得生生不息的延续与丰富，必须基于人类文明的核心土壤，必须从人类核心信念体系中获得源源不断的动力和血脉，必须自觉地朝着并服务于人类基本认可的生存之道的方向前进，这支文明传统的世代相生才有可能。人间有正道。任何为追求瑰奇诡谲而标新立异，致使放弃人类共守和珍视的核心理念和轴心精神，背人类之基本社会规范而特立独行的民族文化，终究会被历史的风雨所摧折，为时代的阳光所曝枯。

那么，如何寻求和厘定多元文明之中的共通之理、寻找人类共享的跨文化轴心信念呢？这目前仍然是一个十分棘手的文化学课题。我们知道，人文信念具有社会、历史、文化的适恰条件。脱离这些前提去理解或分析人文信念或价值哲学，势必如断章取义。而要打破社会、历史和文化情境的限制，探寻人类之类本身所应当具有的、超越具体情境的共通的信仰原则和价值体系，即寻找无条件、纯粹的、不可论证的人类价值哲学里的"通式"或"公理"，使之不受条件约束，放之四海而皆准，这是不是一种虚无缥缈的臆想？至少目前的研究水平还难以给出回答。

人类轴心价值哲学及核心信念的准确图谱能不能破解和绘制出来，我想只能留待时代的发展，但至少目前人们承认，不同种族、文化圈和社会情境中的人们对某些价值问题持有相同或可以协调的看法。而且不同文明单元也存在相同的人生信念，这些都是作为一个类的人区别于其他生命体的共通性所在。

目前，关于人类文明的轴心价值观和核心信念的研究主要借助于社会人类学的工作。他们带着溯本求源的学术目的，旨在从探究远古文明、现代原始群落来寻求人类文明形成和演进的轨迹和规律，寻找文明差异的起因和文化沟通、认同的基础。人类学的研究传统为寻找人类共同发生发展的文化根基提供了有益的参考。此外，随着认知科学研究的不断深入，传统上价值中立的研究信念被打破，认知科学开始进军人的价值观形成机制的实证分析，从生物学、神经学、生理学、语言学等角度寻求价值体系形成的科学基础。可以预计，随着人们关于文化多元与文明同根问题的不断思考，对人类核心价值信念的厘定将越来越有确证的依据，这些都将为处理文化及信仰冲突、宗教纷争而引起的社会矛盾乃至战乱提供合理的解决办法，为文明融通与进化开辟新的、更顺畅的前路。

在课程领域，思考人类轴心价值信念，对文化核心课程的开发与设计尤为重要。滥觞流为江河，事始简而终钜。教育是文明传承的薪火。课程资源正是承载这一薪火的媒介。因此，不论从发展本土文化的独特个性，使之成为世界文明家族中鲜艳不可替代的一元，还是为使本土文化时刻接续世界大同文化趋势，走向人类文化的康庄大道，都表明在本土文化课程体系中充分体现世界文明要素，培养具有人类轴心意识的公民是"既是本土的，又是世界的"课程目标的必然要求。

第三节　寻求课程构成的常项元素

价值信念的多元与同一，或文化的多元与核心是我们关于人类文明发展状况的基本看法。所谓教育民族性的探讨实际上是关于多元文化教育的探究，也是挖掘本民族独具的文化特性及价值信仰的过程。多元文化教育理论及课程设计中的民族信仰、价值观的充分体现，目的在于充分发展群体信仰和本土凝聚力，是实现人类自我完善过程中一元传统的丰富与完善过程。没有这种自我认同与塑造，那么文化的独特意义也将消失，这是多元文化课程设计的基本宗旨。

但流行于今的多元文化课程理念与以往民族性课程理念并不完全等同，其中一个最大的区别是，多元文化课程哲学在尊重和开掘不同民族固有本土文化和价值系统的基础上，更注重处理本土文化与外来文明之间的关系，包括对立与冲突。而且它正是建立在本土文化与世界文化之关系的正确分析原则上，处理本土文化的开发与本土课程文化性的体现。这就避免了在开发和设计具有本土价值信念的课程方案时，走背离人类文化的根基和轴心信仰的弯路，导致出现文化民族主义、排外主义；或者由于无视世界文化的大同之趋，执着于本土文化的狭隘与孤芳，最终偏离人间大道，走向衰落和湮灭。我们认为，这是多元文化课程哲学与传统课程理论中课程民族化理论的不同。因为多元文化课程理念承认任何土著文明的合法性、平等性、独特性，也承认它们之间的可交流、可通约及殊途同归的内在追求。不同文明情境下课程哲学所共同信守的基本价值体系即为课程构成的"常项元素"，它是实现课程文化多元认同与交流的基础，也是人类轴心信念在课程理念中的具体体现。

广义来说，课程的常项元素包括四个方面，即价值常项、科学常项、技术常项和艺术常项。每类常项元素在课程结构中的作用、功能及寻求策略是不同的。

一、课程结构的价值常项元素

课程的价值常项元素即狭义上的课程常项元素，主要指体现在课程理念中的跨文化的人类共同信奉和遵守的价值信念，它规定了课程设计的理念与价值追求，主要功能是塑造人的精神领域和社会规范领域的基本信念，是课程资源发挥其思想意识形态和人生价值体系建构功能的手段。

课程的价值常项元素是课程结构的核心，是课程体现其社会文化价值的最重要的方面。在多元文化课程设计中，主要指的是通过价值常项元素的植入，体现多元文化间的协调与沟通，也是走向人类文化正道的首要保证。正是由于价值体系是社会、历史、传统的产物，且与这些方面密切相关，因此，激进的文化民族主义者否认可沟通的共享人类文化信念的存在。同时也要看到，即使相同的价值追求和意向，在不同的社会情境下，也会以不同的价值观形式为人们所内化，这为剥离社会的外衣，钩沉人类本质价值带来了更大的困难，国别比较研究是一种策略。国别比较研究是以民族、国家、文化圈等为研究单元，先厘定出每个具体单元内的核心价值信条，构成一个集合，然后分析比较不同单元集合之间的"交集"，选择出核心、共享的文化信念来，这是国别比较研究的价值。

上面提到，很多价值体系包裹在本土文化情境和社会境遇的外衣之内，阻碍了我们对表象相异但本质相同的价值信条的提取，这时求助于人类学者是明智的。文化人类学者遵循对远古至今的人类社会演进和文明递变的规律，以今溯古，能够在表象相异的价值信念中洞察出其渊源的相通性或同质性，进而将具有相同基质或信仰基础的价值信条提取出来，归为一类，即核心价值信念。

此外，随着进化生物学和认知科学研究的进展，人们在逐渐接近寻求人类价值规范形成和演化的科学机制、生物基础，这也为我们寻求价值起源和寻找基本的核心价值体系提供了线索。毕竟在生物性征方面，人类共同体的共性大于差异。

二、课程结构的科学常项元素

以实证科学范式探究人的发展时，对人的身心发展规律、群体结构特征等问题的分析所形成的课程基本原理与机制属于课程的科学常项元素。相对于价值领域，科学范式的课程探究较容易寻求超越文化、社会条件的人所共同遵守的发展法则以及促进人的发展的知识特征和课程内容。随着心理学和其他认知科学关于教育研究的逐渐深入，课程结构中的科学常项元素的厘定也将越来越清晰。从科学本性上讲，科学探究及科学知识是非价值的、非主观的，是自主生成的客观世界，这使得在科学常项元素中圈定哪些元素是有效课程必须具备的要素显得相对容易。但事实上，由于科学常项作用于人的发展的结果是双重性的，一方面它可以像科学机制预测的那样发挥其科学功能，使人的身体机能和心理个性产生预期的变化；另一方面，受教育者通过课程知识的习得，也会使个体的意识领域发生转变，形成新的价值观、道德规范、社会认知系统，以至自己的人生哲学和社会信仰体系，这些却不是科学研究可以预测和描述的。因此，到底如何选定课程结构中具有人类通性和普遍意义的科学常项，需要把研究中的实证取向与意义取向结合起来分析。

还有一点必须引起重视。今天我们所谓的课程研究的科学范式，不论其研究方法、知识特性和理论类型都是从西方理性实证主义方法论发展而来的。而认识模式和思维方式的东西方差异，决定了在事实研究中也会采取不同的思考路径，这就是课程科学研究中的文化限定。由于科学（事实）常项元素在东西方人的发展过程中可能以不同方式表现出来，故用西方的科学手段筛查东方智慧而得到常项元素，在文化标准上或许并不正确。这就要求人们必须寻求一种"东方科学"，以便能在这一文明单元内，分析出价值领域和科学（事实）领域的元素，求得价值常项与科学常项在同一文化语境下的统一。

三、课程结构的技术常项元素

基于课程的科学探究之上，依据课程原理与机制，设计出符合常项元素标准，达成既定育人目标的所有方法、策略等构成了课程结构的技术常项元素。

技术常项元素的探讨与发展经历了相当久远的时段。尽管由于现代课程科学研究的新进展引起了课程技术与设计领域的突破性发展，形成了一个相对完整的领域，但在科学方法运用于课程探究之前的漫长年代，人们一直没有停止过对如何有效实施课程问题的尝试，多数课程与教学理论的出现最先是以技术上的探究为起点的。

在现代教学与课程设计领域，人们集中关注的是微观操作层面学生个体或群体获得认知与非认知发展的方法和有效策略。这相当于了解了人的发展的科学逻辑和规则之后，设计一套符合这个逻辑和规则的程序，作为在课程实践中实施教育行为的脚本。课程设计或教学设计之所以能作为教学规范和工具为教师所掌握，并有效运用于教育实践，提高课程与教学的有效性，原因在于其中包含着一般教学活动所必须具备的实践程序，尤其学习行为和教学行为的动力特征，它反映了人的发展与教学资源二者之间相互作用的微观机理。犹如人们只要按照植物生长规律和养料需要，正确地施肥、浇水、养护，植物就会健康地生长。

当然，目前关于课程技术常项元素研究的基本前设建基于对人的发展的认知科学成果之上，先在地认为人的智力与心理发展具有个体发生的特性，不受或很少关联着社会文化差异。因此，尽管来自不同文明单元、不同种族、不同社会背景，人的基本身心规律是一致的。正是这种跨文化、跨阶层的一致性，使得课程科学常项乃至技术常项元素的探究和圈定成为可能。

认识总是辩证的。认为人类具有基本一致相通的身心发展规律的观点从一开始提出就受到文化人类学者的挑战，甚至某些文化心理学家本人也承认心理规律的文化差异和社会建构。时至今日，社会学者的加入更使人的身心生长的社会文化特性日益被关注。列维-斯特劳斯曾敏锐地注意到这一点，并指出，儿童学习知识效率的低下是由于其学习方法或教学方式与儿童所属文化固有的认识和思维模式不一致，只要我们能用适合该民族固有的认知习性开展教学活动，结果就会大不一样。

四、课程结构的艺术常项元素

课程设计的艺术追求目的是增强课程特色和教学的艺术魅力。课程结构中对艺术成分的设定，课程资源的特色，课程表述的本土风格等，都构成了课程的艺术常项元素。

课程艺术常项的研究与价值常项一样，描述其内涵相当地困难，原因很明显，尚且不说艺术本质的多样性、艺术风格的民族差异、艺术欣赏和审美倾向的个体差异，只就艺术本身是不是具有某些基本标准，也难以定论。

我们知道，仅在华夏文明单元中，不同地理文化圈内人们的艺术倾向就各有所异，《诗经》中的"十五国风"清晰反映了某一地域群体人们的普遍而独具的审美标准。这说明，要想厘定跨文明的、全人类的艺术常项元素，并将之体现于课程结构中，是十分困难的。那么，不同文化、地域的人有没有共同的艺术倾向和审美标准呢？我们说有。还就华夏文化圈来说，"国风"之异，是群体文化差异导致审美心理的差异。但超越十五国地域，他们共同珍视和欣赏的美还有"雅"与"颂"，后者无疑在某些方面抓住了不同文化背景下人们共同具有的审美标准，这就是"常项"。

不同文明单元，不同社会、民族之间艺术常项的存在与寻求也是这样。从艺术哲学、艺术心理学的角度，会对超越文化、社会情境下的不同个体、群体的共通的艺术倾向、审美模式有更深入的认识，并在此基础上描绘和建构出人类艺术追求的基本面貌和大致格局。

　　课程结构艺术常项元素的探讨对于中国课程论的本土发展和西方课程理论的中国化尤其重要。我们知道，中西文化差异导致了东西方人们自身认知模式和知识建构方式的差别，最典型的表现为东方之诗性思维与西方之理性思维的并立。这种差别说明，中国人的知识建构与习得方式更依赖于艺术思维和直觉、顿悟的方法。因此，在中国认识史上，不少思想家、科学家身上都充溢着鲜活的艺术气息，由此积淀起来的公共知识体系的建构也是以形象而非线性逻辑的方式架构起来的。可以说，经史子集，四部皆文，皆落英华章之美文；而方术律算，皆比物丑类，象以表之，皆以对宇宙内在结构的直觉艺术化的具象表达洞悉其简洁原理，这是中国古代科学之艺术化的基本特征。例如中医内经、建筑工程、机械制造、宇宙探源，无不是在图解式形象中达到对规律的把握，所谓得道而忘象。道由意（感悟）而得，由象而表征，象以载道，象以明理。诸如此类，皆是中国人思维艺术化、诗意化的体现。故探究课程艺术常项，对于建构具有诗性特质、艺术美感的中国本土课程论的意义尤为深远。

第五章　课程与社会变迁

　　课程通过人的培养作用于社会，发挥它的社会功能，包括促进社会结构和社会组织的变革，确立或营造新的社会精神特质。课程社会功能的发挥有赖于课程本身的特性及课程设计者的理念和哲学。我们知道，关于课程如何作用于人的思想和意识领域，进而推动社会变革与发展，不同的教育哲学家持有不尽一致的主张。这表明，对课程或教育的育人、治世功能的认识尚有分歧。本章从社会理论的视角分析课程问题，为设计有效课程提供参考。

第一节　社会研究法与课程研究

　　在课程研究领域，严格意义上的学术性课程研究的形成开始于 20 世纪初，即课程论作为一个独立领域的出现。随后，课程探究便沿着自己的学科范式一步步走开来。但如果我们将以课程为对象的研究纳入课程探究发生史的视野，那么，其范式变更轨迹则十分清晰，即其学科基础相继经历了哲学范式、神学范式、心理学范式、语言学范式、社会学范式和文化学范式。在此期间，对课程问题进行的社会学研究，或用社会研究方法探讨课程问题的步伐从未间断过，这些或可归之于教育社会学，或仅属于社会取向研究的一种。

　　从课程领域的社会研究方法的变革轨迹来看，早期注重宏观社会理论之于课程活动的分析，基本上专注于课程与社会情境之关系的探究；后期，主要是 20 世纪 70 年代后，以新教育社会学和新马克思主义批判社会理论为标志，课程的社会研究真正步入了以社会研究方法考察课程本身，分析课程领域内在的微观结构，并以此建立课程社会学，生成本领域的原生范畴和命题框架。

　　目前的社会研究方法在课程领域的发展朝着三个方向延伸，通过整合课程学科范式获得灵感，渐次伸展出来。一是语言学方向，以分析话语的身份属性为理论旨趣，发展了语言学范式的研究路向，成长为社会语言学取向的课程研究，形成结构主义课程社会学范式，关注语言的个体社会性差异对个体教育发展、生活境况、个人机缘和命运的影响，试图回答"什么语言最有教育价值?"的问题。二是知识学方向，以分析知识的价值属性为理论旨趣，沿着新教育社会学路向，但通过反思与修正，汲取了知识学的理论，正在走向温和社会建构主义的研究取向，形成解释论课程社会学范式，力求客观地评价知识的价值属性和认识特性的关系，试图回答"什么知识最有社会价值?"的问题；三是政治学方向，以分析课程的意识形态属性为理论旨趣，发展和继承了传统社会学范式，与政治学联姻，形成批评理论课程社会学范式，以探究课程实施与个体社会身份及社会阶层之类的宏观教育社会学问题，试图回答"谁的知识最有价值?"的问题。

课程与社会变迁研究的三个走向概括起来均在探讨课程的个体功能、课程的社会化功能和课程的社会意识形态功能，其结果在于影响、限定、铸成个体生活方式、社会身份、社会结构的最终的存在样式。社会研究法在课程研究中的燎原之势近来颇为引人关注，而且产生了相当有创新性的思想观点，甚至催生出许多新的课程理论和流派，它的兴起既有时代的因由，也有学科本身的诉求。

一般来说，每一个时代都存在一种占主导地位的思考问题、认识世界的方式，它成为那个时代人们认识事物的主流模式，或可称之为"时代的思维范型"。在强大的集体认同的思考范式下，除了少数指引未来思想走向的精英人物，多数人难以摆脱这种思维范型的束缚而"走自己的路"。诸如20世纪初被人们称之为量化的时代，测量与定量分析被认为是最好的认识方式，实证成为研究方法的权威；20世纪50年代前后，在社会人文领域，结构主义的思维范式一度成为研究、分析、建构、表述思想的标准，成为人们认可的"时代的思考方式"，如果有哪一个人胆敢不用结构视角分析问题，那将被视为冒学界之大不韪，学术风险是很大的。在课程学界，量化、实证与结构主义等研究方式的长期统治地位，使人们对这些方法论带来的问题越来越感到不安。负载着价值和意义的教育活动及其规律，如何仅仅凭借实证或量化方法探究出来？作为实践性、时代性极强的教育活动，如何能借助于形式化、唯理色彩浓重的结构主义思维模式加以分析？同时，人文主义信念对科学理性霸权的反抗呼声甚嚣尘上，也促使人们开始反思课程研究理念和取向上的问题，而首当其冲的就是研究方法上的革新。在实际的课程的社会研究中，新兴的社会研究模式并不是对涂尔干、韦伯、曼海姆时代社会学研究范式的复兴与回归，而是有自己的特征。

首先，从宏观走向微观，从微观机理的探究入手，反映宏观的社会状况。尤其关注个体身份、知识资源在其发展过程中与社会情境的相关问题。

其次，借鉴了实证、质性研究的方法，尤其通过吸收质性研究的基本理念、研究规则，给社会研究的形式和内容增添了丰富感和细腻感。

最后，研究方法更多教育气息。从教育存在本身研究教育问题，而后推及社会领域，而不是用一组原有的社会学套路框定教育研究程序。因此，本于教育实然的社会研究更具有真实性和针对性，通过教育问题反观社会与人生。在反思的、批判的、解放的时代精神的感召下，反思、批判与解放也将以"时代的思考方式"被设定成为课程领域社会研究的基本特征和取向。

第二节　课程构成的社会学分析

结构决定功能，这是系统科学的核心观点。据此，课程结构（或构成）的分析就成为认识和探讨课程价值构成、心智效能、社会功能、文化特性和实践机制的切入点。课程结构主要表现为课程内在固有的、相对稳定而模块化的要素组织方式，它在社会文化层面表现为文化构成与社会构成。课程的文化构成反映了课程负载和传递文化特性的基本要素及其作用方式，是课程文化分析（或近来兴起的文化研究范式）的基本问题域。课程的社会构成主要关注课程的社会功能的发挥及其机制与作用方式，属于课程的社会分析研究的领域，结构功能主义的社会学思想（如帕森斯、墨顿等）应当对我们深入研究、理解课程与社会的关系有所理论启发。鉴于课程的文化分析另辟专章"课程与文化变迁"论述，故这里仅集中于课程的社会构成来对课程结构及其社会功能做重点的社会学分析，以厘清课程（或教育）与社会发展、个体成长之间的联系。

课程的社会结构表现为由于人们在经验选择上的价值取向不同，以及由此认定的课程发挥其社会功能的定位不同，使课程本身表现出不同的属性，这些均可归结为社会学角度进行课程分析的范畴。事实上，尽管人是教育的对象，而课程设置及设计最终以人的发展为起点和归宿，但由于人的发展不是凭这一能动主体自身的条件可以实现的，人的生长与发展是在人类自身千百年来所营造和积累起来的人文情境中进行的，因此，人的教育本身就囿于一定的社会条件、历史传统、文化价值体系，没有了这些，"真空"中的人也不会存在。如此，人在一开始为其自身发展创设条件之时，也就决定了这些条件一旦形成，反过来就会制约、影响甚至决定人的发展的自由度和水平。在课程结构的社会学分析过程中，首先我们要明确什么方式或标准决定了课程经验的社会价值，以确保课程社会条件的满足及社会功能的正常发挥。

教育作为一种社会现象，部分承载着促进人类种族本性发展与历史性不断丰富的使命，同时在民族、国家、阶级尚存的人类历史阶段，教育在一定程度上又行使着意识形态的功能，成为统治阶级实现其统治思想、塑造国民精神信仰、巩固其阶级意识形态的有力工具。"治定制礼、功成作乐"反映了教育与政治之间的亲缘关系和教育的强有力的政治功用。

一般来说，一个时代的教育体现于其中的社会取向必定充分反映所属时代处于主流地位的意识形态主张，以发挥统治者所期望和认可的意识形态功能，这就决定了课程构成中必须选择那些最能充分表达统治阶级意识和意志的、体现统治阶级价值观念和思想信仰的经验材料。但这里我们应当辩证分析课程的意识形态属性与所属时代占统治地位的思想——统治阶级的思想二者之前的关系。

从课程结构所体现出来的社会属性和群体意识上看，一类具有鲜明社会价值取向的课程经验，要体现五个方面的社会意识，它们从不同侧面和角度代表了不同社会群体的期望、认识需求和内心感受。如果说课程的终极信念是演奏出一首"后天下之乐而乐""天下为公"的大同乐章，达到"成于乐""垂拱而天下治"的理想境界，那么来自五个群体的心声，将成为构成这一乐章的五声——"宫、商、角、徵、羽"，以及古代认为的君、臣、民、事、物之社会关系的反映，缺一不可。

教育之本在于"化民"，之终在于"成俗"，达到风俗易、教化美、百姓日用而不知的境地。"修其教，不易其俗；齐其政，不易其宜。"因此，反映并尊重老百姓自己的所思、所感、所愿、所患，就是课程经验必须关注的领域，此为课程所体现的草根文化和平民意志，即课程的社会心理特性。

教人以知，育人作善，匡正达雅，这是教育本身承载的教育民众的使命。民风之有美恶，资质之有贤不肖，世事之有美不善，故风有正变之分，雅有小大之别。课程经验的选择必须坚持体现人类最核心的、最有价值的个体经验、历史经验、种族经验，以传递给学生，实现课程知识功能的最大化，在这方面最有话语权的莫过于各个领域的专家学者，他们代表了人类智慧领域的创造群体，此为课程所体现的专家意识，即课程的社会意识形式特性。

上溯到原始洪荒年代，万民同一，人禽共处，人的个体精神和群体意识尚未出现，但在以民族为起点而后以国家形式建立起来的区域共同体形成后，反映相同地缘特征的国家意识逐渐显现出来，并成为主导社会发展的核心价值体系。一个民族漫长的历史进程往往取决于有限的几次偶然抉择。青史留名的政治家之伟大就在于在其一生最关键的几个时刻做出了历史证明是最正确的决断。如果说，代表人类智慧群体的专家意志保证了课程经验之心智特性的发挥，那么，课程如何体现国家信念、地缘群体信仰，以及某一民族的民族意识和精神特质，则很有可能是久居象牙塔中的学问家们所运筹不了的，而必须诉诸运筹帷幄的政治哲人。他们站在国家利益的层面，以意识形态的信仰，历史性地认知、分析、判断本民族的基本走向和精神引领，使得课程经验融入鲜明的价值色彩和党派信念，他们在一定程度上完成了对该民族性格、文化传统、社会哲学及家国情感的最适切于时代的诠释和整合，此为课程所体现的国家意志，即课程的意识形态特性。

人的认识和价值信仰是不是仅仅建基于党派利益、阶级利益或国家利益之上？既然从人类发展历程上看，党派、阶级与国家都是历史的产物，因此，价值分野必定也仅仅是人类价值体系的一个组成部分，必定存在超越党派、利益集团、阶级乃至国家的人类共同恪守和接受的普遍价值观，这就是我们所说的人类意识形态，如苏格拉底提出的节制、公正与智慧，中国哲学崇尚的仁、义、礼、智、信。人类意识形态从根本上反映了人之为人的基本诉求和特性，是人类精神领域最基本的深层结构，接近人的原始、本能、潜意识层面。课程经验中体现的诸多此类的元素，是人类的"类意志"的反映。

教育必然指向现世，但必须超越世俗、进入人的灵魂与信仰世界。世俗社会的价值取向在平民、专家、国家、人类四个层面的分级表达之后，似乎已经达到了顶端，但之于人类精神领域的训诲来说，还没有或没能充分触及人类精神领域的终极彼岸。教师是人类灵魂的救赎者。不论教育多么具有现世情怀，不论课程经验的选择多么呈现世俗真理，大凡教育之理念，终归要对人的信仰领域有些感化与移易、触动与升华。这些终极目的的实现借助于世俗者意志是难以完成的，只有通过对非世俗的、超自然的或超验的彼岸世界图景的冥思、参省、颖悟、神会才可以获得。信仰之所以在教育活动中有其他世俗手段不可替代的价值，就是因为教育设计必须关注"后人生"的状况，课程经验必须体现可以超脱种种世俗桎梏的人们关于理想彼岸的自由意愿，意即以心灵为媒介反映的人的自由意志或神性，即课程的精神信仰特性。

按照西方的学理逻辑和话语系统，以上五种意志基本包括了世俗与宗教特性、个体意识形态与总体意识形态所指称的课程的社会属性。以中国本土社会哲学框架和概念来分析，则可以更简洁地将这五种课程意志特征归入《诗》之"四始"的范畴，即民间歌谣的"风"、王官正乐的"雅"（雅包括小雅和大雅）、宗祠乐歌的"颂"。课程之风，平民意愿与表达；课程之雅，精英意愿与民族历史经验及人类本性的追求；课程之颂，神性意志与人的终极信仰的表达。与"四始"相关，"风"借助于赋、比、兴，而达致"雅"、达致"颂"，教化之本就是通过这六种方式或素材实现对人类社会"常道"与"大道"的求索。故此，绵延于中国古代课程之经典的《诗》所蕴含的教育基本原理，堪称用诗性语言写就的哲学著作，或言诗化哲学，深具东方人文本色。

第三节　课程的社会心理特性

"十五国风"为其典范。《学记》有言："发虑宪，求善良，足以谖闻，不足以动众；就贤体远，足以动众，未足以化民。君子如欲化民成俗，其必由学乎!"可见，教之本在学，学之本在化民，而化民的最终体现的是风俗美，此谓教化成。因此，大凡教育之道，本于民为贵，始于观民风，止于新民俗，是之谓恤民如伤的民本教育。"遵先王之法而过者，未之有也。"(《孟子·离娄上》)儒家经典课程以其反映乡民的风气、习俗作为体恤民生、教育民众的基本素材，由此，这些凝结着普通民众日常生活之中的情感、认知、行为、价值标准等社会心理元素，就成为课程最基本的社会属性之一。

一、社会心理与教育民俗

民本思想是中国古代政治哲学的核心，融入课程材料中就体现为教育的民本特性。在社会生活世界里，群体的社会心理和流播于民间的教育理念是课程民本特性的基本表达方式，因为观风而知政，问俗而知教。

(一)社会心理

处于共同生存环境下的某一群体，在日常生活和社会活动中产生并表现出来的心理过程即为社会心理。社会心理是自发形成的、朴素的初级社会意识，诸如国民心态、大众情感、社会风尚、风俗、习惯、传统以及各种民间信仰和草根文化等均属于社会心理范畴，它为更高级社会意识的形成提供原始素材。人们在认识外部世界的过程中，不同群体抱着不同的认识目的，凝结为不同的认识结果，固化成各不相同的认识模式、情感特征及价值信念体系，所有这些都在人类生活中发挥着不可或缺的功能。社会心理不论其产生根源还是表现形式都与人们的认识领域相关。一般来说，人的认识分为日常认识和非日常认识，对应于日常生活世界和非日常生活世界，它们分别为不同认识群体设定和提供了认识资源和目标。

日常生活世界中的普通民众，在平凡恒常的生活和相互交往中，自觉或不自觉身受的个体经历、体验，由此形成的生活方式、情感体验、认识模式、价值标准等就是通常说的社会心理。土有常产，俗有旧风。社会心理反映了大众群体的基本内心情感、认知等特征，奠定了一个社会主体精神领域的最根本、最根基、最深层的意识基础，其他诸多社会精神取向均由此逐渐生发出来。

社会心理由于其生成于民众之中，具有相当的普遍性；产生于日常生活之中，表现出鲜明的朴素性；形成于日常交往之中，表现出自发性和潜隐性；其产生过程不是个人刻意为之，故有不系统、零散的特点；由于其是广大民众生活过程中的约定俗成的集体认可，故其表现出强制性和不可论证性；又由于社会心理与百姓日常生活是相伴而生、互为表里的，故其表现出连续性，须臾不可缺失。

作为集中反映民众心理特征的社会心理，德国社会学家马克斯·舍勒将其称为"群体灵魂"，举凡存在于民间的民俗、民风、民情、民愿、民间信仰、民间礼仪、民族服饰等，用一个词来概括就是"俗文化"。俗文化在社会和教育功能上表现出强大的力量。

"法令滋彰，盗贼多有。"以自觉系统化的法令来管理和调节人类的社会生活，是人伦日薄、世风日衰的产物和无奈之策。尽管当代法令行于社会成为日益主导的调节力量，但无论如何取代不了"公序良俗"等民间规范对大众生活的调节和指导。可以说，最理想的社会状况不是"天网恢恢"之下的井然有序，而是制礼作乐之后的化成俗美，是充满内心自由、充分展现自然个性的众乐与独乐，开三代之后从"一戎衣，天下大定"的顺应民愿，到"重民五教，惟食丧祭，惇信明义，崇德报功，垂拱而天下治"①的万民悦服的太平盛世。

这里要明确一个观点。尽管从概念上看，社会心理或"俗"反映的是大众群体的心理状态和行为方式，似乎与反映非大众的他群体心理特征的概念相对。但事实上，从心理特征维度来划分，作为个体的所有人都具有社会心理特征，这是人类普遍存在的心理特性，但由于社会分工和社会角色的不同，社会心理又表现出团体差别，不同集团、阶级、阶层等群体凝结成各自风格鲜明的团体心理特色，如士、农、工、商，或天子、诸侯、卿、大夫、士、庶人等阶级群体。它们在共同分有大众社会心理特征的同时，由于其特定的社会角色，又形成了独有的集团心理面貌，或社会赋予他们必须承载和体现出来的特有心理倾向和行为规范。我们设计教育理念和课程目的时必须充分考虑到这一点，以培养出与不同社会角色相匹配的健全人格。

(二)教育民俗

社会心理见之于教育理念形成教育民俗。可以从两个角度理解教育民俗的含义：一是社会心理中所体现和逐渐形成的教育理念，即通常所说的民间教育学。它们不登大雅之堂，但作为教子育人之家训、乡规，流布乡野，代

---

① 《尚书·武成》，中华书局影印，1998年，第5页。

代相袭，为众所深信。二是教育内容，尤其是课程材料中所反映和吸纳的社会心理元素，即课程俗化，后者是历代课程设计必须恪守的基本原理之一。

本着"戏说天下兴亡事，道尽人间冷暖情"的草根情结，教育民俗是流传于民间的、街角里巷口耳相传的大众教育信念，民间谣谚是其重要的表现形式。它们根植于本土乡民关于本地风俗认可的育人标准，不自觉地提炼出不系统但相对完整的育人规范和价值标准。由于教育民俗反映此时此地民众共同约定和信奉的行为准则和行事方式，因此，教育民俗所传达出的教育理念具有鲜明的地域色彩和古朴的村野风格，与所谓正风正雅、圣颂之道的教育观或专家教育学形成了鲜明的对照。

教育之本之极在于上以安上，下以化民；安上以忠敬，化民以易俗。所以，教育的成败与人文艺术的盛衰规律是一样的，即丰富、原初、本色的人民大众的日常生活世界永远是教育研究者和艺术家创作的第一源泉，也是永葆或复兴社会美善精神的源头活水。每每身居庙堂的雅士、久居学馆的达人，当他们才思枯竭、思维干涸的时候，往往回归民间、回归田野、回归生活原初本身，在俗文化气息里，汲取、采撷让艺术与智慧发扬光大的种子。到民间去，到世俗中寻找雅正与神圣之源，这是师法百代、古今皆然的规律。

咫尺江山分楚越。齐政不易俗，兴教存其风，所以先王省方设教，存十五国风。我们每个人都有"越人安越，楚人安楚"的故土情怀，在课程和教育领域尤其表现为重视教育俗谚。钩沉民间教育信念的重要价值，从中我们可以萃取出随世事变迁而移易的风俗面貌，探寻出当下庶人百姓生活的真实样态，为教育更好地实现敦厚人伦、纯美风俗的目的服务。

二、课程的社会心理特性

课程是传达和负载教育信念的主要媒介，它所反映的芸芸生民的价值观与生活方式构成了课程的社会心理元素。

从社会精神领域的宏观层面看，马克斯·舍勒在《知识社会学问题》一书中从群体灵魂和群体精神两个方面进行了深刻的阐述，成为我们从社会角度分析课程社会心理特性的社会学依据。[1]

教育学如果算得上一门科学的话，那么它也许是最具有社会特征的学科了。理论上，有多少个民族就有多少种教育理论。"不愆不忘，率由旧章。"（《诗·大雅·假乐》）下面我们基于中国经典课程文本来分析课程的社会心理构成和民本特性问题，以期对今天的学校课程设计有所启发。

---

① （德）马克斯·舍勒著，艾彦译：《知识社会学问题》，北京：华夏出版社，1999年，第62页。

我们知道，在支撑中国渊源数千年的文化脉络中，以五部儒家经典为文本的材料成为中国社会及文化的轴心要素和内核。同时，作为思想史上的经籍也同样是课程史上亘古不移的范本。其中，民本思想与重民政策为历代学校教育的重要内容。"五经皆教"表明，在中国社会，人文取向的思想史、民本取向的政治史与人伦取向的教化史历来合一。儒家设计的"以民为本"的政治模式基本上得到了自我实现。下面我们就从"五经"这五本经典课程出发，来分析中国先人在设计课程时如何关注俗文化元素。

（一）"五经皆俗"而达于雅正

清代大学者章学诚在《文史通义》中开宗明义：六经皆史也[①]。我们知道，古代史官修史，或者记言，或者记事，因此，"五经"之书多为言行之记录。在言辞与行事中反映出此时此地生活中人的哀、乐、怨、怒。"五经"为我们描绘了一部上古时代人民生活史的面貌，成为治世者慕古意识和史鉴思维的恰切表达。从这一意义上说，五经皆俗——本民生、陈民风、显民情、写民愿。皆可用之于教化民众以归于雅正，移易旧俗以新风。陈民风之本色以观民情、知民愿，而达于上。

诗述民志，知政治之得失，考俗尚之美恶者，莫若乎风；乐歌民诗，听音而知治乱，观乐而晓盛衰，故时政善恶见于音也。古代帝王，巡守列国，令太史陈诗以观民风。《诗》之"五十国风"尽显各方风物民情；《尚书》虽主要记叙先哲、先圣、先王之微言，但言说之间、陈辞之末，无不深刻表达出民众心声，无不以民心而匡圣言，求怀民的常道与大道。

《礼》别异，乐合同，以和神。"礼义之经也，非从天降也，非从地出也，人情而已矣。"可见，礼之本意出于民。不论定官制的《周礼》，言规范的《仪礼》，还是发凡人伦的《礼记》，均拒斥脱离乡野文化和生活情境以及公序良俗的形而上的论道，而是充分表达人之为仁的基本准则和伦理法则。

孔子作《春秋》而乱臣贼子惧，孟子述仲尼而民贵君王轻。《春秋》之名，一说取义昼夜均分，以示正平。作为鲁国具有国家年鉴性质的编年纪事史书，《春秋》以史鉴今，直书往世之功过，笔伐今世之是非。尽管自古征伐自天子出，但义战应天道始，天道即人道，所以"春秋笔法"式的秉笔针砭无不秉持"民惟邦本，本固邦宁"的民本理念，在上层集团"无义战"的纷争描写中处处彰显底层社会里普通民众生活的真实样态。尤其公羊、谷梁、左氏所成的"春秋三传"，更是淋漓尽致地发扬了《春秋》以民本讲国事的精神，显示出浓厚的

---

① 章学诚：《文史通义校注》，北京：中华书局，1985年，第1页。

民众心理倾向。

质真若渝，生生为易。《诗》为六教之首，《易》为五经之基。《易》是宇宙的密码，讲万物变化之道，阐释世界运行、人类生息的"变易、简易、不易"的基本原理，以"论太始之原以明自然之性，演幽冥之极以定惑罔之谜"为其指归，从而成为《诗》《书》《礼》《春秋》的哲学基础。《易》是基于天象、地理、人文的基本规律，建构起来的一套人类生存的基本规范和规则体系；古人认为其所具有的占卜、预测功能，无非是立足于《易》之大道，顺之则吉，逆之则凶，实现对人事的指引、规约和调节；仅仅在这一意义上，《易》才具有鉴往知来、预知祸福的力量。然而《易》之行文述义，无不遵循应天顺地、法自然、考人事的理念，在卦爻推演之中可以清晰看到大众的生活意识和思考方式。《诚斋易传》以"引史说经"，而在易学典籍中独树一帜，后儒虽以"不能穷经"而病之，"然圣人作《易》，本以吉凶悔吝示人事之所从。舍人事而谈天道，正后儒说《易》之病。"（《四库全书·诚斋易传提要》）

无须赘言，"五经"以史家笔法叙说民人生计、社稷存废、帝王理国、自然生息之事。在这极为简约、字字珠玑的神来之文中，蕴含着人类生命最底层的原初道理。它们不为社会变迁所逐流，不为朝代更替所移易，不为家国兴乱所改更，不为物换人非所变化。是什么使得寥寥数语的"五经"之言虽历万世而弥新、虽经百代而愈明呢？民众是人类这部历史剧的剧作者，又是这部历史剧的剧中人。以此为主体而形成的社会心理和价值体系及生活方式是社会发展千古不变的基石。"五经"正是在根本上抓住了风土、人物及生活纪事这一永远鲜活的素材，于此之上设计不同历史情境下人们怀有的社会理想，从而使一个时代的民众群体心态、生活方式、价值体系等社会心理层面的东西，顺应当下社会的发展趋势而逐渐加以引导，革去故，鼎取新，归于雅正，并进一步内化成社会上层建筑及意识形态，最终完成社会思想的革故鼎新。然则，每当意识形态的庙堂思想面临挑战和枯竭时，就说明它太久地脱离了民风民俗的滋润，其复兴或革命则有赖于重新回归到"五经"之中汲取生命最原始然而最有活力的养料，"五经"所揭示的民俗民生的根本道理，使它成为揭示民间信念与上层建筑之关系的恰切表达。

（二）"五经皆宗"而至于多元

"六经皆史"的另一含义是六部典籍虽从不同领域言说人世天地之常道、自然之大道、先王之政典，但六经皆一体、诸子本致一的华夏文化核心诉求，使得"六经"不论在叙述内容还是在表现体例上均致力于发明历史上可资垂鉴的人间正道，皆以言说兴废治乱所由为宗。古人思考崇尚天人合一，道器不二，不尚空言。言天命者必及人，言人事者必顺天；且言人事、明大道不离俗理，因此，彰政声而不忘民声，敷文治而不殆景俗，就成为历朝修撰正史的重要价值理念。市井风俗的美恶，治乱兴衰的政化，百姓生活的关切，均以垂鉴后代的资质，成为"文直、事核、不虚美、不隐恶"的信史标准，而以"春秋笔法"激扬直书的信达精神，也成为历代国史修撰者推崇的职业操守和史家风范。

"六经"一向被认为是儒家思想的代表典籍，并将之归为孔子的删削赞修之作。总体上看，黄老先经史，儒道本一家。中国"著述之事专"始于晚周。盖是时，周纲解纽，王官失守，处士横议，诸子学兴。在中国源远流长、万变皆宗的传统哲学体系中，诸家流派皆源于殊途而终于致一，它们从不同侧面构想了不同社会发展境况下人的理想生存状态：或人生，或社会；或心灵，或尘世；或心性，或自然。史学家班固在其《汉书·艺文志》中以史家辨章学术、考镜源流的系谱学方法，令人信服地考辨了诸子百家的源流变迁和精神内核，诸如儒家盖出于司徒，故主教化；道家盖出于史家，故尚清虚；墨家盖出于清庙，故求节俭，致之百工。因之，百家者于人世政事的阐发上彼此相互补充，相互衔接，表达人生世事、天地宇宙的不同方面和历程，三者之间的递续逻辑是：墨家的尽头是儒家，儒家的尽头是道家，道家的尽头是释家，整合成了从小我到大我，从现世、入世、出世直至来世的全程信念。"六经"在表达儒家入世这一核心信念基础上，兼取诸子各家的思想倾向，故能成其全而久，这是"六经"宗儒而兼采百家的一个方面。

在"六经"之人世功能上，六部课程文本的教育功能有明确的划分，各自按其性质针对人的不同方面有所专攻。《汉书·艺文志》写道："六艺之文，乐以和神，仁之表也；诗以正言，义之用也；礼以明体，明者著见，故无训也；书以广听，知之术也；春秋以断事，信之符也；……而易为之原，故曰易不可见，则乾坤或几乎息矣。"荀子也有类似的看法："诗言志、书言事、礼言行、乐言和、春秋言微。"（《荀子·儒效》）通过仁、义、礼、智、信的培养，整体上实现了个体人格和社会人格的全面发展。"六经"之旨所表达出的多元的社会功能及人的发展功能，可以看作古人训解"课程之全面发展功能"这一命题蕴含的智慧，至今仍思而得益。

(三)"诗言志"而皆止于义

"诗言志"是重要的诗学理论命题，其源于《尚书·尧典》："帝曰：夔，命汝典乐，教胄子。直而温，宽而栗，刚而无虐，简而无傲。诗言志，歌永言，声依永，律和声。""诗言志"是读诗、用诗以教胄子的原则，因此，"诗言志"

不是诗歌作者在表现感情、表现志意，而是指阅读诗歌时能实现的功能，[①] 本质上具有教育学的理论潜质和功用，目的在于让"胄子"通过诵唱诗歌启迪、言说自己的志意。可见，作为教育文本，诗歌具有言志、知志、观志的功能。[②] 不论借由诗表达自己的志意，了解别人的志向，还是观察他人的情志，目的都在于实现诗的个体发展价值。推及于《诗》，则其"思无邪"的价值内涵就成为"赋诗言志"的基本导向。

沈德潜说，诗教之尊，可以和性情、厚人伦、匡政治、感神明。《诗》集己、家、国、神于一体，是最能体现政治、伦理与教化相合一的社会哲学教科书。言为心声，于诗为盛。诗歌作为感于哀乐、缘事而发的文艺形式，最能表露人的内心情感状态，最能反映人的内心真实的或潜意识观念。心灵成长之路是一个由内而外、由自我省思而推及他人的过程。这种十分重视个体自修内省的教育哲学，使中国古代教育者十分强调《诗》在教育活动中的价值。"兴于诗，立于礼，成于乐"，"不学诗，无以言"，"学诗以事父事君"，"诵诗三百，授之以政"，等等，都表明以《诗》为核心的"诗教"的重要意义。

"诗以正言，义之用也。"诗的教育功能是通过语言这一媒介发挥作用的。在诗话理论看来，向有"在心为志，发言为诗"的"诗言志"之说，其宗旨表明，人的性向和志意是修身的基本前提，所谓修身者先诚其意，诚意者先正其心。首先要明确以意志自由为前提的源自内心的性向和人生目标，这是实施"修道之教"的必要条件。语言是思想的直接现实，诗歌通过言语的内化作用，直接濡染人的心性和情意。

《诗》不论从形式、内容、结构上都堪称中国古代课程的经典范本，代表了中国本土课程设计理论与实践的个案式理想类型和基本范式，故言"诗"为百教之首，实不为过。通过对《诗》的课程学分析，我们可以系统地清理出其所蕴含的中国古典教育哲学的课程设计原理。

1. 以原典代断章，开课程编制的章句体例之先河

众所周知，史说春秋之晚，周纲解纽，天下鱼烂，礼崩乐坏，世风不古。孔子自卫返鲁，采万国之风，正雅颂之名，集而为之《诗》，然后乐正，雅颂各得其所。孔子删削冗句、发凡善道、简约明礼、人可效之的斧正使得《诗》之选文章章有指，句句有归，从而将充分展现"诗"之精神品性的篇章选入文中，而不是寻章摘句，择英华而失本末。这种以原典材料组织课程内容的编

---

① 戴伟华：《论五言诗的起源——从"诗言表""诗缘情"的差异说起》，《中国社会科学》，2005 年第 6 期，第 154—164 页。

② 朱自清：《朱自清说诗》，上海：上海古籍出版社，1998 年，第 18 页。

制方式达到了以简约形式传达原汁、鲜活的思想的设计目的。章句之学，源远流长。其出现因为"五经久远，圣意难明，宜为章句，以悟后学"。（《后汉书·徐防传》）其起源史书说"诗书礼乐，定自孔子，发明章句，始于子夏"。（《毛诗正义·关雎》）句者局也，局言者也；章者明也，总义包体。章句本为离章辨句，析理微言，让人们更准确清楚地理解经学意旨。但后来逐渐变得语多附会，繁而不杀，动辄辨章千语，析句万言，越来越远离了章句之体的初衷。然而，作为一种注解经籍、析理文义的形式，章句体例一直作为古代典籍训释的主要手段沿用下来。五经文本，均符合现代结构课程原理。传注章句，为其范式。从结构课程论来看，如果说形式化的概念、原理、命题、定律、探究方法论等代表了自然科学的学科结构，那么，中国先贤们的最大贡献是发现了人文知识的学科结构，他们以"经文"形式提炼出了古代人文知识的基本结构，并以传注章句体例的形式，编制出了世代师法的课程文本。其中由原典篇章连缀而成的"章句体例"就代表了中国古代人文课程的基本学科结构。"经文"是课程的基本结构，构成课程的经纬纲目；"章句"是附于经文的诠释材料。这种章句结构既符合社会人文思想的认知逻辑，也顺应了中国人特有的诗性、整体、意识流、意象、叙事的思维模式，因此，《诗》在传播思想上具有本土最优化的教育价值。

2. 以"六义"而三分，建构了课程实现其人本与社会功能的基本逻辑

《诗》有"六义"，即风、赋、比、兴、雅、颂。平民意志、专家意志、国家意志、人类意志和神性意志是有效课程所体现的基本属性；以中国本土哲学框架和概念来分析，则可以更简洁地将这五种课程意志特性归入《诗》之"三分"的范畴，即"风""雅""颂"。课程之风，平民意愿与社会心理的表达；课程之雅，精英意愿与民族历史经验及人类本性的表达；课程之颂，神性意志与人的终极信仰的表达。与"三分"相关，"风"借助于赋、比、兴，而达致"雅"、达致"颂"。教育之本就是通过这六种方式或素材实现对人类社会"常道"与"大道"的求索。因此，这些长存于古代课程经典《诗》中的教育基本原理，堪称是用诗性语言写就的形而上学著作，或言诗化哲学，深具东方人文本色。

一般认为，从《诗》之选材与文本结构上看，风诗、雅诗、颂诗是内容上的划分，而赋、比、兴则被认为是诗歌的写作或表现手法的划分。此说依《诗》的文本分析，也言之成理。但考虑到《诗》为五教之首，总关教化，其首要功能是"道"，而不是"文"，因此，诗论的文艺批评观似乎不完全适合于分析《诗》的教育内容与形式问题。

我们认为，既言《诗》有"六义"，又说《诗》有"四始"，且先儒以风、赋、比、兴、雅、颂的顺序明之，则必有其所指，而不宜截然二分为内容上的

"风、雅、颂"，手法上的"赋、比、兴"。采诗是获得诗的重要渠道。统治者关注的是通过诗考鉴时政、实现教化的功能。采诗在官，用诗在学，二者都不在意诗是如何创作出来的。基于采诗传统而形成的诗学理论并不启发人们去创作诗歌，因此，先秦诗论属于阅读诗论而不是创作诗论，借助阅读实现《诗》的实用功能和教化功能。① 至经学隆盛的汉代，虽以经解《诗》，但其诗论思想也不是阐发诗歌创作原理，而因循先秦采诗、用诗的游戏规则，以美政教。

由此可以认为，在《毛诗序》时代，"六义说"不仅是一个文艺理论命题，而且最初本是以实现《诗》的伦理目的或教育目的出现的，它"抒下情以通讽喻，宣上德以尽忠孝"（《两都赋》），表征了个体发展的阶段及教化实现的逻辑顺序，是华夏民族共同体实现"大学之道，在明明德，在新民，在止于至善"这一社会理想的基本环节。

风者，教化之始，以君子如风之德，化育民众世俗之性。风兼二义，风也，教也，发挥美刺功能，即教化与考鉴。教化的功用在于敦厚之教，自持其心；考鉴的功用在于讽刺之道，以扶持邦家。② 风诗是最能反映百姓肺腑心声、市井本真样态并借以审观舆情的诗歌形式，风俗移易的教育活动肇始于此，所谓和性情，美风俗者也。

赋者，覆也。言王者教化之风广布天地之间，播施众生，蓄育万物，娓娓化育，使百姓日用而不知，民人相忘于圣道。

比者，比物丑类，取象明事。比类既是古人思考宇宙、人生的认识模式，也是修身闻道的恰切途径，所以说，"能近取譬，可谓仁之方也已"。（《论语·雍也》）此外，比化同源，皆有化育明德之义。和者曰比，异者曰化，因此，"比与化"的育人理念体现为"和而不同"的教育原理。育人以"异"，追求以人为本，以期昌明个性；育人以"和"，取向社会，以传承民族文明。

兴者，兴礼仪。兴者，先言他物以起兴，以引起所咏之辞也。（《诗经集传》）大凡起兴之物，多与喻类之旨意象相通，而且起兴之物的具象特征又易于唤起民众的心理体验，起到营造情感意境的作用。根本上说，兴是一种通感移觉的表达方式。如果说"比"是个体修身达礼的途径，那么，"兴"则是借助人与人之间的心灵感应，以通感、移觉方式，激发群体的心理共鸣，实现道德信念由个体认知转化为民众认同，并外化为行为规范、群体精神范型的

---

① 戴伟华：《论五言诗的起源——从"诗言表""诗缘情"的差异说起》，《中国社会科学》，2005 年第 6 期，第 154—164 页。

② 王先谦：《诗三家义集疏》，北京：中华书局，1987 年，第 3—4 页。

社会化过程。"天下有道，则庶民不议；治平累世，则美刺不兴。"(《毛诗正义》)所以，兴也含有使社会民众的群体意志在新礼仪之下唤醒觉悟的意义。

雅者，正也。与世俗乡野文化相对的文雅文化，是道之所归，所谓匡政治者也。

颂者，敬也。"美圣德之形容，以其成功高于神明者也"，表现与现世俗雅文化相对的神圣文化，"美精神"的代表，具有宗教色彩。它通过以成功告于神明，达到敬鬼神而不巫蛊、忠君位而享民生的状态，成为人们终极信仰的集中表现。至此，教化大成，所谓感神明者也。

从以上对"六义"的教育学分析可以看出，"六义"体现了课程系统的结构特征与功能实现机制，风、赋、比、兴、雅、颂各要素以不同顺序和环节，彼此相关相依，不可或缺。《诗》的课程学价值在于，它告诉我们，一种首善的课程体系必须体现出三个方面的结构，才能实现育人与成俗的教育功能：以"国风"为代表的世俗文化，风为民声，借以化民成俗；以"雅诗"为代表的文雅文化，雅为政声，借以安上治世；以"颂诗"为代表的神圣文化，颂为心声，借以皈依信仰。风、雅、颂三者之间借助赋、比、兴为形式，相互转化，即"风"经由"赋"而言明德化之事，陈述善之所以为善的道理；个体以比的方法，诠释仁德之旨，内化为自我价值观念，修身以取譬，实现个体道德的自我认知；通过"兴"，由己及人，由近及远，实现个体间道德信念的交流、认可、贯通，直至约定俗成，成为社会化的集体规范——"本生""重己""贵公""去私"(《吕氏春秋·孟春纪》)，至此完成了民众教化的社会过程。

但堂奥话言与乡村野语，毕竟有高下之分、文野之别。理性本质即在于对自我的不断提升与净化，援俗入雅，变野为文。因此，圣人代出而使世俗之朴终归于博雅清正，这是教育达致雅正的最终追求。

精神产生于一个更高的源泉而不与感官世界共生。人的终极信仰或信念不可能完全在世俗社会的土壤里形成。对无可企及的超验对象的虔诚敬畏，是人们克制世俗不善、恪守道义底线的重要手段。因此，高于"雅诗"，表达对神明的虔信与敬畏，规训人们的价值观与终极信仰，就成为"颂诗"之旨。

由上可见，课程或教育实现其育人与社会使命的基本逻辑、途径、策略等均在"六义"中得到了完美的表达和展现，故课程设计之本在此。

以上我们从社会学角度分析了《诗》之"六义"的教育学意义及其功能，那么具体到篇章选择、组织等课程设计层面，如何来保证风、雅、颂文化的协调统一，以实现世道与人道的不断进步呢？长于系统思维的古人认为，风、雅、颂三种文化特性各有利弊，务以扬弃。"风"近其朴而失于野，"雅"近其善而流于矜，"颂"近其信而迷于溺。如何救其偏？如何做到俗而不至于野、善而不至于矜、信而不至于溺呢？失于野者诉诸文，流于矜者诉诸真，溺于鬼神者诉诸远。凝结成为肇始于尧舜三代的"忠""敬""文"相融汇的治世化民信念，历代不废。

3. 以"四始"致雅正，祖述尧舜，宪章文武，止于至善

在篇章选择、组织上，以"四始"统辖各结构之旨，成为课程材料的终极理念的表达，经纬纲纪的功用见之于此。

风、雅、颂诗的开篇之作，即《国风·关雎》《小雅·鹿鸣》《大雅·文王》《周颂·清庙》，号为《诗》之"四始"。上以化下。"四始"的价值在于以圣德兴民德，"《风》首《关雎》，而夫妇之伦正；《小雅》首《鹿鸣》，而君臣之情通；《大雅》首《文王》，而天人之道著；《颂》首《清庙》，而幽明之感孚。"①因其本着"祖述尧舜、宪章文武"的言志精神和"思无邪"的价值取向，在变风的民人怨世诗篇与变雅的君子悯时诗篇之先，以正风与正雅的诗篇框矩心性，彰扬安邦贤君、治世能臣的美德，以达到悯时病俗、民声怨世而后广被教化，使社会复归于雅正的目的。"四始"可以看作是课程材料的点和眼，是课程组织的基本结构枢纽，以此贯穿起通篇章句。这种篇章统领的点位布局模式，与科学课程的学科结构颇具同工之妙。

4. 遵循言、象、意、道的认识层次，使个体知识与社会知识统一于人间正道

与西方的逻辑认识理论不同，东方长于以意向认识模式感知世界，形成了言、象、意、道的认知层次学说。言以表象，得象而忘言；象以明意，得意而忘象；意以明道，闻道而忘意。《诗经》在传达"思无邪"的微言大义时，正是遵循了人的"四层次"认识规律，以正言、明象、达意、弘道来发挥《诗》的认识功能，使学者之徒多识鸟兽草木之名，闻见事父事君之道。

按照现代心理学理论，人们针对不同的认识对象采取不同的认识方式，知识的编码加工方式也不同。言、象、意、道正是反映了个体从言语加工直至内隐学习的整个认识过程，并分别习得了陈述知识、程序知识、亲历知识和内隐知识。陈述知识是借助言语来表达的，程序知识是借助表象来表达的，亲历知识是借助意境来表达的，内隐知识是借助无意识表达的。但值得注意的是，"四层次"认识理论解释了西方认知理论没有涉及的领域，即"道"。率性近乎道。就个体认识而言，"道"层次的认识状态一方面表明一种总体的、内化的、顿悟直觉的认知建构与物我相忘、主客同归的情态自由的融合，达到个体认识的最高境界。另一方面也表明"道"层次的知识内涵是群体认识的

---

① 方玉润：《诗经原始》，北京：中华书局，1986年，第62页。

反映，是个体对社会规律的把握，超越了个体认识而达到了社会认识的高度。因此，言、象、意、道不仅体现出个体认识的心智特性，而且因其将个体认识与社会认识相统一于人间正道，使之具有了社会学和价值论色彩。就社会认识而言，"道"更是一种群体认识的集中体现，代表了中华民族集体认可的修齐治平的正道。文以载道、师以传道、教以明道、学以闻道，都表明了"道"所具有的社会价值。这是西方认知研究尚未涉及的认识层面。课程教学的结果之于学生亦当如此。教期于无教，学期于无学，大识若忘，大忆无痕。就学生来说，在树立了"衣带渐宽终不悔"的向学志意时，在博习典籍、心有愤愤然而"望尽天涯路"渴求师者教诲时，在望断天涯、众里千寻之际，蓦然顿觉，人生大道不就在不远的阑珊灯火里吗？如此为学，得意妄言，闻道忘我，这是不是学习的一种"境界说"呢？

　　5. 尽显兴、观、群、怨的社会功能，为历代学校课程的社会属性设定了范式

　　《礼记·经解》："其为人也，温柔敦厚，诗教也。"于个体而言，诗教之旨在于温柔敦厚；于社会而言，诗教之旨在于兴观群怨。以"思无邪"为价值取向，关于《诗》的社会功能，孔子在答弟子提问时曾给予了清晰的界说："诗，可以兴，可以观，可以群，可以怨。迩之事父，远之事君，多识于鸟兽草木之名。"（《论语·阳货》）因此，"不学诗，无以言；不学礼，无以立。"（《论语·季氏》）小子是不可不学《诗》的。尽管孔子谈的是《诗》的价值，但推而观之，《诗》为六教之首，这段话也精练全面地给出了学校课程应有"美圣德，刺时政"的社会功能与个体发展功能，即民德、民风、民情、民声、人伦、政治以及博物知识，涵括了君治、民本、修身之道，反映了课程设置遵循由家及国以至天下的逻辑路径，体现了个体、社会、知识与自然相整合的价值取向，也凸显了"百教善为首、百善孝为先"这一人伦教育理念。在课程特质上，它集中体现了课程的社会心理特性、社会意识特性和精神文化特性的统一。歌以观、舞以兴、乐以群、声以怨。后来，"兴、观、群、怨"这一原本反映歌、舞、乐一体的《诗》的功能表征，渐渐成了诗歌这一文学样式的基本载道标准，也推广为一般课程教学材料应有的基本社会属性——美刺精神。

　　我们知道，艺术的原始形式是歌、舞、乐三位一体的。可见，《诗》三百篇均可被之音而为乐，皆可和乐而歌的。是时，仅仅作为一种文字艺术的"徒诗"文学尚未独立出来。因此，《诗》最初应当是附带"乐教"形式流传开来的。音乐作为"心感于物而发"的结果，声能泻情，情皆可见，因其能最直接真实地反映人们此时此刻的情感状况，而成为真切表露人们内心意愿的最佳艺术形式。风俗移易，先入乐声，故听音而知治乱，观乐而晓盛衰，"采诗以观

政"遂成为历代统治阶级体察人情社风、知晓民伦厚薄、审观教化兴废、考鉴政治得失的基本手段。甚至在统治阶级的政务系统中专置乐府采诗官，每逢君王问政，必献诗以明。将陈诗观政、以解民声的做法加以制度化，并融入攸关风化的教育文本材料之中，足见统治者对民风美恶所折射出的政治意义的重视。

《诗经》之风韵与《楚辞》之美质统合形成的风骚文化之所以能成为华夏民族的千古精神，不仅因为其代表的汉风楚谣集中凝练地喊出了百姓的心声与社情，而且其劝善的道德渴望、尽美的艺术追求，尽展人性永恒的深层道义，道尽了人生与社会的某些最根本的、不随世事而变易的基本特质，故而虽汉唐流转、江山代易，但开卷观《诗》，仍能引发历代各阶层人民的心理共鸣，这就是课程所应当赋有的文化品性。

虽然世移时易，但治乱之本同一。《诗》之正风所表现的温柔敦厚之美与《诗》之变风所表现的悯时病俗之刺，目的均在于考究"世之治乱、政之得失"的缘由，以期垂鉴百世，这就是"诗之观"的社会价值。孔子"兴观群怨"说之原旨，后世无以达诂。朱熹倾向于认为它体现了《诗》之化育个体心性的功用。然而，综观此说，加之圣哲向来言说人事必及社会与自然的天人合一的宇宙观，我们可以进一步将这一诗教理论诠释为其规定了教育所应发挥的育人与济世的双重功能。

兴者，感发志意，兴礼仪而厚民德，实现个体品德信念和社会道德体系的建构。"比"在明道，"兴"在传道、行道。"先言他物以引起所咏之辞也"谓之兴。能近取譬，仁之方也。故"兴"有仁善之旨。在比物取类、引类连譬的基础上，援引他物，以明人事。人生天地之间，类聚之物与群分之人皆循同理，以善物喻善事，将善物的品性推及善人。《诗》借助"兴"，意欲将合天、地、人之道的理念广播民众心灵之中，成为百姓日常生活须臾不可离开的立身行事的规范，是伦理观念社会化的过程。

观者，考见得失，观民风而匡政治，达致反身修己的观身与体察舆情的观国。实现自观与观民的合一。观民以正世，自观以正己。"古之王者所以观民风，知得失，自考正也。"（《汉书·艺文志》）"风行地上，观，先王以省方观民设教"①，具有"庶人传语"特质的楚谣汉风虽出自乐府官方人员之手，且偶尔也有文人润色的痕迹，但由于其采自民间，以民歌生动、活泼、清新的格调反映了乡村民众的基本心理面貌、情感样态及社会风情。这些因其古朴真实而成为君王考鉴教化美恶、风俗流变、政治得失的参照。盖民情风教，国

---

① 《汉魏古注十三经》，北京：中华书局，1998年，第16页。

家安危之本也。《诗》描写的民风既是那个时代的，但又是跨时代的，它折射了历代共有的治乱时期民众普遍的心理特征，揭示了政治得失所形成的民众深层心理感受和基本类型。这些民风民俗随着时代的盛衰治乱而反复出现，成为考鉴政事得失、国家兴乱的晴雨表。

民本思想是政治调节和政治反思的思想资源。"观人正己"就是观民以正君。治世者自观的目的在于自考正，以为天下树立所观的榜样。"观我生，观民也；上九，观其生，君子无咎。"王弼解释说，观我生，自观其道者也；观其生，为民所观者也。不在于位，最处上极，高尚其志，为天下所观者也。处天下所观之地，可不慎乎！

群者，和而不流，安百姓而和乐群，实现群体社会人格的规范与个体自我角色的各得其所。礼别异，乐和同。礼乐之教的目的在于培养和而不同的个性心理，构建和而有序的社会格局。使民亲、安、乐、荣，夫是之谓能群（《荀子·君道》）。促进社会阶层的水平流动与垂直流动，实现社会系统的结构合理化、社会群体间的和睦关系及良性循环。通过教化，新声代起，英声发越，采采粲粲。使人们都能够做到宽容地善待他人，达观地慰藉自己。淡然于生活的坦途与波折，宠辱得失，视若惊鸿一瞥；是非恩怨，报以相逢一笑。最终目的是尽可能地使人与人之间多些共识，少些纷争；多些敬顺，少些不肖；多些相知，少些相怨，达到忧则同忧、乐则共乐的境地。

怨者，怨而不怒，刺时弊而显民声，培植个体批判意识和民众批判精神。谏君王，垂鉴后世。《诗》中以大多篇章反映时人君子病俗之恶、悯时之乱的思想，形成所谓"变风""变雅"之作，成为"刺精神"的代表。"风雅叙人事，刺过论功，志在匡救。"（《毛诗正义·关雎》）他们在温柔敦厚的诗风中隐含直面时弊的春秋笔法，以哀怨的笔调抒发对现实社会人情、道德规范、价值信仰、政治现状的批评与针砭，以致闻之者足以戒。《诗》中这类政治讽喻诗或政治抒情诗多以不同于"正风""正雅"之燕饮和乐的格调出现，而是以哀怨忧戚的笔调即"变风""变雅"的形式出现。信言不美，所以说，"变风""变雅"之篇是具有清醒写实意识的批判主义力作。

同时，美刺精神不仅成为《诗》的社会功能的核心，也是其心智功能的重要保证。《诗》表达的强烈而鲜明的批判意识，有利于培养学生质疑的、批判的思维品质，从而成为发展个体创造力的前提。

作为人性修养的"兴、观、群、怨"四种特质，也与（或是应于）天性的"仁、义、礼、智"相合。兴礼仪则仁，观民风则智，和乐群则礼，怨时政则义；"兴、观、群、怨"之人性备，则民信矣；个人就会成为有信仰的人，社会就会成为有诚信价值观的社会。

不平则鸣。邦有道，则庶民不议。古人很清楚，社会系统宛如生命有机体，病体有恙是其生命历程中不可避免的。因此，于社会发展最有益者不是善言而是忠言，国家需要良医一样的忠谏良相不时指陈社会的疾病和腐败。同时观念领域也要营造一种陈政利病、不惧触讳的清明的政治氛围，唯其如此，社会有机体的健康才有可能。然而必须清楚，《诗》的价值特性在于"思无邪"，唯以其为取向的批判与针砭才是美刺精神的核心，与怨天尤人不同。风雅之正，给人以欣悦和信心；风雅之变，则使人清醒和自明。正是由于"变风""变雅"秉持"哀而不伤，怨而不诽"的基调，人们在痛砭时政、哀叹世风的时候，才不至于沉沦不救，反而更以哀而后作的勇气直面现实，自强不息。

《诗》的变风变雅之作体现了诗的双重功能——匡救时弊而复兴和弃其君主而改元。通过《诗》的描述，人们可以判断出社会处于政教初失、尚可匡正的阶段，还是濒于王纲绝纽、礼义消亡、民皆逃亡、政尽纷乱的边缘，以至于天地闭、贤人隐，亡形已具，不可救药！使人理性做出追而复之还是革旧立新的抉择。在这一意义上，《诗》的教育功能不仅服务于某一时代，而且指向人民创造的整个历史进程。课程乃至教育活动所担负的这种疗救时弊的精神使命是极其重要的。美言不信，一旦课程文化中充满了歌舞升平之音，减少或抑制指陈时政、议论社情、表达民声的批判精神时，教育也就失去了其促进社会道德重建、价值信仰重塑的作用，而只能沦为病态社会加速走向衰亡的催化剂。

课程的社会心理元素既是教育成功的起点，也是归宿。发扬《学记》的思想，求善良不足以动众，就贤良未足以化民。君子如欲化民成俗，其必由学乎！志于学者，来事不惑；志于本者，德化俗成。学之道在于务本。而对于家国兴治来说，什么是本呢？盖民情风教，国家安危之本也。孟子早就提出过"民为贵、社稷次之，君为轻"（《孟子·尽心下》）的民本思想，其"黜霸功，行王道"的"贵王贱霸"理念更是说出了"王国富民，霸国富士，仅存之国富大夫，亡道之国富仓府"（《尉缭子·战威》）的国家兴衰的政治经济学道理。因此，民生与民声、民风与民讽必然成为民本课程理念的基本价值诉求。教化之成败本质上在于风俗之美恶。因此，课程设计中如何体现那些代表民众群体心理、集体意识、平民意愿的价值观和道德渴望，就成为课程理论讨论的基本话题。

第四节 课程的社会意识特性

人生山谷之间，生于谷中之人是俗者，生于山中之人是仙客。令人想到人生的两重世界、现世生活的两种构成：草根俗者的世界和庙堂圣者的世界。前者作为民众集体心理面貌反映的社会心理，上节已有论述；后者则主要涵盖的是与"俗者"相对应的圣者的集体意识、心理特征、道德规范及价值信仰，我们将这些特性的总和并称为社会意识。

一、社会意识的概念及其表现形式

(一)社会意识的概念

与社会存在相对，社会意识指人的精神生活过程，包括初级社会意识即社会心理和高级社会意识，后者是在一定社会状况和群体规范下，人们形成的理性认识和观念系统，它是对对象世界的体系化、逻辑化的深层反映，包括社会意识形式和意识形态。从生成机制上看，高级社会意识是在社会心理基础上，经由精英人士加以提炼、组织而形成的系统化的人类认识成果，它摆脱了社会心理的自发、散乱、不可言说的原始特征，是经过个体的自觉思考、加工，并以一定的可传达的形式表现出来的一套体系化的观念系统。如果说社会心理是俗者意识的表现，形成了百姓共享的俗文化，那么，社会意识则是博雅之士意志的体现，形成了庙堂士人君子共享的雅文化。从这一意义上说，社会心理与社会意识具有不同的受众群体和负载对象，故此，二者也在人与社会系统中行使着互补但独立的社会功能。俗雅之间的互相转化是人类进步与社会发展的根本机制，而以课程为媒介的教育活动正是肩负着教民以雅、化民以俗的"明德、新民、至善"的社会理想。

与社会心理的自发、潜隐、本土特性相比，社会意识具有自己的特性，它反映社会存在的相对稳定、普遍、深层的基本观念。

1. 社会意识的形成是自觉的

它是某一知识人群体将个人意识作用于社会存在后的自觉思考、提炼的结果，因此，社会意识的创生具有鲜明的个性特征和个体起源。凡是民俗的形式大多为集体长时期约定的结果，创生之人往往无源可溯，事实上也难以厘定谁是某一民俗的首倡者。

2. 社会意识的系统性使得它的传承具有外显特征

社会意识打上了鲜明的个人印痕，起初无非是个体主观见之于客观的东西，因此，它可以被人们不断提炼、修正、发展，使之日臻完善、丰富。这使得社会意识可以纳入某一教育形式之中，代代相传，薪火不息。

3. 社会意识功能的发挥往往更具时效，且有时可以直接作为人们改造主观世界与客观世界的生产力工具，具有物化特征

社会心理可能更多弥散于人的精神领域或生活方式之中，为日常生活须臾不可离开，所谓生于俗而相忘于俗。但社会意识形式不同，它更多指向人的意识领域和具有物质工具理性的知识领域，其自觉改造力量更明显，因此往往被人们用以作为改造物质世界的力量，或改造人的精神世界的力量。前者演化为各门学科知识形态，即社会意识形式；后者演化为各种价值观系统，即社会意识形态。

老子说，"大道废，有仁义；慧智出，有大伪。"如果邻里相望、鸡犬相闻的风景依然古美，路不拾遗、夜不闭户的民风依然敦厚，那么普天之下的百姓还需要什么庙堂圣者的教化呢？常情似水，真情如沫。因此，社会心理与社会意识是水与沫的关系。俗如水，性至善；雅如沫，显仁义；常情似水，真情如沫。当人们生活如止，静心致远之时，宛如"相忘于水"；而当世事纷乱，生活如浮萍，烦心躁动之际，则如"相濡以沫"，需要圣人贤士以"雅正之言"肃清浊世，以明人间大道。

(二)社会意识的表现形式

社会意识是一个颇具有知识社会学色彩的概念，不同流派赋予其不同含义，但有两种表现形式是一般均认可的，即学科知识结构的社会意识形式和思想观念结构的意识形态。

社会意识是人们自觉以主体思维能力观照认识对象形成的系统化成果，当这些认识成果随着认识的不断发展而逐渐积累、分化、整合而形成相对完整的学科领域时，这就是社会意识形式，它集中代表了人类认知的基本成果，诸如政治、法律、宗教、伦理、艺术、哲学、科学、语言学、逻辑、数学等，社会意识形式是人类认识成果的主体部分，因此也成为课程构成的主要资源。

与此物化、符号化的意识形式不同，意识形态按其社会学本义是指一组观念系统、认识模式及由此形成的人们认识世界、评价世界的基本取向和方式，诸如认识模式、思维方式、价值取向、宇宙观、世界观等都属于意识形态范畴之内。我们知道，个体、群体乃至一个民族都可以形成自己独特的认知和观念系统。每一个人、一个群体、一个国家都有权利自由运用自己偏爱或认可的思维方式和价值规范来看待和评价社会活动。因此，意识形态就可以划分为特殊意识形态和总体意识形态，它们分别表征个体和群体的观念

系统。

那么,意识形式和意识形态二者有什么关系呢?二者区别很明显,意识形式是学科系统,相对理性化;意识形态是观念系统,相对价值化。由于人们在认识世界时,依据认识对象的不同,不同的价值系统对认识过程的影响是不同的。由此会影响到认识成果的性质,即认识的客观性与价值性的关系。当然,对于意识形式来说,由于希望达到认识的客观必然性和普遍有效性,更希望减少价值理性对客观理性的干扰,达到通常所说的认识过程的价值中立;而对于意识形态来说,主体希望通过意识形态对思维方式、价值取向的直接的改造作用,实现价值标准的移入,进而改造人们的主观世界和信念系统,以使之纳入某一群体认可的价值范畴内。所以,统治集团往往通过赋予社会意识形式以一定的意识形态色彩,达到以知识力量改造价值理性、实现人的观念更新和重建的目的。由此可见,意识形式与意识形态尽管各自有确切的表征系统和功能定向,但二者又往往相互制约、赋权,使各自功能获得更充分的发挥。

必须看到,意识形式与意识形态毕竟属于两个不同的领域,相互纠结之中也表现出各自独立发展的基本规律,有实现各自最优功能所必须遵守的基本机制。一般来说,意识形态可以体现于学科之中,但并不是所有学科(意识形式)都适合于表达或负载一定的意识形态功能。学科因其领域、特性的不同,其理智功能与意识形态功能的关系也各异。设计课程时,一定要考虑学科的理智功能和意识形态功能两者之间的恰切平衡。持之有度,则两益皆彰;持之无度,则两害皆伤。课程的理智功能与意识形态功能的最佳实现,是培养学生心智理性与价值理性的前提条件。

二、课程的社会意识特性

如果说课程的社会心理特性反映的是世俗社会的"风文化",那么,课程的社会意识特性则是社会"雅文化"的体现。不论博雅君子、圣贤达人,还是明君帝王,他们都力图将他们自己关于现实的认识和观念加诸课程之中,以使教育体现他们的意图。由于社会意识形成的主体不同,比如,知识形式的意识形式体现的是专家意志,观念形式的意识形态则是党派意识的反映,后经政治化、制度化之后上升为国家意志,即曼海姆所说的总体意识形态。再进一步,以跨文化、跨种族,超越国家民族的界限而将人类看作一个共同的融合体,这时总体上反映人们的"类"的认识方式、思维模式、价值体系的基本特性的观念系统就是人类意识形态,它是最高的人类意志的集中体现,也是人们所说的世界一家、天下大同时代人类观念领域的基本特征。

(一)书以广智，课程具有非意识形态性

人是教育的对象，社会是教育的目标。人隶属于一定的阶级或社会群体，其价值观、思维模式必然受所属社会群体的制约和规定。教育者也力图将他所属群体的价值信仰传递给受教育者，因而，使教育功能具有明显的思想改造和价值观塑造的性质。不同国家、阶级、政党、团体在这一取向上是有差异的。从这一意义上说，教育具有意识形态性，负载意识形态的教化功能，即师以传道；其途径是赋予课程以一定的意识形态色彩和取向，即文以载道，课程社会学的控制理论集中阐述了这一功能。

从本质上看，教育的社会功利性要后于人的发展性。人自身的身心发展是有客观规律的，且在一定文化情境下，具有相对的稳定性，它不随价值信仰、观念体系的不同而不同。同时，即使在跨文化、跨民族的情况下，人的教育规律有些也是相对通用的，可以通约的，并不随着政治制度、社会制度的改变而改变。因此，教育本身的客观特性是鲜明的，它不同于政治、法律、道德等，不应被归入上层建筑领域。在以社会意识形式体现的学科门类之中，任何学科都是意识形态与非意识形态性的结合。按照现代知识社会学、社会建构主义的观点，理智特性与社会特性是人类认识的"一个硬币的两面"，彼此互依共存，互为条件。

1. 尊重非意识形态课程的理智特性，尊重这些学科固有的课程价值

课程的组织与设计方式与该门课程所属的学科领域和知识类型有关。学科领域不同，知识类型的不同，人们认识和习得的方式不同，要求以不同模式设计课程结构，选择和组织课程材料，这就是知识发生与发展本身的客观规律。尊重知识论规律，既可以提高课程的学习效率，发挥课程知识的理智功能，也可以有效实现课程的"附带学习"效能，即对人的非心智方面的社会性品质的培养，如价值信念等。如若课程设计者或决策者不能把握课程发展的自身特点，而是主观一厢情愿地任意赋予课程以其所不能之功用，那么既会影响课程知识理智功能的发挥，也会限制或违背课程的社会性功能的发挥。

在课程或学科体系中，诸如文学、艺术、科学、语言学、逻辑学、数学等学科，是非意识形态或意识形态特性相当微弱的学科。它们作为课程的第一的和根本的职能是培养人的心性或理智。因此，衡量课程质量高低或经验选择的标准就应与这一职能一致。在艺术性、科学性、思想性的评判中，前二者应该具有优先权。尽管我们主张文以载道，但只有"有感而发"之美文，才能更好地载道、传道，并使"道"深入人心。当我们不顾及这些课程的自身特点和非意识形态性，而把它们变成"时代的传声筒和政治的留声机"时，那

也就是学科文化特性衰减、消亡之际。

当然，说这类课程具有非意识形态性，是理智学科，并不是说它们是"纯理智的"。任何人类认识成果本质上都会渗入认识者的主观意图，都会反映出他的认识态度、思维取向、价值信仰以及世界观，这就是知识社会学研究者所说的"知识的存在决定"或知识的社会建构。甚至在自然科学中知识理论的价值论色彩也会存在。比如，牛顿的经典力学与爱因斯坦的量子力学相比，可以看出牛顿的宇宙观与爱因斯坦的宇宙观截然不同。他们各自以其哲学信仰为人们描绘了不同格局的宇宙图景。牛顿眼中看到的世界与爱因斯坦眼中看到的世界绝不会相同。

2. 探讨意识形态学科的非意识形态性，挖掘这些学科的理智价值

不严格地说，所有学科都具有意识形态特点，同时，所有学科也都具有非意识形态性。人类认识世界的任何成果，都必然凝结着体现人类心性和理智价值的成分，尽管价值领域和理智领域使得这些成分在学科构成上及功能上或强或弱。对于以价值领域为生成对象的意识形态学及其所构建起来的课程来说，如政治、法律、宗教、伦理、哲学等，它们本身具有鲜明的价值取向。持有不同信仰体系的个人或群体会建构起自己价值标准认可的学科，将之课程化并纳入学校教育系统之中。它们更希望通过赋予这些课程以明确的意识形态色彩来体现其民族、国家、党派、群体的集体信仰和社会规范。这是这类学科的第一的、基本的功能。

但我们注意到，尽管这类课程本质上是意识形态的，但并不否认它们具有学术性或理智特性，并不否认持有不同价值观、信仰各异的人们对这类领域的某些问题有一致的见解。风养情，雅养性，颂止心。喜怒哀乐之谓情，仁义礼智之谓性，文思明信之谓心。心、性、情是人类共有的生存基质，心性与知性、理性是人接受知识、形成思想、改造意识的生物和心理基础。能不能探讨出价值学科的理智结构，并以适合人类认识的特有方式加以组织是确保课程发挥其价值功能的条件，也是一类学科本身健康、科学发展的前提。

(二)文以载道，课程具有意识形态性

文以载道，师以传道，教以明道，学以闻道。所谓敬其智，学高为智；亲其师，诲人不倦，使博习；信其言，辨志之言，继其志；从其行，身正之行。三坟之大道、五典之常道，纽之王道，本乎劝诫，代表了中华文明社会良性运行、清平安泰的人间正道，为万世学校教育所明。而通过学校课程修习，以上祖尧舜、下宗文武为法，以"明德、新民、至善"为终极价值追求。因此，任何课程设置不可能以价值无涉、理智至上的态度加以设计。教育的

意识形态功能正是通过利用、开发课程的意识形态性来实现的。课程的意识形态化是课程生成的重要环节。课程的价值特性与功能主要体现在以下几个方面。

1. 课程能在一定程度上影响、改造个体的价值取向、认识与思维模式，达到改造主观世界的目的

就个体而言，单独的学校教育不可以改变他的意识观念，不能重塑他的信念体系、认识方式和思维模式，这是以人为教育对象的学校功能的有限性，这一点维果茨基已经给出了令人信服的论说。但学校教育毕竟在三个方面使它对个体思想世界的影响产生了飞跃，起到了一定程度上的改造作用：一是学校教育可以通过课程组织过程，选择那些易于使人的认识方式朝向决策者期望的那个方向发展的课程材料，以正式课程（外显知识）和潜在课程（内隐知识）直接或间接地影响个体的思维发展和价值信仰；二是学校教育是一种社会行为，它超越了个体而统摄群体，跨越了当下而纵贯古今。这种特殊的训育方式使得学校功能的发挥方式转变为以社会情境、群体信仰影响个体信仰和认识的方式，充分利用个体思维方式的形成和信念体系的确立最终取决于社会文化情境这一知识社会学法则，这也是控制理论的基本主张。

最后，学校教育是一个历史过程。如果说学校改造个体意识领域的功能是有限的，那么当学校教育不再只针对具体的有生命时限的个体，而是以一种体现相同价值精神的教育信念持之以恒、持续不断地对几代人施加影响，成为对生命无限的社会群体的教化，那么由此在一代代人之间，在一个个群体之间产生的代际效应最终会转化成民族性格的文化基因，沉淀为全社会的集体深层意识，达到改造个体和群体主观世界的目的。当然，在这种情况下，人思想意识或个体意识形态的改变已经不仅仅是学校教育的力量，而是学校教育、社会文化、历史传承多方合力共同型塑使然。

2. 课程的价值选择、功能定向与群体规范信念系统相关

课程要针对什么群体的人，决定了课程的价值选择，决定了通过课程实施要实现什么样的人才培养，要使人们确立何种价值信念。同时，不同群体在坚信并坚守自己群体信念的前提下，会主动选择学校教育的影响，这也是通过选择学校类型和课程类型实现的。群体在个体价值系统的确立、发展中具有强大的制约作用，并作为一种深层集体无意识默默地作用于个体成长之中。

我们知道，行动、思维与信念之间是相关的。思维是动作内化的产物，因此思维的秩序总是间接地跟随着行动的秩序，即活动类型决定思维方式，思维方式影响人的信念。就生存于社会中的人而言，他们从事的社会活动决

定了他们的思维方式，由此形成特定的价值观和信念体系。正如杜威所言：
"在正常情况下，成年人都从事某种职业、专业和事务；这种职业、专业和事务就成为稳定的轴线，他们的知识、信念以及他们探究和检验结论的习惯都围绕这个轴线组织起来。"①社会分工是群体规范形成的根本原因。如果一个人由于某种原因不再从事先前的职业和活动，他的思维方式和信念体系就会发生相应的变化。

在人类社会分工尚且存在的历史发展阶段，社会结构分为不同群体或阶层，每一群体被赋予不同的社会功能，并在社会结构中占有不同的位置。由此，群体规范和价值信念便作为群体存在的支撑而产生，并借助社会情境的广泛认同而不断受到强化。可以说，在其位、行其事已经固化为一个人是否有效履行其社会角色的公共法则。所以，一个群体的成员想标新立异、超越或突破所属群体规范时，他就会被人们冠以不务正业、离经叛道的名声。反群体的舆论压力如此之大，以至于一个人会不由自主地遵照所属群体代代相袭的价值信仰规约自己的行为和认知方式。群体对个人的影响甚至在其呱呱坠地之时就已开始了，所以说，一个人一出生就注定了他一生的价值信念和思考方式。

由于社会阶层成员的流动以及群体界限的泛化，个体的意识观念系统也会发生相应变化，比如：农人到士者，仕宦到商旅等。个体当下所属群体类型的变化必然使个体自身的信念体系和性格特征发生相应的改变，表现出渐远原群体而渐近新群体的思想方式、价值观。这在原群体成员看来是一种背离或叛逆。尽管如此，我们还是强调个体的初级群体规范对他一生价值信念的剪不断、理还乱的影响。在个体后来的成长过程中，也许由于社会文化环境、个人生活阅历的变化、新群体规范的重塑作用等会改造他的主观思想，确立起新的认识形式，但骨子里或意识深处仍会牢牢恪守、把持着原有的群体信念。这种坚持、认同、些许依恋有时是不自觉的、无意识的，但却无时无刻不对个体的言语行事发生影响，这也就是我们前文所说的"性自命出"。一个人出生就决定他自己一生的思维模式，并深深印上其所出生群体的精神性格。我们常常看到，士者入仕不失清高本色，农者入仕不忘乡土情怀。人皆怀土，无论穷达。大凡古代仕官者，退出宦海致仕之日，或归田、或告老，一般都是要还乡的。因为那里有最令他们认同、期望和欣慰的道德信仰和生活方式，与他们心灵深处息息相通。不论辅政一方，率民耕桑，还是兴学立教，进廉举孝，抑或不事王侯，高尚其志，吟啸苍崖之上，握耒甫田之间，

① （美）杜威：《我们怎样思维》，北京：人民教育出版社，2005年，第49页。

置世事于不问，老余生以归隐，都将成为他们新的得意忘言之所、逍遥人生之处。

3. 课程（或教育）通过影响统治群体的价值信仰，进一步上升为总体意识形态，实现社会革命与时代变迁

在社会变迁的历史进程中，思想的改造先于物质的改造。首为良相，良相治世，使民和乐；次为良医，良医治身，使体无恙；次为良师，良师治心，使人诚正；教育通过"美其所美，刺其所刺"的社会功能，培养学生的批判意识，起到疗救社会的作用。因此，政事困通、教化兴废均与社会治乱密切相关。

在教育哲学领域，把学校教育的社会功能加以突出强调的莫过于改造主义教育哲学，但其最终的实践命运使人们对改造主义者信奉的"教育改造社会"的功能多有批评，并随之淡化了对教育改造功能的深入研究。实际上，分析一下改造主义教育哲学失败的因由，探讨教育改造社会这一功能发生的机制，我们可以从中汲取很多有价值的理论启发。教育不是上层建筑，也不具备直接操控意识形态的精神力量。因此，教育本身不可能发动社会民众力量，实现社会变革。但这并不等于说教育不具有社会改造性。教育不是直接而是通过意识形态这一中介实现革故鼎新的社会改造功能，间接推动历史进程，引领社会精神领域，培育符合意识形态理念的理想国民性格。

"天下有道，则礼乐征伐自天子出；天下无道，则礼乐征伐自诸侯出。"（《论语·季氏》）我们知道，一个社会占统治地位的思想永远是统治阶级的思想，毫无疑问，支配社会政治上层建筑领域的意识形态也必然是统治阶级思想的意识形态化的结果。因此，教育当且仅当它影响或塑造某一群体意识，并使群体意识广泛传播，深为广大民众所信奉和掌握，并在政治层面确立为主导意识形态时，教育才能成为塑造总体意识形态的贡献者之一。教育也就会通过总体意识形态这一中介，实现社会革命。社会革命和时代更替不是个体、群体意识决定的，而是某一观念意识上升为群体信仰，并广布民众，最终上升到具有改造整个社会价值导向的总体意识形态之后，社会改造才可以发生。因此，社会革命和历史进步的直接思想动因是总体意识形态，它与个体意识、群体意识（团体层面的）及教育并无直接关系，这就是改造主义教育哲学未能完成其直接改造社会的使命的根源所在，因为它力图绕过中介环节而力所不及。

4. 课程的社会意识特性满含世俗情结和人的类追求，是现世的和人性的

课程的世俗情结与超验体悟、类追求与族群凝聚的区别只是为了论述方便，实则课程的特性是杂糅合一的。只是说，在单独论述社会意识形式特性

时，我们倾向于从现世生活和跨文化视角来分析。

　　课程的世俗情结主要联系着课程的正风俗、美教化方面，与课程的"雅正"特性相关。前面提到，不论雅之宗旨在于"祖述尧舜，宪章文武"，还是"变雅"之宗旨于"病时悯俗，陈善僻邪"，它们都力图使教育发挥匡正时弊、明人伦、正人事的功能。因此，雅之功能本质上在于依天命而治人事。人事取向和现世主义精神成为课程的世俗情结的主要表现。其实，以"严敬鬼神而后教化成"来表达现世教育与超验世界之关系的孔子，其最终归宿也是（求实而后践行，践行而后知理，明理而后议论，议论而后成文章，这就是实践与理论之间的基本逻辑，推而广之，这就是教学实践取向的基本路向——范式）美世俗的，而非修来世的。正因为儒家的入世主义人文情怀，孔子提出了"严敬鬼神而远之"的思想。为什么"远之"呢？因为，鬼神是不可论证的世界，而人是现实生活的存在者。

　　至于课程的人之类追求目标，主要表现为在当今社会文化发展进程中，社会进步和文化变迁与更新有赖于外域文化的交流与滋养。在课程所体现的平民意识之"风"，群体意识、专家意识及国家意识之"雅"后，文化追求还有待于超越民族与国家的界限；人的思维、认知模式及价值信念系统还有待于突破民族、党派的樊篱，放眼于人的类本性、类本质，实现人类的自由与解放，这些都要求课程的社会意识特性的厘定必须考虑把民族个性与人类共性联系起来。当然，从社会文化角度来看，脱离具体生存实践来谈论抽象的、纯粹的人性本质是不实际的。但我们也不能否认，尽管世界各民族、各国家价值信仰不同，政治意识有别，社会文化各异，但确实有可能存在人们大体可以接受、认同或共同珍视、小心呵护的人之心灵深处的某些价值准则，这些人之为人的"底线特性"折射出不同的外部色调，内在却是相通的。我们承认，这就是整个人类的最深层的集体无意识。世界之殊途同归，归之于此。

第六章　　课程与知识积累

教育是人学习向善的活动。在教育走过口耳相传、人际相效的生活式教育阶段后，选择性的具有比较价值的人类历史经验和个体现实经验，就成为教育所要传递的主要内容。不论我们如何诠释课程这一术语的含义，构成其主体的终究是有价值的选择性经验。这些经验或者是历史的、集体的，有待后世继承下去；或者是现实的、个人的，有待生成新的经验。由于人类认识历史的延续、经验的积累，使人类认识成果逐渐系统化、学科化、自主化，最后形成了以知识为主体成分的相对独立存在的有机世界——客观知识世界。至此，人们对于课程与知识关系开始越发关注起来。

自古及今，知识问题一直是教育研究者关注的基本问题，但从未像今天这样，成为教育学者、哲学家、社会学家、心理学家共同议论的中心。一句话，在信息社会，知识决定个体的命运，也决定人类的命运。今日知识问题的利害关系，已经远远超出了传统哲学知识论的范畴和问题域，因为在其客观必然性和普遍有效性的心智理性之外，平添了更有核心意义的价值理性色彩。其问题范畴已经由认识领域、思维领域扩展到社会领域、道德伦理领域，催生了集体认识论和知识社会学的复兴。

第一节　　知识及其基本类型

天下大事，同归而殊途；人间正道，理一而分殊。作为人类认识外在世界及内在自身的结晶——知识来说，尽管人类认识的脚步不断前行，认识的阶梯不断搭升，知识及探究领域越来越分化、细化、整合，但认识的规律性和整体特征仍然决定了知识的根本属性和主要类型。知识的本质属性和基本类型在认识论层面影响着教育领域的知识选择以及课程知识的组织方式和习得方式。作为构成课程经验的主体资源，知识的性质是课程与教学设计的基础。在知识信息时代，我们越发感到知识的重要的教育价值。故此，知识问题近来逐渐移入课程与教学研究的中心。

一、知识的一般定义

考辨源流，以正本义。要想弄清楚教育知识、课程知识、教学知识这些下位概念的含义，需要明确知识原初的内涵。我们知道，课程与教学研究多以其他学科为依托，不论从理论基础还是话语系统，不论从命题假设还是范畴移借，不论从表述方式还是术语改造，诸如此类均有相应的学科背景。因此，在厘定课程术语时，一个简单的方法就是考证其在母学科中的本义，追索在学科移借过程中其意义的流变，而后依照下位学科本身的特性来界定该术语的意义表征。

人们对自身与世界的探究和思考在哲学学科里有系统、完善的体现。作为以探究人类认识过程及结果特点和规律的哲学范畴——认识论或知识论，是最全面系统考察知识与个体认识活动的学科。因此，明确知识论视野下知识的内涵，是明确知识本义、重定教育领域知识含义的前提。由于认识论关于知识问题的理解具有更广泛的辐射性和解释力，因此，我们称之为知识的一般定义，是较为上位的解析。

哲学流派众多，知识界说纷纭，自有情理。在众多知识概念的定义中，以诞生于人类文明轴心期的古希腊学者们对知识的思考最为成熟，且广为后世引用，成为分析知识内涵和性质的权威解说。在东方，尽管不存在西方逻辑理性取向上的知识界说，但却存在以东方人特有的比类思维形式表征着意象化的知识概念和指称，这里首推先秦思想家的贡献，影响尤为深远。

知识是什么？据字面含义，知识就是智慧的认识，即人类借助智慧获得的认识过程及结果。它有这样几个成分：第一，知识是人类特有的，因为智慧是人类特有的心智特性；第二，人的认识方式不同，知识的形式也不同；第三，知识有价值理性的色彩，是群体文化的产物；第四，知识的功能和目标是一样的，但结构与组织各有分殊，即理一而分殊、同归而殊途。在东方，《尚书》中概括出来的"大道"与"常道"、"三坟"与"五典"，蕴含着中国先哲的基本知识本质观；在西方，古希腊先杰的"逻辑加理性即知识"的西方认识论，表现的则是另一种知识本质观。

苏格拉底、柏拉图和亚里士多德均是西方古典哲学的宗师，他们就自己不同的哲学思想，发表了对认识及知识问题的看法，形成了各自有师承又有扬弃的知识论体系，其中尤以柏拉图关于知识的研究最有影响。他从主观理性主义立场出发，极为简洁又极富洞见地界说了知识的本质。妙笔神言，寥寥数语，可谓字字珠玑，力透纸背，成为后世讨论知识问题者不可绕过的标志性界说。由于柏拉图是以三个标准来衡量何为知识的，所以该定义也称为知识的三元界说。何为知识？柏拉图说，确证了的真信念就是知识。"确证""真""信念"构成了知识本质的三要素，反映了人类高级认识的本质，也是衡量某一认识是不是知识的三个标准。

确证，是通过逻辑的（或实证）方式对某一认识过程和结果加以论证，寻找其所以成为知识的认识论依据。确证过程如证明过程一样，但它更倾向于从逻辑上而不是科学实证上判断认识的真伪，后者一般被称作证实。依据不同的逻辑法则和基本哲学观，确证的方式是不同的。就此而言，确证本身的逻辑过程也有主体或学科特点。极端的情况就是一种确证为真实的东西，却违反了另一种确证的逻辑法则。

真，就确证的依据和条件而言，或者说，确证所依据的基本参照系是正确的，不是虚假的。为了寻求确证基础的真实可信，就要在确证之前找到一个必须被证明或不证自明的基础，在此基础上展开逻辑推演。在认识论上，这个所有知识赖以存在的基点，所有推理环节回溯的尽头就是基础主义根本原理。一般来说，基础主义的初始命题的真实性都是不可论证的、无须论证的、不证自明的，所有衍生推论之真伪须建立在对基础主义命题的逻辑论证上。因此，一个知识观念的真伪既决定于基础主义原始命题、概念、原理，也与确证中运用的逻辑法则有关。

信念，这是三元知识定义中最具建构和主观色彩的"一元"。所谓知识的信念是指当一个观念通过确证之后证明其为真，那么它是否有资格称为"知识"，则取决于个体或共同体相信还是不相信它。这个标准似乎是一个无法达成一致的指标，或者初看起来，由于"信念"的束缚使何为知识的定义看上去太过主观随意了。如果人们可以随意相信它或不相信它，那"知识"之本质不是太主观化了吗？

我们说不是如此的。信念相当于共同体的范式。尽管信念本身是人们对某一观念的主体认可与接受，有主观性，但人的认识在个体与群体的交互作用中发生与发展，逐渐形成了一个大家都遵守的认识方式、探究方法、评价准则，这就使知识标准在同一范式下有了公约的统一尺度，直到发生范式革命。纯粹个体的认识与群体的认识都是不存在的。这就使得人的认识过程既受个体认识方式的影响，也受群体认识模式的制约，甚至在某些条件、情境下，后者决定前者，这就是群体认识论和社会建构主义的基本立场。所以，知识据以成立的信念标准尽管是主观的，但并不完全是个人心理或意志的反映，而更多是群体认识模式、群体信仰或者说是群体俗成观念的反映和产物。它属于主观的，但不具有个体决定性。所以，一种观念能不能得到人们的相信和认可，最终取决于群体而不是个体。人类漫长的认识史和心智史不就是在一个个群体观念和认识模式的不断更替、变革、重构中实现的吗？人民群众最终是人类知识的创造者，杰出人物只不过是划分了人类认识的基本范式。

柏拉图的知识的三元定义产生于古希腊时期，但又跨越时空，尤其在西方认识论史上影响极为深远，成为后来研究认识问题的人不可绕过的界说。柏拉图的知识界定主要是针对西方认识模式及知识结构方式的特征而提出的，因此，理性的、逻辑的特征十分明显。当我们从民族人类学的跨文化视角考察这一界说时就会发现，它对以逻辑抽象的命题式思维见长的西方世界有更大的解释力，但对以类比、具象、感性为思维模式的东方人来说，也许难以界说和解释该种文化背景下人们认识世界和组织知识的方式，难以说明隐喻的、叙事的、直觉的、洞见的、顿悟的、意象化的诗性认识方式和知识话语方式的知识功能，也就难以诠释这些不是在西方认识标准下建构起来的"东方知识"在认识和创造新生活过程中的作用方式，最终难以描述人们传承和习得这类"非逻辑"知识的过程，从而表现出西方知识学说对中国本土教育理论解释的局限性。

当然，认识方式上的殊途并不妨碍认识目的的同归，以及认识过程的相通性。柏拉图的三元知识定义对建构和理解东方本土知识发生机制的启发在于其关于"信念"的思想。如果说柏拉图认为信念是"知识之所以是知识"的主观条件，且有约定俗成的"众见"的影子，那么，对于中国古代知识观的理解则要沿着这一路径开掘下去，深入探究不同群体认识模式、群体信仰、规范上存在的差异如何作用于个体思维方式、价值信念的形成，以及如何由此上升到意志层面，发挥社会功能。更为重要的是，中国人固有的认识上的特点，决定了东方知识的发生机制和特征是"可以神遇，而不可以目视；可以意会，而不可以言传"，这使得中国知识史上最有价值的知识多为人们神会而来，难以传递下去而为后人模仿，其结局必然是圣去道微。如果我们能从群体认识的角度探寻群体与个体认识的特点，基于东方人"感性、意象、隐喻"认识特性，搭建起个体认识与群体认识的沟通、转换和生成模式，那么就会实现最有价值知识的个体发生和群体传承，实现知识的积累与代续。

二、知识的基本类型

方法如工具，当人们使用不同工具于对象时，会制造出不同样式的物品来。认识方式与认识结果之间的关系亦然。当人们在诸如个体与群体的思维模式、个体与群体在认识过程中的关系、社会文化在认识过程中的影响等这些方面表现出不同特点时，知识也就会呈现出不同的特点，这就是知识类型。

(一)奥古斯特·孔德的知识类型和学科序列

孔德(1798—1857),法国社会学家,社会学创始人。与美英崇尚经验—实证主义的学术传统不同,欧洲大陆的学术研究更注重结构—唯理主义的风格,思辨色彩、系统化、形成化追求十分突出,表现在哲学、社会学领域则是流派众多、体系完善、命题丰富、范畴清晰。法国社会学家孔德在人类认识与知识领域的研究堪称是开拓性的,他提出的学科发展的序列说和人类认识的三阶段说及知识类型理论均具有范式性意义,成为分析知识问题的社会学经典遗产。

1. 知识类型说

知识是人类认识未知领域的产物,有什么样的认识方式就会产生什么样的认识结果。孔德从人的认识方式入手来划分知识类型。早期社会学研究的特点是宏观的、外向的。他认为,人类认识是在不断变迁中发展的,先后经历了神学阶段、形而上学阶段和实证阶段三种思维方式[①],相对应于每个认识阶段产生了神学知识、哲学知识和科学知识。因此,他认为,各知识类型与相应的人类认识方式的变迁都是线性的,后者顺次取代前者。所以,当今时代人类是以实证的方式生成科学知识,构成时代知识的主体。

知识类型说指明了课程建构应包含哪些知识领域,以充分反映人类知识的总体状况;同时也表明了课程知识的基本功能。站在实证哲学的立场,孔德的认识论指出了人类认识演变的大致趋势,分析了人类认识的超验的信仰要素、理性的人文要素和世俗的经验成分。就课程功能而言,课程的神学知识给学生以信仰,课程的哲学知识给学生以理性,课程的科学知识给学生以技能。这对于我们认识学校教育阶段或人生成长历程中"什么知识最有价值?"这一问题颇有启发。

2. 学科序列说

在此基础上,孔德又描述了科学知识产生的序列。他认为,各门学科的产生有着先后相继的逻辑顺序,最先产生的是天文学,接着是物理学、化学、生物学,最后出现的是社会学。而数学则作为百科之母,成为所有学科的基础,不与它们比肩。这个学科发生序列是孔德的"人类探究的旨趣指向物理、生理、心理、哲理"这一主张的自然结果,同时,也符合马克思主义哲学关于人类认识遵循从宏观到微观、从无机到有机、从低级到高级的发展规律。

学科序列说之于课程研究的意义在于课程科目分类和课程设置时序。正

---

① 人的思维有形式思维与实际思维之分,形式(思维)是长久的,(实际)思维是有时间性的。参见杜威著《我们怎样思维》,人民教育出版社,2005年,第49页。

是基于学科分类，学校课程科目才得以逐步明晰起来。在不同学段课程设置顺序上，依据文化时期说及复演说，遵循学科发展顺序与课程设置时序两者相一致的原则，确定了从低年级到高年级学校课程开设的基本安排。

但也正是由于实证哲学观的限制，孔德过分强调科学思维、科学知识在现代社会和个体发展中的地位，贬低、拒斥了宗教与理性的终极意义和认识价值。因此，在孔德的知识学说独步学界的同时，就一直回荡着不同的声音，其中对孔德学说尤为切中其弊的质疑者是德国社会学家马克斯·舍勒，他以极具洞见的敏锐，批评了孔德知识论的基本思想。但由于孔德学说的影响及范式意义过于强大，同时，舍勒的批评之见又由于出自"深刻的直觉"而缺乏"持之有故"的逻辑确证和经验证实，因此，舍勒的观点在以学术严谨著称的欧洲大陆学术界自然难以得到认同。尽管如此，舍勒的学说仍然处处闪耀着思想的睿智、深刻的洞见，以至于他当时做出的理论预见，如今正在自我实现式地被新理论与学说所验证。

（二）波普尔的客观知识论

从认识论角度主张世界多元的哲学家当推卡尔·波普尔，他的"三个世界"的思想已广为认识论研究者所认同，自然也广ောஆ争议。波普尔认为，从历史上看，人是自然（物理世界）的产物，知识（数学与科学理论、神话传说、诗歌、故事等）是人的产物。[①] 这里所说的知识包括集体认可和接受的符号产物，在很大程度上具有约定俗成的特点，因此，波普尔的知识论也被称为"约定主义知识论"。

由此看来，从物理世界到人的世界，再到知识世界，构成了"三个世界"发生的时间链条和历史序列。对于认识研究至关重要的不是这三个世界在时间上的先后，而是每个世界发展的自在状况。三个世界自在自主的发展状况产生了逻辑上（而不是历史上）相互独立的三个本体论世界：物理状态的物理世界（世界 1）、意识状态的精神世界（世界 2）和批判（讨论）状态的知识世界（世界 3）。[②]

第二节　课程领域的知识

知识最初是哲学的本土概念，后经学科分化进入了其他学科领域。不同学科对知识的研究与理解有自己的特点，这是知识概念的学科化改造。我们

---

① （英）波普尔著，舒炜光译：《客观知识》，上海：上海译文出版社，2001 年，第 164 页。

② （英）波普尔著，舒炜光译：《客观知识》，上海：上海译文出版社，2001 年，第 114 页。

上面介绍的两种知识界说及类型划分是基于哲学、社会学视角，它们在一定程度上为教育、课程领域的知识研究奠定了理论前提。但这不是说可以将它们与教育领域的知识理解二者之间画等号。我们清楚，任何一个概念或命题、范畴，只要被学科化，就会赋予学科固有意义，生长出本学科特性来。概念的成功移借也是如此。而且，作为认识对象的知识与作为教育材料的知识，其结构、属性、组织上均有不同。如何立足知识的原初含义，探究其在教育情境下的特有属性及生长机制，是教育学者必须解决的问题。

目前，在教学与课程研究领域，概念及其含义的移用情况十分普遍。直接将概念、命题从他域学科移用加文字替换就成了教育学概念，而不顾及此概念的学科差异，其后果便是概念界说不能反映问题的本质，给人以文义二分之感。本节简要说明与课程教学关系更密切的知识形式、心智特点，分析课程知识的学科属性。

一、课程知识的文化特性

这是一种从社会文化视角分析课程领域知识的方法。就目前人类认识过程中形成的学科及知识总体来看，社会文化属性是考察知识问题的恰切维度。一是因为教育内容的选择性的标准首先是价值尺度，而这一尺度又是社会文化的产物，二者有极高的相关性，教育内容或课程在选择上具有价值论色彩，尽管课程知识本身不尽如此。二是知识本身负载的特性之中可以区别为价值负载的与价值中立的，这是知识与社会文化条件的不同结合造成的。我们据此可以清楚哪些知识可以意识形态化，哪些知识不可以意识形态化。基于这两个特征，从社会文化维度分析课程知识是有其学科价值和合理性的。按照社会文化因素对课程知识生成与选择的影响，将学校知识划分为两类，即文化敏感知识与文化惰性知识，前者具有本土色彩，本于道体；后者表现出跨文化特征，崇尚器用。

1. 文化敏感知识

这类知识的形成需要一定的社会文化条件。社会情境和文化传统影响知识特性。这类知识满含价值色彩，具有鲜明的民族性格，体现一种文化圈或人文传统特有的历史底蕴。该类知识的形成、发展与演化过程，都敏锐折射着所属社会群体的文化变迁和传承取舍，它构成了一个民族历史或文明单元的遗传基质，代表着群属文化的本质。

我们要区别清楚，这里讲的文化敏感知识不同于社会人文知识，也有别于反映文化属性的一般知识。一般的社会人文学科并不都严格产生于必需的特殊文化环境，不必然赋有独特的文化地域特征。有些社会人文学科也是跨文化的、超种族的，这类知识不构成文化敏感知识，它带有人类普遍认识的基本特征。

文化敏感知识也有别于一般具有文化属性、反映文化特色的知识。文化敏感知识是那些由某一社会文化特质的最本质的核心要素构成的知识体系，它具有生成、传继民族文化的生命力和变异自我的更新能力，潜藏在文化内核的深层，并不总是锋芒毕露地外显出来，所以它受一个时代的意识形态、社会风尚的扰动较少，单从其本身不足以折射出那个时代的特定精神状况和社会状况。内核式的文化敏感知识外显并为特定社会文化情境加以时代化，致以经世治国，并从文化之道转变为化民之器时，就生成了一般文化知识。这类知识遗传了文化内核的基因，但又革新而反映当代社会价值观和精神特质，直接以"知识的力量"作用于人们改造社会的活动。因此，我们说，文化敏感知识构成了一般文化知识课程的价值内核，二者是核心与外围、一本与多元的关系，是道与器的关系，是体与用的关系。对一个民族来说，历史的更替，王朝的兴衰，意识形态有别，但文化核心如一，这就是文化敏感知识所体现出来的民族个性。在课程领域，以"五经""四书""十三经"为代表的经学课程是文化敏感知识的代表；而围绕其周围的宗教、哲学、人文与社会课程则可以看作是由其衍生出来的一般文化知识课程的例子。

2．文化惰性知识

文化惰性知识指不反映或不直接反映文化特性的人类认识成果，它们的生成、发展、变化不以社会、文化、历史情境为土壤和条件。文化的变迁与异同并不影响该类知识的建构和其效能的发挥。这类知识有较为淡薄的价值负载，常常以价值中立、主体无涉的姿态，彰显其客观必然性和普遍有效性。任何强加于其上的价值功能和意识倾向，都被认为有碍于知识的客观本性和心智效能的体现。

文化惰性知识多以人的非价值的方面和心智领域、自然现象、社会现象为研究对象，探究存在于其中的普遍原理。社会文化条件被看作是浮现于表层的属性，不构成认识探究的对象，也不构成知识生成的条件。此论者坚信，存在一种放之四海而皆准的绝对真理，为所有文化情境下的人所共享。诸如数学、逻辑学、语言学，以及西方传统的经典学科"三艺""四艺"，均属于文化惰性知识。在理论上，如果说古希腊文明、伊斯兰文明、印度文明和华夏文明构成人类文明的四种典范的话，那么每种文明就各自形成了一套独立的文化敏感知识系统；而那些跨越文明界限、为人们所共通和共享的知识体系，就可以归之于文化惰性知识。

依据知识与社会文化的相关程度，将知识划分为文化敏感知识和文化惰性知识，这对于学校教育和课程设计的意义在于，正确处理课程知识的心智特性、社会特性及文化特性的关系，以便使不同课程类型和知识经验发挥其恰切的角色功能，建构有文化味道的课程。

二、课程知识的心理特性

随着以心理学、脑科学、语言学等为核心的认知科学的研究不断深入，在传统哲学认识论基础上，从科学角度研究知识问题，越来越成为教育研究的重要基础和实证支持。其中对教育发展影响最为直接的是心理学理论。课程组织和知识材料的心理学分析，为人们展出了另一幅不同于哲学认识、文化研究、社会分析的知识和心智发展图景，它从原理与机制层面描画了个体习得的知识类型及特征，成为课程经验选择、组织的直接科学基础。从个体习得知识的方式、知识经验的存储编码方式及个体心性体验来划分，知识有四种形态，对应着人们在认知领域、动作领域、情感领域和无意识领域的认识状况，由此在表征形式、心理基础、知识性质、习得方式、组织方式和教学模式上，均呈现出自有的特点。

1. 陈述知识

陈述知识是以语言符号为媒介，以叙述命题的形式表达的信息。作为人类特有的交流、记载信息的媒介，语言或表意符号是陈述知识的基本表征形式，所以陈述知识是人类特有的知识形式。自从人类发明文字并步入文明时代以来，人类的认识成果、种族经验就告别了口耳相传的原始方式，因此也使传载信息的工具发生了变化，即转向以文字为主要表达信息的符码，实现了经验的间接的历史传承和记录，是知识本身与生成主体的首次分离，其典型意义在于人类经验作为一个独立领域开始出现。我们今天留存下来的大部分知识都属于陈述知识，它构成了人类知识传承的主体方式。

陈述知识的提出与原理研究源自认知心理学理论，它主要借助于信息加工学说来探究语言文字等信息是如何在人的认知结构中获得编码、存储、提取、内化的。书以表言，言以明意。文字和语言是用以表言达意的媒介。腹有诗书气自华。诗书成志业，懒慢致蹉跎。一个人的发展是他读过的一切书的总和。治学立业者要"读万卷书"，就是要求人们要首先精熟"书本上的陈述知识"。但媒介符号的指称是有限度的，人们在讲话时常常有难以言表或词不达意的情况，这就出现了"书不尽言，言不尽意"的现象。这种"言传性"是陈述知识的本性，也是它的局限，因为有些经验是无法符号化、无法言传的。

知识既是思维的材料，反过来又是思维的产物。人类思维分为形式思维和实际思维两种类型。形式思维具有普遍的、恒常的、统一的特征，是超时间的；由此产生的知识表现出客观必然性和普遍有效性的特点，属于客观主义知识观。实际思维则是具体的、情境的、建构的，是有历史性的；其生成的知识表现出社会属性和主体建构的特点，属于建构主义知识观。① 人的这两种思维方式及其生成的知识类型是兼容并存的。就陈述知识的认识论属性来看，那些纳入教学系统的陈述知识大多是形式思维的产物，从而赋有客观必然性与普遍有效性，而成为"最有价值的知识"的代表。其中，客观知识世界（世界 3）尤其值得关注。

陈述知识的言传特征决定了该类知识的有效习得方式是觉悟，觉即是学，即觉知和领悟，要求学习者心神贯注地对学习材料不断、反复地感知，直至领会悟出其中的道理来，所谓书读千遍，其义自见。在课程设计过程中，作为课程资源的陈述知识，较为适合以逻辑秩序加以组织，形成课程文本。

知识的表征形式与传播方式是一致的。在教学过程中，接受教学是传授陈述知识的有效方式。这种教学模式既包括学生接受教师课堂上传授的教学知识，也包括学生通过阅读文本获得知识。而接受理论及接受美学所揭示出来的兴趣、效果、动机等认识规律，对于改进接受教学效果也是值得深入研究的。

2. 程序知识

程序知识是以意动为先导，以操作方式表达的信息。心因动作是程序知识的基本表征单元。程序知识的发生机理是在大脑中设定某一操作的支配程序，大脑以程序为指令操控效应器产生相应的行动，由此形成一个完整的操作系统，这就是程序知识名称的由来。诸如一些技能方面的动作要求等。由于程序知识靠操作来实现任务的完成，最终内化到认知结构中存储起来的也是一个动作定型，是按一定程序连贯起来的一套动作系统，不是一组信息代码，因此，程序知识的习得不可能通过言语信息的传递来实现。人们可以通过熟悉、记忆某一动作技能的文字描述、要求、要领，但要真正获得这一技能则必须作用于物理世界，通过亲自操作、自我感受，在操作中领会动作要领，即"熟能生巧"。

程序知识的提出源自行为主义心理学，尤其直接受启发于以斯金纳为代表的新行为主义学派。该派提出了与巴甫洛夫经典条件反射相比更高级的操作条件反射理论，揭示了动作技能形成的基本心因机制。我们都有这样的感觉，有些技能、技巧是说不清、道不明的，只有在亲自操作演练的情境下，才能自然领悟，却又说不出领悟的要诀，这就是程序知识的"意会性"。因为

---

① （美）杜威：《我们怎样思维》，北京：人民教育出版社，2005 年，第 66 页。

动作技能本身就不是以符号形式编码的，故难以言传。师徒相授，悟性为上，即言此理。

程序知识是实际思维的产物，且与作为心理过程的思维（即实际思维）密切相关，它的形成与操作对象、人的某些心理特性及完成动作的效应器有关，因此，它尽管表现出因人而异的特点，但操作程序可以形式化、模式化，而被运用于所有人；定型化是程序知识的基本特征。与物理世界（世界1）相互作用是形成程序知识的基础。程序知识的意会特征决定了该类知识的有效习得方式是试误，即尝试错误。程序知识表征于动作，但根源于心理。因此，程序知识必须以心理秩序加以组织，才能获得好的教学效果。以小步骤、及时反馈为特征的程序教学思想，可以看作教授程序知识的教学模式。

一般的心理学教科书上认为知识大体分为上述两类，可归入认知和动作两大领域。那么人类经验是不是仅此两类呢？我们认为，至少还有两个领域的经验是个体习得的，可与上述分类并存作为另两种知识类型，它们对应着情感领域和无意识领域。

3. 境遇知识

境遇知识是以亲历体验方式习得的信息，多以情感体验表征个体的心理状态。体验在本质上不同于经验，经验中更多显示的是知识的规定性，以及权威和传统的制约性。而体验则力图排除这些外在的干预，更强调个体化的精神感受。人们在探究世界的过程中，不仅获得了心智上的发展、动作上的操练，而且也产生了新的情感体验，伴随着情感起伏。情感记忆反过来促进了心智的加工与动作技能的完善。

主客体移情通感是生成境遇知识的机制。人类情感的发生与体验不是来自言语的描述、图形的表征，而只能产生于"情境的感受"。境遇之"境"，既指物境，也指心境，物境与心境浑融合一而为意境，即自然或人文之象在心灵中的美学投影。在美学上，"共鸣"现象的发生条件之一是作者与读者有着相同或相近的生活经历。这说明，情感的产生源自于主体与情境的直接移情感应。人们可以通过阅读游记、观看影视来欣赏异域的湖光山色，但言之所传者浅，象之所示者深，它终究代替不了"到此一游"所带来的心灵上的愉悦和感悟。此为主体与物境之遇所产生的情感体验，所谓"远途始悟乾坤大"。随着个人阅历的丰富、生活的磨炼，经历了世事的风霜、际遇的穷达，人的心境会发生相应的变化，此时对同样的事件就会生成新的境遇知识，此为主体与心境之遇所产生的情感体验，所谓"晚节偏惊岁月遒"。一种情感只有当你亲自经历时，才会有真正的感悟。所以说，"五岳归来不看山，黄山归来不看岳""曾经沧海难为水，除却巫山不是云"，这些由真实情境引发的情感上的巨大震撼是任何其他媒介无法实现的。中国古代历来重视这类知识的价值。陆游说："纸上得来终觉浅，绝知此事要躬行。"古人治学讲求"藏、修、息、游"，既游于心理世界，又游于现实世界；既重视"心骛八极"的思维想象训练，又重视以"行万里路"为体验的游学的价值；学问思辨，而后成于行。这些都表明，知识的内化、个人灵魂的升华不可以不重视亲历知识的"体会性"。

境遇知识的提出与人本主义心理学有关。该学说强调人的情感变化及情境营造对个体心理健康的影响。情生于境，情境影响认识、价值、态度。所以，教堂里才有虔诚，宗庙里才有庄敬，佳节时才有思念，客居时才有乡愁，这些都是人的心境产生于现实情境的表现。境遇知识无疑需要具体情境得以生成，是实际思维的典型知识形式。境遇知识主要反映人的情感领域，借由关照主观精神世界（世界 2），表现人的心境、态度、价值与信仰。一样的情景，两样的心情，情感体验是难以复制的。身处同一情境，不同的人会产生不同的心理体验；甚至同一个人也不能两次经历同样的情感状态。境遇知识是经由主体移情于客体、客体反作用于主体的双重建构而生成的，这使得此类知识表现出"意识流"的美学特征。

境遇知识的生成依赖于人与境的"相遇"，春夏秋冬的节序变化唤起人们不同的心理感受，文化传统的濡染造就人们不同的审美方式。因此，遵循自然秩序与文化秩序就成为组织境遇知识的基本原则。作用于精神世界境遇知识的体会特征决定了该类知识的有效习得方式是感悟。感于身临其境而有所发，体悟到生活、生命的真谛。在教学活动中，以营构情境激发学生情感体验，由此联动学生其他身心品质发展的情境教学是习得该类知识的教学模式。而在活动课程中，对境遇知识教学设计的关注也是考虑到学生体验知识的习得情况。

4. 内隐知识

知识的习得总是和存储记忆相联系。但事实上，遗忘或不能提取也是习得知识的一种方式，这类知识就是内隐知识。

陈述知识、程序知识和境遇知识都是主体意识得到的、可预知的，可以按照大脑指令随时提取或再现。这些知识习得与否主体有明确的感知，它们位于意识层面。传统教育测试也主要测查的是这些知识的掌握情况。

内隐知识则有所不同。它是位于个体无意识（潜意识）领域的、曾经加工过或尚未加工过（以原型方式遗存下来的集体无意识）的信息。目前尚未知道它的信息编码方式有何特殊性，但在提取方式和信息容量上不同于上述三类知识。

内隐知识的研究源自于精神分析学派的无意识理论，方兴未艾，高歌缓进。按无意识理论，人的心理系统分为意识和无意识两个领域，前者处于表层，后者处于深层。意识领域的存储容量仅占整个心理容量的八分之一，其余八分之七均属于无意识领域，二者比例恰好等于水上冰山与水下冰山体积之比，这就是著名的冰山理论。可见，个体习得的信息大部分位于无意识领域，而我们记住的、受意识控制的、传统测试测评的知识只是冰山一角。这使我们得出这样几个推断：(1)个体认识过程也许不存在遗忘，只是习得信息进入了无意识领域，一时难以提取；(2)个体行为更多来自无意识的支配；(3)心理无意识机制的形成和进化是个体心理自我防御和保护的结果；(4)信息的深度加工是在无意识领域完成的；(5)内隐知识是无法言表、难以名状的，悟道不需言，"言之则失其常，名之则失其真"；(6)创新与发明多来自内隐知识。

从知识与思维的相关属性来看，内隐知识既反映了人类普遍具有的形式思维能力，也要求主体在自我认知水平、心理状态基础上实际思维的参与，才有可能实现。由此内隐知识是人类运用形式逻辑思维与心理过程的实际思维的共同产物，表现出客观必然性与主体建构的双重认识特征。内隐知识的效能常常表现为突发性。它的习得过程是缓慢的，有赖于对某一对象持续不断地专注、冥思与默想，潜移默化，而后以一种心有灵犀、豁然开朗、"涣兮若冰之将释"的状态涌现出来。温故而后知新，指的就是这种状态。内隐知识的这种"默会性"在直觉思维中通常以灵感、颖悟、顿悟的形式迸发出来，恰似鲤鱼一跃而出，转瞬即逝。

"知者不言，言者不知。"尽管内隐知识不受主体意识的控制，习得与否人们不可预知，但遵循它的"神遇"特征，以急中生智、头脑风暴、发声思维等外显方式，还是可以激活沉潜在无意识层面的内隐知识，以便提取调用。

此外，那些支配人们自动化行为的技巧，那些主导人们日常行为方式却又不为个体意识到的"日用而不知"的知识，均带有内隐知识的特征。所谓"鱼者，生于水而相忘于水；脱于渊而相濡以沫"，学比鸿儒，却"从心所欲不逾矩"的圣哲，都是达到了内隐知识与外显知识融会贯通、运化无迹的境地，似乎已经隐喻了外显知识与内隐知识的某种内在联系。

如果说"言""象""意"分别对应着陈述知识、程序知识和境遇知识的话，那么，"道"则体现了内隐知识的本质，"忘言""忘象""忘意"也就是"得道"之内隐知识的基本特性。"君子之道费而隐"(《礼记·中庸》)，所以说，大道不器，日用不知，太虚至极。这些表征不为外物所累、不为知识所约的"移情忘我"状态的"道"之层面的内隐知识，是人类学习的最高境界——不知而无不知。

　　王国维在《人间词话》里说："古今之成大事业、大学问者，必经过三种之境界：昨夜西风凋碧树。独上高楼，望尽天涯路。此第一境也。衣带渐宽终不悔，为伊消得人憔悴。此第二境也。众里寻他千百度，蓦然回首，那人却在，灯火阑珊处。此第三境也。"王国维的"三境界"的治学之道，同样可以用来隐喻内隐知识的习得经历。"望尽天涯"的心有所向，为学习的第一境界；"为伊不悔"的心有所思，为学习的第二境界；"蓦然人在"的道有所得、意有所忘，为学习的第三境界。

　　内隐知识的习得机制尚不清楚，但心向与神往、预知与冥思、惊奇与豁然的顿悟过程，以致汇通其意而达知其味，应当有利于内隐知识"自我期望"式的实现。经过训练的大脑，是最安全的铭刻人类知识的石碑。[①] 在课程开发领域，内隐知识是大有可为的，它的课程组织原理一旦突破，那意味着占人类知识的八分之七的经验将为个体所自由控制，我们头脑的可控信息容量也将扩大七倍。

三、有效课程知识的基本特性

　　课程知识是指纳入学校课堂教学或进入学校课程体系的法定知识。它要反映人类知识的总体状况（即宗教知识、哲学知识和实证知识），涉及超验领域、人性领域和社会领域，包括信仰要素、人文要素和世俗要素。关于"什么知识最有价值？"的命题论争纷起，使之成为信息时代课程设计者必须首先回答的问题。事实上，这既是一个认识论问题，也是一个价值论问题。因此，回答的视角也相应有两种：知识论和教育学，二者并不总是一致的；也就是说，有认识论价值的知识不一定有教育学价值，反之亦然。综合而言，从课程角度分析，知识的价值取决于内在价值、外在价值和比较价值，大致反映了知识的心智功能、社会功能和发展功能。

　　韩愈集前人之说而成"传道，授业，解惑"的师说观，最为恰切地阐明了教育的本质。解惑使致知，授业使能事，传道使存志。三者构成了一个人当下、未来和终生的历时段教育生涯过程，其旨在于寻求终身之知、适己之事、不渝之志。由此来看，课程也应当具有相应的三种属性：满足个体认识需要的认知属性（为知识而知识），满足个体生存需要的职业属性（敬业能事），满足个体成长需要的发展属性（核心课程）。

　　就课程设计而言，单独一门课程很难全尽有效课程知识的所有特征，而或取其一个或几个特征，突出体现出课程的功能定位与特色。回顾课程教学

---

　　① （法）卢梭：《爱弥儿》，北京：人民教育出版社，2001 年，第 244 页。

理论发展史，我们可以清晰厘定出有影响的课程教学论流派所追求的独特个性，简要概括如下：

第一，价值性。体现课程知识的美善价值。百教善为首，知识即美德。水生木，智生仁。所以，怀仁之智才是既美且善的上智。

第二，理论性。体现课程知识的学术价值。为知识而知识本身就是快乐的，足以陶冶人的心智和性情。所谓学而说（悦）乎，友而乐乎！认知惊讶与高峰体验等都是获得新知给人带来快乐的表现。这类知识本身具有在发展个体心智、促进人类整体智慧积累上的价值。人们习得了这类知识，可以更有洞见力、更智慧地认识世界。古典主义教育哲学尤其看重课程知识的学术特性，将之视为人类获致美善人性必需的人文素养。

第三，基础性。体现课程知识的发展价值。这类知识是个体日后持续发展的前提和资源，发展价值为个体身心健康成长及其美善价值观的养成奠定了基础和条件。德国范例教学理论追求课程知识的基础性、基本性、范例性，强调课程对学习者的发展作用。

第四，难度。体现课程知识的思维价值。这类知识注重发展思维方面的认知价值，使知识选择指向学生的最近发展区、保持认知张力，具有引动个体心智走向高级水平的动力。苏联赞科夫的发展教学论提出高难度、高速度、理论知识主导、促进学生一般发展等原则，是追求这类课程特性的代表。

第五，结构。体现课程知识的迁移价值。这类知识重视知识的转换、建构、生成个体经验、并运用于新情境的价值，达到思维大于内容的教学目的。结构化的知识具有提取、生成、迁移的特性，结构化程度越高，其迁移效能也越强。只有将习得的外在知识内化为个体自身的认知结构，并为知识的转换生成奠定基础，适时实现知识向新情境的迁移、运用，才能转化为个体的问题解决能力。布鲁纳的结构课程论尤其强调课程设计中必须体现学科的基本结构，教学过程也务必使学生发现、掌握学科的基本结构，以达到以简驭繁的目的。

教育领域针对知识问题的系统研究还很薄弱，没有建立一种以专门的教育知识世界为研究对象的理论框架。大凡现在关于教育知识的讨论，或是立足哲学认识论、科学认知论，或是相关学科观点的移借、翻用，从而模糊地将人类知识世界与教育知识世界看作是两个彼此同构的领域。实则不然。

第三节　课程目标与知识类型、智力结构

课程设计者或教育决策者对课程实践及其结果的预期和规划，就是课程

目标。课程目标是国家教育方针、教育目的在课程领域的具体化，它在理想层面表明课程实施的效果。课程目标由于是借助课程这一媒介通过教育实践过程而达成的，而课程又与人类知识、心智结构有密切的关系，因此，我们在考察课程与知识的关系时，就不能不分析课程目标、知识类型、智力结构三者之间的影响模式和作用方式。在一定意义上说，课程目标、知识经验和智力发展构成了课程研究的主体领域和核心范畴，因为大凡课程理论都必须回答"培养什么素质的人？"的问题，"什么知识最有价值？"的问题，"人的心智发展规律"的问题。

一、课程目标分类及其反映的知识观、心智观

课程目标直接规定了课程实践过程中接受教育的人所应该获得的素质要求。既然人是课程直接指向和作用的对象，那么人的发展问题自然是分析和设定课程目标的参照。在第一维度，课程目标必须反映、刻画人的心智运作水平。因为人的智力能力表现在两个层次上，初级层次包括知识的简单加工，如习得、获取。从教学角度看，这仅是知识从教师传递给学生的过程。我们把知识的量的迁移阶段称作心智发展的"表述水平"。高级层次的智力发展是对知识的深加工，并融入了个体的智慧，从而实现了知识的质的变化，生成了有个体思想的新知识形态。从学习角度看，这是知识的改造、创造过程。个体创造力得到培养，创新精神和思维品质在这一阶段得到发展。我们把知识的质的创生阶段称作心智发展的"创作水平"或"讨论与批判水平"。个体的智力发展和心智成长就是在"述"与"作"两个层次往复运作而渐次进步的。

课程目标体系的第二维度(纵坐标)必须反映课程目标所包括或指向的身心发展领域，即要实现人的身心哪些方面的发展。由于关于人的发展及身心含义的学派观点各有同异，因此，人的身心发展哪些方面是课程设计必须密切关注、必须达成的领域，多有分歧。

按照通常理解，人的身心发展是一个系统、有机的过程。身心的结构特性决定了人的发展绝不可能以重点代全面，以一隅统全局。也就是说，尽管身心某一方面的发展会引带其他方面的协同向前，但不可否认身心不同领域的发展具有相对独立性和自有逻辑。这样可以将人的发展大致划分为生物发展、心理发展、社会发展三大领域。生物发展有赖于种系与遗传，心理发展有赖于个体与族群，社会发展有赖于历史与文化。这三种发展水平都有最优发展所需要的知识类型，也对应着评价其发展程度的广义智力结构。课程目标必须正确描述这三个发展水平的特性，并设计出与之相匹配的知识形式、智力结构，才能使课程体系实现内容、形式、目标的统一。不要犯以不恰当

的知识发展不对应的智力、达到不可及的目标的错误。目标、知识与智力最优化匹配规律告诉我们，课程目标必须在三者协同的前提下才有可能达成。至此，我们大致建立了一个二维平面直角的课程目标体系：横向发展维度的三种水平与纵向心智发展的两个层次，形成的矩阵可以表达六种发展范型，细化为多种具体形式，基本可以刻画出一个人的基本发展面貌。

目前，单纯就课程目标分类的研究还没有影响较大的理论出现。本杰明·布卢姆的教育目标分类学是这方面的系统探索，在理念上基本体现了上述课程目标的分类思想。下面我们结合智力理论解析、评述布卢姆教育目标分类学的课程价值及其局限。

(一)布卢姆教育目标分类之解析

布卢姆的教育目标分类格局也大致建立在一个多维度的框架上。尽管他本人只完成了认识领域的目标分类，但相继由哈森等人完成的情感领域、心因动作技能领域的目标分类也贯彻了布卢姆的基本分类思想，从而最终形成一个教育目标分类的完整体系。该分类体系的原则是依据两个维度，构建多领域、多层次的个体发展状况的描述指标，以此描写课程据以期望的人的素质特征。在横向上，把人的发展分为认知领域的发展、情感领域的发展和(心因)动作技能领域的发展；在纵向上，把人的认知层次分为知道、理解、运用、分析、综合、评价六个水平。

1. 认知发展的六种水平

个体获取经验的效果由低到高依次是知道、理解、运用、分析、综合、评价。为了便于讨论，我们暂且搁置布卢姆本人赋予此六个层次教学目标的原始内涵，而从"述作"理路解读其意义。

> 知道：清楚此类知识的存在，所谓知其然，能在再认水平上识别这类知识，并不完全要达到回忆水平。就人类基本生存能力而言，许多认识领域的获得只需达到识记、再认水平即可，据此也就具备了个体后续发展的基本条件。而学校教育中普遍运用的检测学生学习效果的纸笔测验，则多为在回忆水平的检测，有不切恰之处。例如，就"杠杆原理"这一知识点而言，"知道"这一层次的教学目标表现为，学生处在此类问题情境下，懂得动力与阻力的反比关系。

> 理解：领悟、明白此类知识的原理与规律，所谓知其所以然。理解和领会的意思是能够把握已获得的知识的各个部分彼此之间的关系，这需要反省思维才能达到。[①] 例如，就"杠杆原理"这一知识点而言，"理解"

---

① (美)杜威：《我们怎样思维》，北京：人民教育出版社，2005年，第71页。

这一层次的教学目标表现为，学生领悟了之所以动力与阻力之间存在反比关系，是因为二者之间的函数关系。

运用：将此类知识应用于解决实践问题，有人学以致用，有人学而无用。运用知识的前提条件是理解知识，而迁移的共同要素理论要求人们必须熟悉知识与应用情境之间的内在联系，才能将知识应用于问题解决当中。例如，利用杠杆原理于施工、搬运等机械作业。

分析：利用个人的知识水平，对知识进行逻辑理性解析，客观指出其优点与不足，为知识的证伪寻求科学的、逻辑的支持，为新知识的发现开辟道路。因此，分析目标属于认识论评判的过程，切忌主观涉入，倡导价值中立。例如，就"杠杆原理"这一知识点而言，动力的节省与移动距离的增大是杠杆机械的长处和不足。

综合：将个体习得的知识，个体自己的认知结构整合，生成新的更高级、精细、丰富，更模式化的认知结构，实现个体认识发展的跃升；同时，将独立、个别的知识内容与更广阔的认识世界或客观知识世界整合起来，实现知类通达，所谓大道至简，智者不博。就"杠杆原理"这一知识点而言，可以引导学生将物理世界的规律推延到社会与人生领域，引类出天地万物存亡生息的相反相成的辩证思想和宇宙法则。

评价：最能体现个体主观意愿和价值倾向的教学层次目标。所谓评价，即是建立在对某类知识的自我理解和主体诠释基础上，运用个人的思维能力，对知识的主体评定与价值判断过程。由辞得意，在乎人焉。因此，评价目标属于社会学或价值论的评判范畴，是最具社会学和伦理学意味的教学层次。其价值判断过程务求充分调动个体主观批判能力，以情感渗透、价值关涉的视角，超越逻辑与客观理性的层面，对知识问题做出具有价值论评判意味的论断。就"杠杆原理"这一知识点而言，尽管该知识本身不带有价值色彩，但由其推究出的社会现象和社会问题，是可以进行价值论和社会学分析的。例如，经济学领域的价格杠杆、经济杠杆等理论与计划经济、市场经济理论的评论，就不可避免地关涉社会学分析和价值评判。

这六个层次的认知水平表明了个体掌握知识的程度，也表明由于获得知识而达到的心智发展程度，这六个层次表征了两种发展形态，即个体表述水平的认知与创作水平的认知。

表述水平的认知阶段是指个体仅仅使知识经验实现了从外界接受过来，

成为自己认知结构、认知资源的一部分，在量或质上都没有改变。包括知道、理解、运用三种形式。不论哪种形式，都只是实现了知识经验的主体间的信息传播。知道是经验的初级编码，是简单的识记；理解是深度编码，转换为自己的认识结构；运用是信息的提取，把吸收的新资源变成自己的认知资源，实现首次迁移。"知识还是那个知识，经验还是那个经验"，"述而不作"是认知表述阶段的特点。

创作水平的认知发展阶段则是在表述阶段获取新的认知资源的基础上，融入了个人的智慧和见解，注入了生成新认识、新思想的元素，从而既改造了自己的认知结构，也产生了新的认知模式，为实现新思想的生成，使知识实现从量到质的转变奠定了前提，包括分析、综合、评价三种形式。不论哪一种形式，都需要主体有清晰的批判分析精神，以自己的智慧评判他人的智慧，这是创生知识之萌芽。主体此时的角色已经从"奴隶"变成了"将军"，他不再按别人意志，而是按自己意志行事。分析是解码的过程，综合是再构的过程，评价是证实或证伪的过程，都是创造发生的前奏。"述而后作"是这一阶段的特点。

2. 心智发展的三个领域

在人的发展这一维度，布卢姆划分出认识发展、情感发展、动作技能发展三个领域。尽管他没有以生物发展、心理发展、社会发展的术语来表述，但我们也可以据此来解读布卢姆的发展学说。认知、情感、动作技能的含义与心理科学对身心发展的阐述是一致的。

3. 布卢姆的目标分类学表现的知识观、心智观

总体上，布卢姆提出教育目标分类学的时代正是认知科学思想主导教育研究的时代，当时的教育理论都有强烈的认知取向也就理所当然。目标分类学实际上也是认知科学理论在教育研究上具体运用的成果，这使布卢姆的分类学思想有鲜明的认知色彩。重视知识获得，重视认知发展，重视认知对非认知能力的统引作用，都是他的理论取向。

在他的六层次划分中，知道、理解、运用更多指向陈述知识领域，分析、综合、评价更多关注由知识习得而实现的心智发展领域，可见他主张知识有利于心智发展。

在他的三个领域划分中，认知领域处于发展首席，统领情感领域与动作领域。他不仅认为情感等非认知心理品质的养成需要认知发展的引动，就是动作技能的习得与定型也是认知能力控制的结果。某一动作的完成，某一技能的获得一定有其认知上的动因和前提条件。故他把动作技能又称作"心因动作"。可见，知识的心理资源及心智发展价值是弥散于人的全面发展的全程之

中的。

(二)简评

布卢姆在认知科学成果基础上构建起来的目标分类体系较全面地反映了人的认知发展状态，为教育及课程目标的设计提供了指南。目标的创建和维度划分清楚地说明了人类发展的基本领域，可谓纲目清晰、准确、有创见，但有几个方面有待分类理论进一步探究。

分类学主要描述的是个体发展评价指标，有待就群体发展、人类发展及生物发展建立相应的分类指标，构建终身教育的目标分类系统。分类学以知道、理解、运用、分析、综合、评价为衡量个体认知发展层次，但从发展的个体优势、个体差异来看，应当采取多元的评价指标，毕竟不是每一个体都可以达到上述六种认识发展水平的。人生设计各异，则有圣者论道、智者创物、巧者述之之别。个人天资有别，教育功用则在于美质者以开其心，愚钝者以别禽兽、知人伦。人的先天资质和生活取向决定了其最优的发展形态。凡是使自身优势和潜能得以充分展现的成长模式，都是最好的发展。

分类学时代，陈述知识与程序知识被看作两个知识类型，致使教育目标的设置忽视了境遇知识和内隐知识的习得和发展价值，后两类知识需要不同的评价方式。这使得布卢姆的教育目标分类学有明显的"课堂"色彩。分类学尽管一以贯之的思想是认知取向的，但缺少三个领域间的整合及共同心智基础的探索。因为情感发展和动作发展都可以从智力理论层面给予更深刻的人类学阐释。人的情感与动物的情感有别，因为人有智慧；人的动作与动物的动作各异，因为人有心性。因此，我们通常区隔出来的认知与非认知、智力与非智力其实存在互相共享的心智基础。从全息的视角，寻求人类发展的智力基础，提出一个可以涵盖人的多方面发展领域的智力模式，这就是多元智力理论。

二、智力结构与课程目标的优化

(一)智力的一般含义

智力及其结构的研究也许是最具有核心意义的。传统上，把人的一般认识能力，即在进化过程中形成的、一般人共有的维持基本生存必需的能力，看作智力，在结构上有一元与多元之说。就教育目的及课程目标而言，人们向来将智力发展看作教育教学的首要任务，也由此把个体的智力发展水平看作是其学业成败的首要指标，智力或心智取向成为课程目标设定的主要导向。由于传统上智力仅表征人的一般认识能力，诸如感知能力、记忆能力、想象、思维、创造力等，这样就使智力反映的心理品质十分狭隘，而把与个体认识能力有关的其他心理素质排除于智力研究之外。

(二)多元智力理论

20世纪认知心理科学成为心理学研究的主流。人们对智力的理解已经有所扩展，丰富了智力的内涵，但真正把智力概念扩展开来，成为系统化学说的还是加德纳多元智力理论的提出。

霍华德·加德纳，哈佛大学心理学教授。在《智能的结构》一书中，加德纳首次阐述了多元智力理论。该理论的创新表现为，它认为人的多种心理品质和机能属于智力范围，至少可以寻求其生成的心智基础；人的智力是自然进化的结果，在这一过程中智力开始逐渐分化，由一元变为多元。多元的各种智力是相对独立发展的，有各自的进化机制和形成原理，但由于其是后天分化的结果，故多元智力间又是相互联系的。加德纳提出了人的智力的七种结构。①

1. 言语智力。人们习得语言、运用语言交流的能力。有性别差异和智力发展的关键期。

2. 逻辑—数学智力。个体对概念、命题的推理，对空间形式或数量关系的判断能力。

3. 空间智力。主要指人的空间感知能力，尤其是空间知觉的发展，诸如定位、方位辨别。

4. 音乐智力。人对声音、韵律的敏感性。

5. 运动智力。人对动作、节奏的协调能力和感知力。

6. 人际智力。对他人的认知，对人际关系的理解能力。

7. 自省智力。对自我的认知，对他人评价的主观判断能力。

智力结构的多元学说并不肇始于加德纳，此前的三元说、四元说均是这方面的例子。那么为什么单单多元智力理论的提出成了令人耳目一新、旋即成为风靡学界的理论呢？这里一方面得益于时代风尚的推动，人们早已厌倦了对智力的狭隘理解，但又不肯放弃对人才标准中"智力"这一颇具解释力的术语的钟爱，因此，迫切需要一种对智力的拓展解释；也由于与先前智力结构诸多理论相比，加德纳的学说更为全面地反映了人的发展概况，汲取了认知心理学的观点，而且与教育理论的联系更为紧密，这样就使该理论很容易迁移到教育理论与实践之中，发挥它的指导效能。总体上看，加德纳的多元

---

① 1983年加德纳提出七种智力理论，后来又提出第八种，但他在后期的著作《多元智能》(1999)中，也只提了七种，似乎他对第八种智力有不同看法。我们暂且以七种为准。

智力理论的课程学意义体现为以下几方面。

第一，涵盖了个体发展的三个领域，与课程目标的分类法则和指标体系相吻合，易于发挥优化课程目标的作用。七种智力成分反映了认知发展、情感发展和动作技能发展三个领域，恰与布卢姆的教育目标分类相对应，言语、逻辑—数学智力属于认知领域；空间、音乐、运动智力属于动作技能领域；音乐、人际、自省智力属于情感领域。在课程属性和设置上，中西方经典课程门类已经表现出对人类多元智力发展的关注与自觉，诸如五经、四书、三艺、四艺等，其智力发展功能已经涵盖了多元智力的若干领域。

第二，打破了传统关于非认知能力的看法，而把诸如音乐、运动等技能和人际、自省等非认知领域看作是有智力基础的，并归之为一种智力形式，扩大了智力范围，整合了传统的认知与非认知领域，描写出一个广义的智力概念。诸如道德、情感、意志等个性的形成也许存在智力方面的基础，使人们进一步深刻理解认知与非认知发展二者之间的关系，也为探讨人性论等哲学问题提供了科学视角。

第三，智力的多元发展与智力的优势发展同样标志着个体的充分发展。既然七种心理成分都属于智力形式，那么其发展程度、后天所能达到的水平就具有先天遗传特征，而不完全取决于后天训练。因此，大多数情况下，智力的一元或多元具备更好的先天资质，又由于职业角色的需要，获得了充分的潜能展现，这同样表明该个体已经实现了个性的充分发展。"知者不博，博者不知"，这为我们设计最能体现个体智力特点和智力优势的个性化课程目标提供了依据；同时，多元智力理论也为学校里学生评价及社会上人才内涵与标准的多样化提供了科学基础。术业有专攻，百行各乐其业，百工各显其智，不仅是人际智力优势的互补，也是社会资源的共享。

第四，智力各成分的相互联系也告诉人们，过度片面地发展某一方面能力，其结果可能是欲速则不达。优势智力的开发必须建立在其他智力所提供的必要的认知资源基础上，这为教育目标及课程目标的设计必须体现出全面性提供了理论参照。现实中常常会看到，杰出的自然科学家往往具有深刻的人文思想素养；出色的艺术家也常常具备缜密的逻辑思维能力。因此，深刻的片面是建立在融会贯通的全面之上的。

第七章　课程与文化演进

人的教育过程也就是人的自然本性与社会品性逐渐显现，并在新质的基础上逐渐吸收内化为新品质的过程。在这一过程中，人类种系千万年来进化过程中积累起来的生物特性以种系遗传的方式传递下去；代代薪火相沿的社会价值、规范、思想信仰以制度或非制度化的学校教育方式加以传承；在新的社会生活和自然实践过程中，人的主体力量作用于自然与社会，使之代代产生着前代不曾出现的新事物、新特征，这些反过来内化凝聚于人的精神意识之中，为人类增添了新的自然品性与社会品质。因此，人类的发展历程是一个展现自然潜能、显现历史品性、凝结社会品质的过程，由此，人的教育过程也就具有了自然、历史、社会特征。人的自然本性、历史积淀和社会品质整合起来形成的人的价值信念和生活方式就是文化。就这一意义上说，文化是人的多元属性的复合体，它的形成过程和表现形式也是多领域的整合结晶。

课程之于文化，亦如教育之于文化。从人文发生学角度来看，课程孕育着文化的初始胚芽，它是文化得以实现内化、再内化的物质和精神媒介。课程只有满赋人类文化的有生成力的元素，才能通过教育活动，实现人类文化的初级传承与内化，经过文化再内化，具有指导人的生活方式，最终实现改造、重建社会精神特质的使命。

第一节　课程讨论的文化视角

课程领域的讨论，在历经数个世纪的蛰伏期之后，终于在 1918 年迎来了自己的学科合法性。1949 年，课程研究最终确立了自己作为学术家族一员的合法身份，一直到今天。

从现在起上溯至史前文明时期，课程讨论的主题历经时代而不变，但课程讨论的视角与方式却在时移世易、物换人移的历史变迁中交相更迭。当课程讨论的视角或参照框架相对成熟，且课程学科及讨论赢得了学术研究的身份认同时，课程讨论的视角或参照框架也就变成了今天所说的研究范式。

本节之所以标以"课程讨论的文化视角"，意在表明，在文化框架和理论观照下，课程问题的探讨还只是肇始阶段，不称其为研究，也没有形成相对公认的、有较强解释力和统摄力的命题、理论，没能找到一个可以在更高层次上统整课程的基本问题域、进而形成更概括、更简约的新范式，此种分析只是课程研究者思考课程问题的文化视角。

当今，在传统课程研究的神学范式、哲学范式、心理学范式、语言学范式和社会学范式之外，一股文化思潮正走入课程研究者的视野，这就是课程讨论的文化视角的兴起。事实上，从文化角度审视课程问题，不论在理论上还是在实践上，与其说是兴起，不如说是复归。我们知道，作为一种人类特定境遇下发生的种系演进活动，教育最早是以口耳相传的形式，保留、传承族群礼仪、祭祀、图腾、信仰、规范、宇宙观、风俗等生活方式。这些生活内容、思维观念的传承与养成或以亲历形式，或以符号媒介，归根到底都是在保持一个族群固有的、最适合本族延续下去的生活状态，这就是教育最初的本土文化职能。因此，课程的文化特性是课程或教育最久远的、最能体现本土古风今韵的特征。人类教育步入现代社会之后，人们以理性智慧而自居，以改造自然万物而自豪。当人们以拜物教式的热情重建科学知识，重构图腾崇拜时，课程的文化功能正在渐渐凋落。人以文而化，古今之道；课程无文，人何以化？教育质木，道何以彰？

当今，文化视角的课程讨论以三种方式对课程理论与实践问题给予关注。

一是文化学视角。这是最传统的、最本土的研究视角。最初，文化是人类学家们研究原始社会生活状况及史前文明演进规律时创造的术语，是构成文化人类学核心概念的词汇之一；后来，由于文化概念强大的包容性和解释力，文化一词被广泛迁移到其他学科，并衍生出众多探讨文化问题的专门学科。文化人类学或社会人类学主要关注的是史前文化状态，后来也开始以初期建立起来的理论模型和研究范式，探究现代文明社会的文化现象。

文化学大致关注文化产生的社会条件、文化的构成、文化的个体和群体特征，文化演进的规律，文化与家族、社会、民族的关系，社会形态与生产方式对文化的影响，等等。总之，早期文化学理论与研究领域大多以社会观念层面和精神信仰领域为研究对象，与"文明"这一概念所指不完全一样。

文化学之所以引起教育学者的兴趣，既有理论旨趣方面的原因，也有教育实践要求方面的原因。就理论发展而言，课程研究历史表明，课程理论的每一次危机和革命性进步，而后诞生新的课程思想，迎来课程理论的新生和课程实践的生机，无不是由于新的观察视角的介入，使他域学科的思想成功借用于分析、构建课程理论，从而实现了课程理论发展的范式转换。时至今日，课程领域的研究又进入了理论"高原状态"，表现出理论之于实践的游离乏力状况。尽管语言学、社会学研究范式曾经相继使课程研究一度勃兴，但由于语言学范式本身固有的弱点——重视心智特性、忽视价值理性、社会学范式的矫枉过正——有重蹈改造主义覆辙的风险，二者的出现并未拯救处于危机之中的课程研究，也并未引发课程研究的革命性进步。因此，从科学理论发展的范式转换周期律来看，自从1806年赫尔巴特实现教育研究从哲学到心理学范式的转换至今，课程研究仍处于范式转换的酝酿期。

我们知道，文化学思想进入课程研究者视野，成为新范式的起点并非偶然。从史前文明直到现代文明，虽历经社会形态的更替、文明类型的流变、生产方式的变化、人们的认识方式与思维方式的进化，以及人类知识类型的演变，但主导人类生活方式、生存状态直至人们精神信念的文化系统的发展逻辑，仍然有规律可循。而且我们发现，尽管文化演进表现出社会印迹和时代特征，但人类的心理往往对某些根本的文化信条虔信不移。越是在背离人类核心信念的社会发展曲折时期，人们越是集体无意识地表现出自觉的文化回归心向和寻根意识，并常常以周期性的怀旧情结表现出来。这并非表示人们对此在的生活境遇有什么失落与迷失，而是潜沉在人们心灵深处、源于千万年前史前文明时代形成的无意识文化冲动在起作用。据此，我们有理由相信，借助于人类文化学的思维方式和理论成果，或许可以找出现代社会的文化病因，拯救现代生活的文化困境，医治现代人心理上的文化迷失。对于建构新的课程理论、实现课程实践及教育实践的成效，进而塑造真正体现人类文化本性的社会精神特质的课程而言，文化研究是一副有效的疗救药方。

在课程实践方面，教育改造人性、塑造灵魂的功能正在悄悄丧失，代之以社会失道、心理失范的现实困境。既往的课程理论难以回答这些问题，自然也拿不出良好的妙方医治教育与社会之痛。同时，随着经济的全球化与信息的全球化，随着生活于不同文化圈的人，借助共有的平台上实现现实或虚拟的人际交往的日益频繁，使得持有不同价值观、道德信念、思维方式的人们日益受到交往障碍的困扰，乃至发生观念冲突，这些都可以归之于文化区隔条件下的文化碰撞使然。如何解决这一问题提到了放眼世界教育者的案头。文化不是一个哲学范畴，也不是心理学、语言学、社会学可以解决的，生逢其时，人类学家也许到了独领风骚的时候了。

人类在地球上漫长的生存历史中，史前文明大约占了99%，而人类的文明时代仅有短短一瞬，这相当于漫漫黑夜之后的黎明前的几分钟。所以，今日人类社会的文化状况和人的心理特征，必然是人类漫长进化史上的最切近的延续。文化学最初以揭示人类史前文明样态为旨趣，它所建构的理论成果必然对当今社会的文化发展有所裨益，这是以文化学视角分析当今课程现象的理论有效性所在。

二是文化哲学视角。文化现象尽管创生于人类学，但后来不同学者从各自学科视角来研究文化问题，逐渐形成了文化研究的多个分支，文化哲学就是其一。文化哲学既是研究文化的哲学，也是思考哲学的文化学，它是以哲学方法论和理论范式研究文化问题，考察、探究诸如文化本质、结构、文化与社会的关系，文化与人的关系等问题。由于文化本质上是人的思维与认识的产物，而哲学又以研究人的认识问题为核心，因此，文化与哲学有着天然的学科姻缘。文化是负载价值的。文化哲学视角不为以经验实证取向的西方（美英）学者所推崇，其流行地域多在东方文化圈内。文化哲学本身也是一个尚在发展的探索学科。与上述其他两种文化视角相比，文化哲学的学科理论积淀尚不丰厚，因此，将之运用于分析课程话题还须进一步的理论锤炼。

文化哲学与文化人类学在方法论、理论结构、问题域、研究对象上均有不同。综合来看，文化哲学是基于文化人类学的经验实证成果基础上的形而上思考，倾向于采用理性的、思辨的范式，力图形成系统的形式化理论。文化人类学则秉持实证、田野的经验研究，或者以叙事方式呈现研究结果，即民族志；或者以结构化的方式建构理性结论，即人类学理论。描写与结构分别代表了这两种研究范式的理论表述形式，二者是互补的，总体上使人类学研究既有实证的经验支撑，又有理论的效度和解释力。

三是文化批判的视角。20世纪六七十年代，在人文社会科学研究中兴起了一种以反思、批判、清算现代主义及其社会病为目的的文化思潮，因其研究指向对社会生活、艺术作品等的分析解构，力图清理存在于社会生活与观念领域中的不平等、霸权、权力、歧视、压迫等社会问题，批判锋芒直指暴力规训与陈规陋俗，揭示当代生活境遇里不同阶级、集团和民众的心态和境况，并把研究触角深入到社会生活的基层，展现国民心态、市井心声和草根文化原貌，因而使文化分析呈现出很强的实践的、反思的、批判的风格，这就是正在学界逐渐蔓延开来的文化研究思潮。

文化即人化。因此，文化研究思潮之不同于以往的研究旨趣在于，它集中关注社会中人本身的问题；关注在社会情境中，不同的社会结构、社会组织、个体阶级身份等社会符号表征对个体思想、生活方式的规范效应。文化研究所体现出来的理论特色与风格实际上是当今时代精神风貌和思想方式的折射，是人们所热衷的一种自我认知、精神自觉、尚批判、尚反思的时代风尚在学术领域的反映。诸如个体以存在主义对社会生活的追问式反思，对人生几何、人生为何、我与蝴蝶孰真（庄周梦蝶）等传统本体论问题的自觉追思，都促成了当今时代群体意识类型的出现，并在文化研究中以批判、反思面貌体现出来。

在课程危机尚未结束、新范式尚待生成的酝酿时期，以上三种文化视角均已在教育与课程问题的研讨中得到清晰呈现。例如，在我国，近来基于知识学的文化多元分析、多元文化教育与课程设计、本土知识研究、民族文化及校本文化等主题的探讨，均受惠于文化学理论的启发。在西方，热极一时的新教育社会学和批判教育理论，则将课程反思与社会批判结合起来，营造革新与解放的学校精神，自觉地表现出文化研究的价值诉求。

第二节　课程文化概述

文化表征人类物质活动和精神活动的成果，这些成果又影响、体现并塑造人们的生存方式和思想观念。课程的心智功能和价值功能都在一定程度上制约于文化营造出来的约定俗成的群体信念。这种在课程理念直至课程评价的整个课程理论与实践全过程中体现出来的文化心向和定式，就是课程文化。国民文化或社会文化、民族文化与课程活动之间的逻辑关系是双向的内化、再内化过程。课程文化的内涵、特性、演变与结构特征使得课程文化显现出自己的特质。

一、文化是什么？

人的本质是没有人可以清晰回答的，人文活动之结晶的文化的含义也是这样。诗无达诂，这也许证明了越是有生命活力的概念越是多元解释的。就这个词本身而言，中西方赋予它以不同的意义。

（一）文化的人类学界说

作为原创概念，在人类学众多流派关于文化概念的描述中，可以区别出两种，它们分别对文化的内涵做出了广狭的释义，并为多数人所认同。

1. 文化的广义界说

在人类学研究流派当中，有一派把社会发展和文化变迁看作如有机体生长发育一样，是一个不断渐进的过程，这即社会演进学派，代表人物是英国文化人类学家爱德华·B. 泰勒。他认为，所谓文化或文明，就其广泛的民族志的意义上来说，包括全部的知识、信仰、艺术、道德、法律、风俗以及作为社会成员的人所掌握和接受的任何其他才能和习惯的复合体。泰勒所下的这个描述定义在业界颇有影响，它含义丰富、指标明确、层次清晰且抓住了文化的社会属性和人类特性。

文化既包括科学理性方面，也包括精神信仰、社会规范层面，是人类活动的有价值的遗存。知识、信仰、艺术、道德、法律、风俗等都是特定文化下的产物，并被烙上所属文化的印记。钻木取火与结绳记事是原始文明的知识形式；西洋油画与水墨丹青是中西绘画的艺术分别；人格独立与差序伦理反映不同文化的社会道德观；杀人偿命与罪无致死是不同民族文化的法律差异；中秋赏月与端午龙舟则是汉文化节庆风俗的独特显现。

文化具有社会性。文化可以体现于个体身上，但其实质是社会的、群体的。文化的群体特征使得个体文化养成过程中表现出主动内化与被动濡染的方式。即个体出于某种需要对某一文化模式的自觉接纳，并内化于自己的价值系统之中；而另一些文化特性则或许个体不希望习得，或者个体没有意识到，但生活于所属社会群体和文化情境中，反作用于个体的内心世界，使个体不自觉地获得了这类文化品性。社会群体的文化赋予过程具有强制特点，是生活在某一群体或文化情境中的个体不能逃脱的；或其不由自主地被打上群体文化信仰的烙印，形成了该群体固有的心理性格和价值观。

文化具有心智性，即生物学特性，表现为不同文化赋予人们不同的资赋优势，使其在相应领域表现出优异才能。文化具有约定俗成的性质，由此默化为日用不知的生活习惯。赋予个人的才能和习惯以文化属性表明，文化带有社会阶层的区别特征，且表现出社会分工的职业色彩，前者如天子、诸侯、卿、大夫、士、庶人，后者如士、农、工、商、兵等。泰勒的文化界说启发我们，课程即文化。

2. 文化的狭义界说

与广义文化含义的包罗万象相比，另一批人类学家倾向于从历史、群体的角度解释文化的内涵。他们认为，文化是在漫长的历史积淀中形成的人类集体生活型式的总和。文化是依赖象征体系和个人记忆而维持的社会共同经验。每个人的"当前"，不但包括他个人"过去"的投影，而且是整个民族"过去"的投影。

文化的形成是一个长期的连续不断的历史过程，在这一过程中，人们以恪守某些价值信念和社会规范发言表意、行为处事，并渐渐凝聚成若干相对固定的生活模式，这种生活模式反映了不同文化群体认可和经历的生活习惯、礼仪、习俗、宗教信仰、交往方式、社会角色、劳动分工等。因此，从根本上说，文化反映人们的生活方式，但并不是具现的个体实际的生活方式或生活样态本身，而是能统摄、概括具体生活方式于较上位的生活类型、部类。尽管一种文化社会中，具体的人们以各不相同、风俗各异的方式过活，但却可以在这纷繁丛杂的生活表象中，自然聚集或形成几个各有群体特征的"生活丛"，这就是不同文化信念下形成的典型的生活类型，不同的生活类型总和起来就是生活型式，它是一个位于具体生活样态之上、又处于抽象文化单元之下的一个概念。

生活型式剔除了日常生活样态的芜杂和琐碎，保留了某一群体共有的文化信念。生活型式不是简单的理想类型，它是基于所属的文化圈内的更具象的生活理念，是用本土人们的愿望、风俗、信仰丰富和填充文化理念的抽象框架。

人们以生活型式而"群分"，通过生活型式展现他们的文化价值取向。同时，一个社会或民族的文化特性和传统也是通过生活型式渐次传播到人们生活实践和日常行为之中，并以多种有限的生活型式展现着一个文化圈内民众无限的生活样态与风物人情的多样化，如中国华夏文化圈内的不同地域文化带所形成的生活型式便是明证。

总之，生活型式是一个既有理论本性，又反映日常样貌的文化概念。通过对生活型式的分析，既可以理解该文化的本质与综括理念、性质、特征，也可以窥见或感知到该文化情境中人们的日常生活状态，洞察一些本土生活概貌。文化学中所说的文化带、文化丛、文化圈等传播学派的术语多与生活型式相关。

文化的生活型式说启发我们，"课程即生活"命题的提法有所偏颇；如果我们把这里的生活解读为"生活型式"或"生活类型"则是可以的，正如杜威所言，课程（或教育）不应该是生活本身，而是"生活的抽象"，是将日常生活的千姿百态、万种风物中潜藏的连续的、交互的、持久的、足以支撑和引领未来人们生存的生活原理钩沉出来，这才是"课程即生活"的本意所在。

(二)中国古文献中关于"文化"的理解

上述关于文化界说的评析及文化术语的人类学溯源都是基于西方人类学理论的理解。在中国古代思想史上，文化之词、之义也是使用频率颇高的词汇，但它在含义上不是上述人类学范畴，而更多属于哲学、政治学、伦理学的概念，在经国之大业、新民于教化的意义上使用这个词。

《易》中在谈及天象人事之互感时说："在天为象，在地成文。""（刚柔交错，）天文也；文明以止，人文也。观乎天文，以察时变；观乎人文，以化成天下。"这表明，象是表征天之活动状态的，文是表征人之活动状态的。天体运行之迹成象，以此可推之于时节时令的变化；人类社会运行之迹成文，以此可推知社情民风的动向，据此以正民俗。宇间的天象与人间的事象具有相同的以表知里、以末求本、以始推终的功用。以天文察时变，尽显"天时"之利；以人文化天下，尽彰"文化"之功。因此，自上古三皇至唐尧虞舜，都把"以人文化天下"或"文化"作为平治天下、开来万世的不易之道。

这里的"文化"也可以取义"人文"的意义加以理解，文化即"以人文化天下"，是用有意义的人类活动及其成果移易风俗、化育心性、改造社会的过程或策略，是政治领域的文治与心理层面的教化的统一。所以汉刘向在《说苑·指武》中说："凡武之兴，为不服也；文化不改，然后加诛。"王融也说："设神理以景俗，敷文化以柔远。"这些都是政治学意义上使用文化的。

文化在伦理学上则常赋以其价值色彩，用以表征个人修身、品行和价值追求，是个人道德、品格的标志。在这个意义上，文化与"野""木"等相对，而有文雅、博雅、儒雅的意义，这与中国古代温柔敦厚之谦谦士子、秀慧淑善之窈窕淑女的诗教传统有关。

在中国社会，文化的另一个特征是凝结于语言符号上，形成了独具特色的"汉字文化"，人们可以从汉字文化里钩沉出古人的人文信仰与教育智慧。中国古代深邃的哲学思想大凡凝结在汉字的形、音、义里，而且形、音、义既可以单独成训表意，也可以联合成训表意，所谓四声皆理，六书皆文。简言之，文化者，文字之教化也。汉文化皆在字里，故言：以文字之理而化育人者也。

此外，先秦诸子在文化价值内涵与社会理想上的主张的各异，也导致不同的治世育人理念。例如，墨家尚兼爱，主张以平民之文而化成天下；儒家尚伦理，主张以孝敬之文而化成天下；道家尚自然，主张以自然之文而化成天下；佛家尚参悟，主张以心灵之文而化成天下。举凡世俗文化、美俗文化、全真文化、禅宗文化诸种都表明，中国传统语境下的"文化"具有不同于西方人类学的哲学意义和社会价值，以及人文—民本主义色彩的性情格调。

总之，文化是人类在认识过程中留下的印迹与该群体信仰、信念、生活型式、社会风俗、族群心理特性等相结合的产物。文化是人类群体特有的属性，是别于任何其他生物的本质区别。尽管生物界的某些群体也表现出类似于人道的特性，如虎狼之父子、蜂蚁之君臣、豺獭之报本、雎鸠之有别，但我们只能称之为"仁兽""义兽"，与人之文化本性迥然。

二、课程文化是什么？

课程文化不是课程加文化的复合体，它是课程借助文化元素实现其社会功能的媒介，故此，课程文化可以界说为课程中体现出来的某一社会群体活动的代表性的理想生存类型，它包括课程资源、材料中体现出来的知识形式、认识方式、风俗习惯、信仰礼仪、国民心理和主流意识形态等；课程文化可以具体派生出相应的课程特色，诸如课程风格、课程个性、课程价值观、课程表述方式、课程话语系统等。由此可见，课程文化是基于民族文化、在教育情境中生成的，但由于课程不同于一般的人类活动，因此，课程文化必须有一个文化选择、教育改造的过程，这使得课程文化的意向性和价值性十分突出。

(一)课程文化是进化、人化与教化的统一

从课程文化反映的内容来看，如果说文化的本质是"人化"，那么，课程文化则是进化、人化、教化的统一。课程文化的进化方面表现为以浓缩和重述人类文化史发展历程的标志性文明成果而形成的复演文化为核心；课程文化的复演特性使课程可以累积、沉淀人类文明史上最有典型性和价值性的文化经验，成为后继者在更高起点上发展的历史资源；课程文化就是在为人的非零起点的发展搭建前后相继的阶梯。没有复演的课程，就不具有历史的厚重和力量。

课程文化的人化方面秉持文化是"以文化人"的手段，以构成个体先天或后天的人性要素，寻求符合该文化传统的理想的人性标准和心性品质，而人性自然的本真的内隐自我表达着普通人的生存心态，诉诸群体形成民性与民习。人性规范的、理性的、崇高的理想自我表达着"理想人"的生活追求，诉诸群体形成民俗与民智。人性中总怀有一些超越世俗的永恒信念和特质，支持着人们规避本性所趋、世俗所流的东西，而崇善向仁，以和神圣，如此，人们获得了一种心灵升华的心理满足，诉诸群体形成民魂。民性之本拙、民俗之无华、民智之博雅、民魂之神圣正是课程文化的人化方面力求实现的功能。

课程文化的教化方面是推之人化功能而于社会的自然结果，表现出鲜明的价值评判意味，所谓兴、观、群、怨，而美刺精神构成了课程文化的核心。个体总是社会的一员，社会于人若大海之于鱼。课程在社会群体或民族传统指导下对课程材料进行价值选择，使得课程总体表现出促进个体身心特性丰富发展的同时，实现成功的社会化，课程文化被赋予移民风、广民智、塑民魂的使命，最终实现其历史传承、化育心性、革新社会的作用。

故此，进化特性、人化特性、教化特性表现出来的复演文化特质、风雅文化特质和价值文化特质是课程文化复合体的内核。课程文化有了复演，其传统延续才有可能；有了风雅，其生命活水才不竭；有了美刺，其社会理想才可开来万代。课程文化是历史文明、现世人生与理想社会以及心灵信仰家园的缔造基质，课程的历史性、民族性、时代性由此体现出来。

(二)课程文化是超验、社会与人性的统一

从课程文化关涉的领域来看，一种周延的课程文化范型必须反映超验领域、社会领域与人性领域的精神状况，以其表现出来的终极信仰、社会观与人性观作为指引学校教育甚至全体社会大众的价值取向，这在"五经""四书"以及传统诗教的文化诉求中充分体现出来。"和性情，厚人伦"，指明课程的人性功能；"匡政治"，指明课程的社会功能；"感神明"指明课程的信仰功能。

三、文化类型的历程演变及课程的文化特性

课程文化的复演特性表明，课程文化的历史价值在于它包含容纳了人类文明进程中先后经历的标志性文明类型和成果，这相当于以浓缩的形式重走了人类发展的漫长岁月，以文化遗存的体验感知思想、精神、心理上的旅程。课程设计或课程经验、课程知识、课程材料选择上也要考虑包括或反映人类不同文明阶段的代表性思想成果或知识形式及人类活动方式，以与文明进化史相一致的次第编次成章，力图一本教材反映一个世界，一门课程折射一种文明，这就是人类文化学上著名的文化时期课程设计模式。

那么，人类发展的文明史至今如何演化，顺次经历了哪些文明类型，对应哪些代表性的人类活动，形成了哪些类型的知识形式？

概括分析，人类的文明生活史是可以清晰描述的，但史前的人类处于个体精神尚未独立、意识尚未自觉的蒙昧、野蛮时期。广义上，也可以把蒙昧野蛮时期的人类生活看作史前文明形式，人类的整体文明历程及其核心特征大致可以划分出四个阶段，对应着四种文明类型，它们依次是原始文明、农业文明、工业文明和信息文明。

(一)原始文明及其课程的文化特征

"上古祥天道，而中古以下祥人事之大端也。"[1]原始文化是人类最早的生活型式的体现和活动成果的积累。没有独立的意识和精神自觉的史前人，他们所从事的生产活动和社会活动并不会进入个体的认知系统和意识领域。但这并不是说此时蒙昧人(或野蛮人)就如同其他动物一样，不能积累前代的生活经验、心理体验、思想方式，而只能本能地代代通过生物遗传延续种族经验。由于现在还不十分清楚的原因，在个体意识不自觉(即不自知、不自省)的年代，个体间的认识、交往以群体认识形式逐渐发展起来，并内化积淀在集体无意识深层。这种非个体的集体无意识既是史前人认识、思维的基本方

---

[1]　章学诚：《文史通义校注·易教中》，北京：中华书局，1985年，第13页。

式，也是形成经验、传递经验的基本方式。所以史前人的认识成果多是集体认识的结晶，有高度的群体约定性，不论神话、传说、宗教、图腾等，大都无法确立其最初创生的作者，而且这些知识类型是人所公认、众所恪守的，它们已经来自史前的群体智慧并牢牢深藏于集体无意识深层，传续万代。

史前人的个体无觉、生产方式和社会活动方式决定了史前文化的主题是"天文化"，是建立在对天这一意象的无限敬畏和虔诚信念之上的。史前文明在性质上更多给人一种"信仰"层面的体验，这才有原始巫术、宗教成为原始文化的主体。在知识或文化遗存的形式上，史前文明以神话、传说、宗教、神学为主。

正如我们每个人都有童年情结，怀念往昔时光的心向一样，人类也有依恋童年远古时代、怀念史前蒙昧时期的心向。如果说童话是儿童的最爱，那么，作为人类童年时代的原始社会的童话——神话就是人类众生在原始童年的最爱。对童年的怀恋使人类不自觉地代代都要重温童年往事，阅读神话文本，体验久已逝去的蒙昧、野蛮但却充满自由、古朴的史前时光，这就是为什么我们的教育知识选择，总要出现原始神话、传说篇章，以及对远古先民生活和社会活动的追忆的原因。

把史前文明遗存纳入课程内容之中，既是文化时期说的理论诉求、人类童年史前情结的心理满足和慰藉，也是发挥史前文明特性及神话、传说等知识形式的"培植信仰"的心灵教育功能。

(二)农业文明及其课程的文化特征

农耕文明，或农耕文化，是人类以种植和驯养为主要生产方式时期形成的文化类型。农耕文化是尊天贵人的"天人文化"，其基本精神是敬畏天的威力，信仰其无所不能；同时，天人互应，人可以感知天的意图，天也根据人的作为赐以恩施，故形成了天命人事思想。与原始文明上天至上、人力无为的思维模式相比，天人文化无疑凸显了人在世界中的地位；人奉天道而行，其可大为。人世兴衰治乱，天道不变，唯人事而已。

如何法天行事才是得天道呢？《周易·乾》中说："夫大人者，与天地合其德，与日月合其明，与四时合其序，与鬼神合其吉凶。先天而天弗违；后天而奉天时，天且弗违。"即是说，大人者才可以顺天道、行人道。人间正道必须顺应天地自强不息、厚德载物的上德，必须彰显日月照临四方的圣明，必须顺应四时刚柔阴阳的时序，必须知晓鬼神的吉凶，如此，不管先于天，后于天，均与天道合，天当祐之。

天人文化时期，人已经由原始社会的意识无觉到精神独立，个体意识开始形成，具有了认识自然与自我的能力，能以自己的思维方式梳理、加工认识过程和结果，故此在人类生产和社会活动中显示出人类理性的成分，开始出现了主观理性见之于客观世界的产物，人类知识便出现了新的类型，哲学、艺术、技术便是典型的代表。

天人合一，不仅影响到人们日出而作、日落而息的生活节奏，而且也影响到人们认识和思维的方式。由于天道是不可触及的，天是高悬人间之上的，生活于苍穹之下的芸芸众生只能通过心灵感应、内心冥思才可以获得天启和对外物的认识，这就形成了人们长于思辨、直觉的思维方式。哲学、艺术、技艺也便是形上之道及用之于实践的产物。

农耕文化的生产活动与原始文明有很多相似的地方，不论宗教信仰、价值体系。人类固有的心理上的童年情结使得无论什么阶层、地域、种族的人都怀有一种对田园生活的向往，对故乡山水的渴望，久之便在入仕者和客居者心中形成了一种不论宦海致仕之日还是壮士迟暮之年都要告老还乡、老而致仕、归隐田园、解甲归田的心理预期，"归去来兮"成了现在社会人们抒发人类童年情结的集体话语。课程重历人类农业文化以哲学、艺术、技艺为核心的知识类型，可以培养学生的理性、直觉的思维能力；尤其在中国文化情境中，认识、感受人与自然的同一关系。

(三)工业文明及其课程的文化特征

工业文明，或工业文化，是人类首次以自然世界主体的角色，以对物质世界知识的痴迷探知和狂热崇拜心态，以人类意志构建社会秩序和自然秩序而渐成的文明形态，是工业社会里人们群体价值观和生活型式的总括。往昔对天的敬畏和崇拜变成了对物的追逐和对科学的膜拜。以人是宇宙的主体为信条的人类中心主义，对物质追求的狂热，对科学技术无所不用其极的崇尚，把人的力量无限放大到自然的主宰者角色，拜物教式的物本文化是工业文明的鲜明主题。

工业文化形成的一个宇宙观前提是人类中心主义，其认识论前提是实证出真知、知识就是力量，技术理性可以超越纯粹人文理性改造心灵、改造世界。因此，那些产生于农业文明时期，以思辨、直觉方式形成的哲学、艺术、技艺知识在实证科学标准和功用面前便成了历史博物馆束之高阁的文献，已经完成了它们曾经的文明使命。弥漫在认知领域的信条是：只有经验的，才是可信的；只有实证的，才是真知的。当唯一保存、形成人类根本信仰的超验特性被实证的时代思维方式否定的时候，人类信仰的危机与破灭或将指日可待。没有了超验的、世俗不可证实的信仰体系，人类还能拿什么来拯救自己的灵魂，以自我救赎？

现代科学文明及技术理性的出现，既是人类对农业文明时代的超越，也是人类精神和意识的第二次独立和觉醒。人类精神意识的第一次觉醒把人类带入了文明时代，能够认知自我、自然与外物及其关系。工业文明时代末到来的第二次精神意识觉醒将以什么样的面貌认识、审视、规划人类自己及其星球的未来呢？这将成为后工业时期人类文明转型的核心问题与主题。

工业文明尽管让人类在万物之中出尽了风头，显尽了风流，人类知识之增长也是前所未有，但天地万物其兴也勃焉，其亡也忽焉。如果我们把当今西方发达国家的社会文化转型看作后工业文明的端倪，那工业文明时期的定命将是极其短暂的数百年。但这并不影响工业文明成果的课程学价值。课程设计的实证取向，可以使学生获得逻辑实证思维的训练，可以认知物质世界探究的经验方法，更为重要的是让学生清晰了解物理现象与人文现象的关系，促使人类意志和动机从对物质的极尽能事转移到物我合一的合理价值取向上来，实现人道的复归。

(四)信息文明及其课程的文化特征

信息文明，或后工业文明。后工业文明时代既是对工业文明时代物质主义和技术理性价值观的反思、批判，也是据此对人类及其未来做深度的存在主义思考。信息文明的特点是不像原始文明的笃信自然、农业文明的依从自然、工业文明的改造自然，而是实现了作用对象及人类活动性质的本质变化，即以对实体对象的操作转向对虚拟世界的建构，人类的物质活动与精神活动趋向同一；人类活动开始从物质生产转向符号生产，主导人类社会的核心力量及第一需要开始转向非实体生产和文化需要；因此，人类社会千百年来一直赖以支持其社会运行的生产方式将被新的虚拟世界和符号生产所取代，文明类型和特质将发生至今难以料想的转型。就目前初显端倪的信息文明来看，在几个方面为人类社会变迁注入了新的特质。

信息文明既是社会发展的自然趋势，也是人类理性复归的表现。拜物价值观和技术至上世界观的人类中心主义，在工业文明时代日益暴露出巨大的局限性和对人类未来的灾难性威胁，因此，站在后工业角度反省、批判、清理工业文明的精神信念和价值追求就是自然而然的事情。从个体意识自觉的角度，站在多元生命共同体的立场，思考自然的多样性。

我们知道，与万物同我、与天地和谐、与自然俯仰是史前文化的核心理念。后来人类主体意识觉醒，人类核心思维开始抬头，逐渐历经天人文化的天人合一思想、工业文化的物质至上的极端人本思想，人类开始认识到，当人类的主体性意识开始由人本过度膨胀到人类中心的时候，那就会导致人类自身的灾难。因此，信息文明社会既是对人的反思，也是人性的复归，这种反思与复归带有史前文化的特征。当今虚拟空间为人们创造虚拟生活提供了条件，这就如现代人演绎的先古神话。人们不顾及甚至意识不到现实世界的人间生活，人的现实主体意识正在消融于虚拟网络世界之中，形成了网络情境下的集体无意识。

后工业文明标志着人类个体意识的第二次觉醒、精神结构的第二次独立。这次觉醒和独立标示着人本及人类中心思维方式和价值系统的终结，以及自然主义和生命本位的多元思维和价值观的确立。这正如古希腊、先秦时代人类文明的轴心期一样，信息文明的轴心期或将来临，并由此创生一种迥然不同、足以开启人类新文明时代的智慧起点和渊源。后工业文明的核心理念尚不清晰，但其初展现出来的诸如人文、生命本位、反思、批判、文化多元等理念，可以为课程设计者提供凝聚教育品质、体现课程时代文化精神的参照。

课程的文化特性取决于课程结构中各文明类型的体现程度。天文化给课程以信仰，天人文化给课程以德性，物文化给课程以知识，生命文化给课程以省思；课程整合四种文明类型就会体现出它自己在真、善、美、知、情、意等认知和心性上的课程特性。

第三节　课程结构的文化特性与功能

从系统科学引发出来的课程结构是研究课程组织与功能的基本概念。课程结构是指构成课程的各个要素及各要素之间相互作用的模式、机制和条件。课程结构决定课程的功能。由于课程要素本身的特性不同，使得课程结构也呈现出同构异质和异构同质的特点。本节讨论的课程结构主要从文化学角度分析课程内容上的构成成分，引出课程文化的历程特性及其与物质生产活动之间的关系，进而探讨直接影响和决定课程文化功能有效发挥的课程文化上的双重特征及实现条件。故此，这里的课程结构讨论课程的实质结构和文化结构两个方面。

一、文化人类学划分的课程的实质结构

这里所说的课程实质结构并不指称结构主义意义上的概念、命题、原理等，而是人类学将人类活动加以文化意义上划分的结果。在某些人类学家看来，人类物质和精神活动产生两类成果遗存，即文化与文明，二者存在约定的但不十分严格的意义差别。由于文化与文明的区分有利于认识人类活动的

性质及课程体现的功能，所以我们也将课程文化成分与课程文明成分分别加以陈述。

一般来说，文化与文明形式并不对应着人类的物质生活与精神生活，但其各自所指的区别却在精神领域和物质领域，属于文化学上的软件和硬件。文化主要反映人类精神层面的状况和形式，诸如思想观念、信仰、价值观、道德、艺术、宗教、风俗以及由此形成的人们的生活方式。文明则是一个相对静止的、历史的概念，它是人类文化活动物化或成果化的产物；当人们以一定的文化方式认知和作用于对象世界而产生客观存在形态的东西时，文明就出现了。那些不关涉主观价值体系的自然科学知识、技术知识等都因其具有的客观自主性而属于人类文明范畴。

文化是价值色彩很浓的概念，具有多元化的本土特色和文化圈特性，因此，在不同社会历史条件下，文化形式是不同的，但无高下文野之分，即文化的不可比较性和不可通约性。文明的价值成分相对很弱，表现出客观普遍的心智特色和跨文化特性，因此，在不同社会、历史情境下，文明形式可以相同，且文明的发展水平是有高下文野之别的，存在比较价值。不同文明单元间可以互相对话，世人共享，较少受价值取向和主体认知方式的影响。当然，文化的尚虚风格和文明的尚实精神虽有似"道"与"器"、形上与形下之别，但二者区别也非泾渭分明，然而这一区分却对探讨课程的实质结构和功能非常有用。

我们知道，教育者以传道、授业为己任，以明德、新民、至善为教育终极目标，以治平天下、澄清宇宙为社会理想。道寓于课程文化之中，业寓于课程文明之中。明德、新民、至善的人间正道表达了世人的价值取向和精神信仰，是经世明体的课程精神的追求，行之可以塑造清和的社会道德风俗和向善向美的人伦精神风尚，此谓文化乃成。格物、致知以授业，论学、取友以力行，业精于勤、行成于思的践行方略表达了世人把握外物、探微知著的力行追求，是济用力行的课程功利价值的实现条件；人们获得了这方面的知识，就有了体认外在世界的物质手段和力量。

文明是人类对物理世界的思维结果，文化是人类对精神世界的思维结果。美国当代著名科学哲学家波普尔根据人类认识活动的领域把世界体系分成三个世界，即反映宇宙本身样态的物理世界、反映人的主观状态的精神世界，以反映人类集体认识成果的知识世界。其中作为世界3的知识世界主要包括人们自古及今积累创造的为全人类所接受、没有或基本上不反映某一意识形态信仰或价值取向，且有集体认知特征的一系列文明成果，如数学与科学理论、神话、传说、故事等。这个世界具有相对的自主性、客观性、生成性，因此，波普尔也称世界 3 为客观知识世界，它并不具体反映人的主观精神状态和价值信念系统，如一些意识形态学科那样。故客观知识世界接近于人类文明所指，而主观精神世界则可划归人类文化所指。

　　课程的文化成分与课程的文明成分反映了课程所负载的社会属性与历史属性，给予学习者以精神力量和生产斗争的工具，培养个体的人文理性和技术理性。课程承载的这两个属性和治人与经世功能的实现是以课程的社会文化要素与历史文明要素的合理结构和充分体现为前提条件的，大凡教育也是如此。

　　由于课程的社会文化成分有鲜明的价值特征，反映一个文化圈或民族共同体的基本价值信念和生活理想类型，因此，如何确定和描述这个价值系统，培养什么样信仰的人就极其严格地受到当时社会政治哲学和国家意识形态的影响。马克思深刻地指出，每一个时代占统治地位的思想都是统治阶级的思想。因此，统治者也试图以课程文化体系为中介，尽可能地使其体现统治者认可的价值观、世界观，以此实现他们所谓的正风美俗。但一个社会或文化传统的传承和发展是有其核心价值信念和轴心思想的，如果政治教化者没有充分尊重文化传统自身的独立性而过度改造或放弃文化核心理念，强制性赋予课程以统治集团群体的意识形态，结果必然导致一种丧失文化特性的政治奴化课程，它虽然也可以塑造人的思想、信念，但却割断了文化发展的逻辑链条，断裂了积淀人类集体智慧的源头活水，影响到该文化圈的文明成果的凝结。

　　课程文化特性的寻求与彰显十分重要，自不待言，而在课程文化成分的选择与设计上也需要我们谨慎厘定一个民族或文化单元的核心信念。抓住了这一点，课程文化的民族本质方能体现出来，也才能培养出具有鲜明本土文化个性的个体，这是课程的文化特性与人的文化个性及民族的文化性格三者之间的关系。

　　相比之下，课程的文明成分则较具有当下功利和操作色彩，它是人们借以进行生产斗争的手段。在课程设计过程中，功用性的知识大多来源于当今社会的需要和社会物质生产方式。在知识价值上，中国传统文化一向以经世之道为学校之正典，如文化内核知识的经学属于有内在文化价值的知识；而自由争鸣的诸子百家属于有半内在文化价值的子学；直接参与社会物质生产的生产斗争方面的知识则为百工之学，属非论道者之所学，不关风雅，无论经国化民。这种思想在今天被有些食西学不化的学者认为中国古代学校教育尚虚轻实，最终导致近现代科技水平的落后，即李约瑟问题出现的根源。这是一个很复杂的问题，难以在此详细讨论。我们要说的是，人类认识活动同归而殊途。一个民族特有的认知形式，决定了他们沿着自己的文化取向，开辟认识世界的路径。因此，在考虑设计和选择课程的文明成分时，一定要以课程文化成分为本。必须考虑一个文化圈内人们固有的认知方式、思维模式、知识类型，不同文化传统里的人在以上诸方面是迥然有别的。

法国人类文化学家列维-斯特劳斯指出，学生之所以厌恶学习，学校教学效率之所以如此之低，并不是学生对知识不感兴趣，学校教师不努力，而根本原因在于我们没有以适合于学生本族文化特有的认知方式组织知识、实施教学。换句话说，课程的文明形式与课程的文化形式之间发生了冲突。如何分析出不同文化传统下人们创造知识的方式和结构特点，按照本土文化者适应的方式组织经验，使课程的文化成分与文明成分获得根本上的一致，这是一个实现课程理论本土化、民族化的迫切课题。

人从历史中走来，又必然消逝在历史之中，那么未来人的历史也只有从先人的历史中寻求智慧。借助现代学术理论，分析那些支撑中国传统教育、代继千年文化传统、造就千年华夏文明的经典课程文本，提炼出具有本土、本族文化学认识模式和思维范式、知识形式的理念，指导今天的课程实践，将有可能。例如：六艺、五经、四书体现出来的知识类型、陈述方式、组织方式、结构类型、认识特征、思维发展与知识形式等现代课程理念的基本范畴，都可以加以总结、研究和理论化，这将是建构中国本土教育理论与核心命题的起点，并确定理论范式的唯一路径。舍此其谁？

二、社会学划分的课程的文化结构

社会学者研究文化与人类学家不同，社会学的文化研究注重从文化与社会制度、政治、经济等方面探讨文化发展的规律及其社会功能，这其中最为关注的是，在一定社会历史条件下文化自身发展演进的特点、方式和影响因素。教育文化一方面是人类文化的复演，遵循文化本身发展的基本规律，同时，由于教育及课程的意识形态性和社会价值取向，使教育文化受到更加明显的意识形态为主导的政治哲学的制约。文以载道，教以传道，人以闻道，世以行道，足以证明，治国者所赞许的教化民众、平治家国的"道"，是需要借助于教育这一社会育人活动来实现的。因此，在课程设计中，融入文化成分和教化成分而铸就出课程文化，就成为"以文立教"和"以教选文"的基本方略，课程文化也就兼具有人类文化和社会教化的双重属性，承担着传承人文理念、改造社会形态的双重功能。如果我们把课程文化看作社会领域观念形态的东西，那么它的发展与社会领域中其他观念体系有什么关系？与物质生活领域又有什么关系呢？前者上面已略有提及，后者再简单说一下。

(一)课程文化的轴心结构，决定了课程文化遵循文化传统的稳定性规律

与人类群体文化长期积淀形成了相对稳定的核心文化观念和价值体系一样，课程文化也以融合其所属文化圈的核心文化信念为建构理念，集中明确表现群体认同、世代相沿的基本价值观、生活型式和行为方式。课程文化的这种相对稳定的特征是通过不断回复、复归和复兴民族文化的轴心期智慧实现的。每一个文化圈都有这个文化圈得以形成并历代坚守的核心价值体系，它们一般集中产生于某一时期，如西方的古希腊时期，东方的先秦时期。文化轴心思想一经产生，便会发挥其永不枯竭的文化辐射力。后来者会不断地通过周期性回归文化轴心来汲取新的思想和精神动力。文化轴心期是一个文明单元延续的源头活水，是保持和形成文化稳定性的灵魂。

一个稳定性的文化传统也是一个有生命力的文化体系。时移世易，物是人非，但永恒的文化智慧和信念却常留在每一文化圈的个体心中，代代相沿，甚至已经内化为具有生物学特性的民族气质类型。所以，穿洋装的华人仍葆有中国心，客居海外的游子也时时伴着"自觉不知身是客"而梦归故里，以至于在异国天涯，唐人街巷已经幻化为海外游子共同的心灵家园。

(二)课程文化的离心结构，使课程文化表现出发展的不平衡性

课程文化的稳定性是文明单元得以传承下去的条件，但课程文化的发展也有一个兴衰起落的状况，它同样遵循文化发展与物质生产活动之规律的法则。

恩格斯曾提出艺术发展与物质发展的不平衡现象，这一规律我们甚至可以将其推广到人类观念领域与物质领域这一基本哲学问题上去，即时代的物质状况与精神状况的不平衡，二者成反比。大凡物质领域高度繁荣，则相应的精神领域会由此衰微低迷，反之亦然。就个人而言，文穷而后工、坎坷出文章都表明思想的创造伴随着物质条件的匮乏；就群体而言，社会物质上升期对应着学派思想争鸣的式微、学术创造的弱化；就社会而言，思想的自由与时代的变更息息相关，尤其是政治思想（其必然构成课程文化的核心成分）的勃兴往往成为一个时代变更的前兆之风。文化领域的活跃一般与物质生活的落后相关。唐贞观之治，以政治清明、文化自由著称；至开元盛世，以经济繁盛名于世，但文化衰微之晚唐哀怨情调已经显现。在中国几千年的文化发展史上，政乖世乱、国力衰颓、士穷民困之际，往往对应着一个文化繁荣期，反之亦然。例如，作为中华文明轴心时段的春秋时期，就是一个周纲解纽、王官失守、处士横议、抵掌游说的时代状况，而后百家并起，诸子学兴。

天无所言，而意以物。圣人受命，瑞应先见于河。夫黄河清而圣人生。

天人互感的思维模式使古人相信，天文、水文等自然景象通常映射或预兆着人间事象和社会状况。邦国政化，如沧浪之水，时清时浊。更由于"水"这一自然物态在中国古代哲学中有着极其丰富的人文意蕴，因此，江河水之清浊这一水文地理学现象就成为人们考辨世间治乱的重要事件，郑重写入历代正史之中，在"日月逾迈，若弗云来"的时光长河中，以"俟河之清，人寿几何"的探问形式不断演绎着。江河水之清浊隐喻世代政治之治乱，隐映一个时代经济之盛衰、民生之否泰、文化之荣枯，故每岁江河水之清浊时刻都会在正史中有所记载。"俟河之清，人寿几何！"①反映了古人对清平社会的向往、对岁月流逝而人事维艰的感慨之情。同时，作为一种重要的水文现象也反映了人文规律，即政治清明、文化争鸣与经济繁荣的不一致逻辑。水之清、政之明的境况可以使人们享受到自然的洁净、世风的清美；但江水之清也预示着每岁丰水期的结束、枯水期的来临，丰水带给人们的丰裕鱼虾财富的结束，富足时期的终止。政治清明也意味着清平时代的来临，但经济繁荣、百姓殷实的物质生活有待时日。易之为道者在于生生。水至清则无鱼，人至清则无欲，政至清则无为。一个社会的政治、经济、文化就是沿着这样一条交错悖反的轨道发展着。

文化的兴衰，并不决定课程文化伴随性的兴衰，因为文化之影响于课程文化需要政治中介的传导，但文化与课程文化二者之间还是有着一定的同步性，尽管中间存在时间上或迟或早的剪刀差。

仁义生意味着大道已废，慧智出意味着大伪已成。或有人认为，人类总体上物质文明不断上升，而精神文明却在渐渐式微。古道已不复存，古风已不复返。但这并不是说物质文明的进步引发精神文明的衰微，就一定泯灭人们心灵上对至善尽美的精神生活的向往。电灯代替了火把，但人类童年的原始情结却使今人更渴望享受烛光晚餐的浪漫，体验篝火晚会的尽情。我们深信，人之为人最可宝贵的就是有超越世俗之上的心灵向往。积淀于人类集体无意识深层的远古文明永远是人类的精神家园和心灵皈依。

课程文化发展的不平衡性告诉我们，课程文化要与社会意识形态保持适当的距离。课程文化要在充分体现文化轴心期思想的同时，充分体现其病时悯俗的指陈时弊精神，以及匡易民风、扶正其所的作用。课程文化在关注和反映物质文明的同时，更多应指向人类心理和精神领域，尤其是与现世物质生活关系不太大的、非世俗的、超验的信仰领域，这是课程文化之本。

---

① 《春秋经传集解·襄公》，中华书局影印，1998年，第223页。

三、人学意义上课程文化的双重特性

从人类学角度，我们讨论了课程的文化成分与文明成分，是为课程的实质结构；从社会学角度，我们分析了课程文化的稳定性与不平衡性，是为课程的文化结构。从课程文化对人的身心发展的角度探寻课程文化的性质，分析人的身心成长的多面性对课程文化属性的多元需求，就是这个主题讨论的内容。

我们知道，课程承担显现、培植、发展人的丰富的心理个性和社会属性的任务。心理个性的复杂和社会属性的多样决定了有效课程在文化功能上必须有多层次、多领域的文化特质，它们各自服务于激发、塑造个体的心理和社会品质。如果说课程文化是一个系统，那么不同文化特性就是要素，各要素以层级有序的组织方式生成不同的课程特性，发挥特定的课程功能，整合起来实现课程的文化濡染效能。课程的文化特性可以按两个层面、三个领域构建一个平面直角分析矩阵。课程文化特性的两个层面是雅文化与俗文化，它们分表征人的心理与社会不同的精神境遇；三个领域是信仰领域、认知领域和情感领域，它们分别表征人的意识领域的三个方面。

课程文化的双重特性是指每一文明单元或政体组织下的课程都包括雅和俗两种特性，由此区别出分别类属不同文化类型的雅士阶层和世俗阶层，并逐渐分别发展出不同的价值观、话语系统和生活型式。同时，就人的意识领域的信念、认知、情感的三个方面来看，每一方面也由表征雅性与俗性的两种成分构成，这就使得课程文化不论在整体层面上，还是在意识层面上都表现出一个由雅至俗构成的连续体特征，宛如色谱的色调变化一样，渐次发展，最终以一个综合色调表现出来。

课程文化的双重特性(或复调特征)并不像一枚硬币的两个面那样互相依存，不可或缺，而是一个彼此渐变的关系，甚至可能出现一种特性遮蔽另一种特性的情况，致使课程结构上的文化失调，这是课程文化与人类文化不同的地方，因为课程文化是价值导向的工具。

(一)课程文化的三组"对应特性——人生三原色[①]"

如果把课程的文化色调分为照亮人的心灵之旅的信仰颜色，照亮人的探究之旅的认知颜色，照亮人的性情之旅的情感颜色，那么每一颜色由于其构成的两种成分不同而使色彩发生变化，如何调制出最能反映人性本质的色彩，

---

① 神圣与世俗；精英与大众；高雅与通俗。

挑战着课程学者的智慧。

1. 课程的神圣特性与世俗特性

法国社会学家涂尔干这样描述神圣与世俗的含义：世俗是由日常生活中被看成普通物质（自然）世界组成部分的一切要素所构成的；而神圣则是由与日常生活相分离的、能够唤起由衷的敬意和敬畏事物所构成的。人的信仰最终由课程的神圣特性所铸就，它表现出人对非日常生活的、超验事物或世界的心灵感知，进而生成的敬畏心理和价值体系。我们说过，世俗的思想支配不了世俗的行为，人性的世俗弱点只有通过非世俗的神圣信念才能得以矫正。神圣信念尽管可以扶正人性的世俗弱点，但却不可以指导人们的日常具体事务。生活于人间烟火之中的芸芸众生终还需要现世的、实用的济世理念，需要源于日常生活、本于凡人本性的世俗精神和入世情怀，它尽管囊括了世间的繁杂、多少带有江湖的桀骜野性，但历代生民就是在这种普通、平常，甚至恶不肖的真实情境中年年生活、代代生息。神圣与世俗构成了课程文化的第一组对举色调。神圣特性给人以信仰，育人作善，以信仰形态构成课程资源；世俗特性给人以俗理，生民不息，以日常形态构建课程资源。

2. 课程的精英特性与大众特性

教人以智，给人以智慧，把人类认识的最优秀成果授之于人，实现个体的心智发展，这是课程具有的认知功能。一门课程必须把那些最能体现和代表人类认知过程中和认识史上最优秀的成果纳入课程结构中来。总体上，人类知识及文化是全人类共同创造的，但具体在知识和文化的发生引领上，则是某个杰出人物或某类优秀群体实现的。他们由于个人禀赋、自身努力、社会环境及好的机遇，使他们天才般的才智得以充分展现，并在人类共同创造的认识实践的基础上，以系统化、理论化的形式形成人类思想、智慧的结晶，这就是精英人物的贡献和作用。我们必须承认天才与凡人在创造人类文化上的差异，正如墨顿所说，天才在贡献上相当于一大批普通人的共同劳动成果，而且他们尤为重要的角色是把人类认识的高原现象给予突破，实现认识上的飞跃与革命。

但每个人的智力发展上的差异及人类智力分布的基本规律表明，通过课程的精英特性把每个人都培养成为精英人士、通达之才是不现实的。精英追求的课程设计有以下几个特点：一是传承最有价值的人类智慧，发挥知识的力量；二是使少数智力优异者获得优质资源，充分展现他们的杰出天资；三是促进个体的心智发展，最大限度地实现个体心智的最优发展，因为心智发展遵循"取法乎上，仅得其中；取法乎中，斯为下矣"的衰减法则。但这并不表明精英化课程是提升课程有效性的可行策略，因为精英的课程特性是受制约于课程的大众特性的，二者构成课程的第二组对举特性。

课程的大众特性基于个体心智发展的先天条件及个体在社会中的角色定位。我们知道，适合于心智发展水平的经验是最能促进身心发展的有效课程；当精英知识遇到了凡胎俗子之时，知识也会变成不可内化的垃圾。同时，大众特性的知识更接近于占人类大多数的普通人的生存状况和社会需求，它们的习得是个体获得安身立命的基础资本。最后，课程的大众关怀使得它能为社会培养更多的非金字塔层次的奠基型生活中人。在社会分工、社会阶级存在的历史发展阶段，职有其位，位有其人，是社会系统良性运行的基础。圣者论道，智者创物，能者述之，百工之属为之器。因此，以精英知识和杰出人物为目标的课程结构，理论上只是为有可能、有限的圣者、智者服务，而能者、百工的角色素质的培养则是课程的大众特性所可以完成的。总体来看，课程的精英特性寻求的是世界之真，教人以智，给人以智慧，它以知识形态为媒介体现出来。

3. 课程的高雅特性与通俗特性

教育的最终社会功能是正人伦、美社情、移风易俗。《孝经》里说得好，风俗移易，先入乐声，所以圣人讲求移风易俗，莫善于乐。乐的情感濡化作用是艺术之人性塑造作用的集中体现。课程在人的心智发展的信仰领域、认知领域的达成，并不足以化育情意、陶冶人性、美化人伦。仅有信仰的人莫不超凡，少有人间风色；仅有智慧的人莫不迂酸，缺乏人情言欢。因此，要培养有灵有性、有血有肉、有情有感、个性丰富、既洵且美的学生，形成团结的群体意识、紧张的学习心境、严肃的敬道信念、活泼的个人性情，进而铸就整个群体、社会的人文关怀，以及世风淳朴、民情淳厚的人伦风尚，是以艺术性陶冶、化育个体心灵的课程必具的文化功能。

别裁伪体亲风雅，不论家国总关情。"亲风雅"是指课程反映民风所向、君子博雅的生活情致和审美倾向，形成雅俗皆备、士民共赏的社会审美取向。"总关情"表明，课程要着力以情感为感化对象，注重以情以美来陶冶、净化人的心灵。课程文本与文学艺术有同工之意，既然中国古典教育理念遵从以文治教，那么课程的人文特性就是课程文本材料良莠的标准。没有情致、情趣、情理的教科书，与干瘪的卫道士说教没有什么区别。美是理念的感性显现。课程要发挥其感化心灵、触动情感、引人沉思的作用，既要体现"缘事而发"的现实主义精神，又要遵循"感于哀乐"的艺术创作法则，那些有感于世事，有感于民情，有感于人心的课程材料最能潜入心灵，引发情感共鸣。人的审美兴味、取向、层次是有分别的，所谓"君子之德风"，尚博雅而厚德；"小人之德草"，趋惠利而薄俗。审美心理总是个体所生活的环境、事件、生活方式的产物，也决定着他们的审美倾向，由此构成了课程之情感特性的两极，即高雅的与通俗的。

高雅特性是指更多反映人的社会情感、理性追求、至善价值信念的审美特征，表现出更多的修己达人、关怀民生、忧思家国的修身济世的情怀。例如，君子比德于玉，取玉之刚、柔、直的品性，崇尚温润厚朴的性格；文士以梅、兰、竹、菊、松而比况，取意梅之傲骨，兰之高洁，竹之虚怀，菊之自清，松之伟岸。以物性喻人格，以物象达心性；学问之高，方可以润下；文化之雅，乃可以美俗，正是君子雅士洁己及人、高蹈于乱世、兼济于治世的人格追求以及"不事王侯，其志可则"的傲骨信念，成为中国古代美雅精神的代表。

雅士的墨香与行为的高蹈并不能代替现实生活的琐细与平凡。不论杏坛高士，抑或桃源逸人，他们在高吟清风明月之余，也跳不出饮食男女的人间烟火。因此，世俗者行世俗事，那些流行于民众之间、盛传于街巷之角的谈资或途说，均反映了与天地相忘、与花草无关的生活记忆和人人事事。这些日常民众内心所想、所感、所思的东西，或透露着素野，或显现着质木，可能也多少带有人性的本能、弱点，贤与不肖、美与不善，但它们却是老百姓喜闻乐见、亲切如感的群体心理和生活境况的写照。课程的通俗文化特性即是指课程所反映的日常民众的心理情感状态、审美兴趣及由此形成的审美取向和标准。课程通俗特性是有感于"饥者歌其食，劳者歌其事"而发的，通过课程文本，人们会感触到清晰实在的生活气息和浓厚朴实的生活原貌，触碰到世间百姓的恩怨情仇。总的来看，感人心者，莫大乎情。课程的高雅特性给人以崇高，感人以美，并常常以艺术形式来体现课程的这一组特性。

(二)课程文化的两个层面——雅性与俗性

上面分析的课程的神圣性与世俗性、精英性与大众性、高雅性与通俗性，两两对举，各属其类，可归结为两个层面。学校既是庙堂，又是江湖；既是圣哲之所，又为民者必需。神圣、精英与高雅是课程文化的雅性方面，阐发圣哲之道的大义，是圣贤文化的表征；世俗、大众与通俗是课程文化的俗性方面，谋求民者生存的根基，是民本文化的体现。

课程的雅性在中国经典课程文本《诗》里集中以"雅""颂"篇章来表现，故是雅颂文化的代表；课程的俗性集中以"国风"篇章来表达，故是课程的国风文化的典范。课程的文化结构大体上不外乎雅颂与国风这两个方面。雅颂结构净化了人的心灵，提高了人的审美情趣，确立了人的信仰，是形成一个社会民族之魂和民族精神以及社会价值体系的必要手段和前提；一个有明辨之德、日新之人和至善之道的社会，一个有信仰、讲诚信、体人情的群体氛围，一个求自省、及他人、正人伦的个体道德体系的确立都有赖于课程的"雅颂"文化功能的实现。

国风结构在课程的社会人世功能上则从另一层面确保了人类日常生活的良性运行。人之性情，因物有迁。一方有山有水的乐土，才能养育贤达之才；人间烟火的冷暖，江山风物的流转，实实在在地铸就着人们生生不息的生活型式。国风即国民心声，是百姓生长于斯、相忘于斯、日用不知的物质和精神依托，它们直接感应着民众心理，无声潜润着民众情意，因其真实而易感，因其亲切而共鸣，这就是课程的俗性成分的直接的教化力量之所在。同志相友、同气相求、同声相应，人之教育、世之教化莫不如此。

(三)课程文化的双重特性的结构与关系

课程文化特性上的双重性分析得出了它的两个层面，每个层面又具体表现出三个领域或维度。显然，从课程结构与功能的系统关系来看，课程之文化成分的存在与其文化功能的发挥是两码事，课程之雅性色调与俗性色调的存在也并不能证明二者可以调配出雅俗兼善的色彩，这其中涉及各文化特性间的合理体现及相互整合。

1. 对举的两种文化特性须求得适当平衡

这是发挥课程整合特性及由此推及社会，实现学校教育对社会精神特质影响和塑造的前提。两种特性如一个渐变的色谱，随着课程文化构成上两种成分的增减而使得课程整合之后呈现出不同的文化特质与功能，极端状态甚至可以出现一个特性完全僭取另一个特性，使之呈现出单面性的状态。

在神圣—世俗这一渐变色谱上，神圣特性给予信仰和善念，使人超越物质功利，而心向至善明德的人道理想。但过于强调课程的超验功能，以至神圣不可望即，就会使人看破红尘，厌世嫉俗，成为生活在想象和乌有的幻境中人。课程的世俗特性给人以入世情结，教人以现实生活的琐屑、素朴，并包容日常人物的古拙与弱点，生活中人本当如是。世俗理念教给人们坚实的、真切的生活样态。但当无视课程本该具有的神圣超验性而过于强调它的现实成分、社会潮流、当下条件，那么就会视神圣如虚无，为世俗目的而无所不尽其能事，失去了对信仰和信念的操守和应有的敬畏。

在精英—大众特性的渐进色谱上，二者共同承担赋予人以理性能力的角色。精英课程给予智慧，使人求真获知；让后学者内心不禁油然而生高山仰止的崇敬心情，它打开了人们认识未知世界的大门。但课程精英特性的过度体现就会令人有象塔之塔、高处不胜寒的苦行僧之感，也会由于知识的纯粹理性使得大多数学习者畏而止步，学不致用。于是，课程的大众特性可以弥补日常知识的角色。人们毕竟生活于丰富可感的社会实践之中，致世济用、改造生活的社会实践知识与技能，既是社会必需，也是个体必需。一个人只有当他具备了在世俗世界里获得生存的技能时，他才有心境考虑知性和心灵层面的形而上追求，所以，斯宾塞说，直接保全自我的知识是"最有价值知识"的首席。对于一般社会个体来说，他们仅需要成为专业知识的学习者而不是创造者。日常知识已在生活中不学而自得，因此，高于日常知识而低于专家知识的中间层面的、有助于个体足以应付人生事务的知识是课程大众特性的标准。

在高雅—通俗特性这一连续体上，二者共同发挥着移易心志、敦厚人情的作用。课程之高雅使人崇高，欣赏、追求、创造尽美的人格与品格。常伴阳春白雪，情兴自然雅致；但过度强调课程的高雅品质，以致曲高和寡，发出"知音者希，弦断有谁听"的慨叹，课程之教化民众功能何以实现？通俗特性的审美性正是以民众之音表达民众之心的要求。所谓通俗意为共同的风俗，为广大民众所喜闻乐见，口耳相传。课程的通俗特性的社会性也表现为"乐声即民声"，民歌、民谣、民俗、民风直接表达和体现底层民众最真实、最朴素的心理特征和生活感受，以及他们对世事人情的集体心向，故古人观民歌以知世情，以匡政事之得失。楚谣汉风向为庙堂高位者所重，为江湖客居者所观，均源于此。但通俗的极端则趋于放任人性的弱点，而至于低俗，故世风不古、人情颓落之际，当需高尚之士以扶正，使雅俗各得其所。

2. 课程三组对应文化特性之间的序列

课程的三组特性反映或作用于人性、理性、情性领域，在课程的文化结构中均是不可或缺的。但三者在课程特性构成上扮演的不是等量齐观的角色，而是轻重有别。中国古代训诂之学讲求"信而后达，达而后雅"，俱此三者方为达诂。因此，我们认为，在课程特性结构上，求善为上，次之求真，次之求美；信仰是人性之本，智慧是人生之依，崇高是人情之趣。

3. 课程文化两个层面的协调与整合

以神圣、精英、高雅特性构成的雅性层面和以世俗、大众、通俗特性构成的俗性层面，二者之间的平衡标准如何？雅文化与俗文化如何更合理地体现在课程文化之中，这是课程理论的重要命题。一般来说，课程文化的雅俗功能受社会环境、文化条件及学校教育目的的影响，因此常常出现某一时期课程以雅文化为主导，另一时期以俗文化为主导。

从课程的人与社会功能区别上看，治定制礼、功成作乐。一个时代在开创之初，课程的"取法乎上"风格十分突出，其人文雅化、踵事增华取向十分鲜明，因为要用高雅之风荡涤污浊之残余，社风民俗的移易革新是新时代的先导。思想的创造先于物质的创造，但思想的创造代替不了物质的创造；在新的社会意识和民众价值体系初步成型后，服务于现世生活和日常事物的世俗知识的传授必然成为社会活动的重要方面，由此才可以实现教育的致用功能。

4. 课程文化双重特性的逻辑悖论

课程文化的两个层面、三组成分之间是相反相成的，甚至表现出存此去彼的对立特征。雅俗不可共存，圣与世、贤与不肖不可得兼，这就是课程文化双重特性表现出的悖论现象。它告诉人们，构建课程文化，求得内在诸文化要素与结构上的协调是不可能做到的事情。但现实上，课程的文化特性却是以这种相反相成的状态存在着，据此发挥课程的文化塑造功能。

课程文化结构的悖论特性的成因：一是人类思维机制上固有的悖论限制，决定人们为自己的认识模式设定了逻辑上无法解决的命题；二是人的性格结构的两重性决定了作为塑造人的个性的课程所具有的双重特性。课程文化特性上的悖论性质为人们设计一个协调、整合的课程结构，进而最优化地体现课程的多元文化属性和功能提出了挑战。既然雅与俗、圣与世、贤与不肖、美与丑两两之间是不可调和的矛盾体，那么如何保持二者权重的适度平衡就是对课程设计者智慧和艺术的考验了。

第四节　课程文化的危机与重建

从一般课程理论角度来看，课程的文化功能是以课程特性的成熟为实现条件的。当一种课程体系或课程形态没有表现出清晰、独具的文化特征和价值倾向，没有使学习者形成鲜明的心理个性，没有为社会营造出与课程理念相一致、与该民族文化传统相共鸣的精神特质时，就出现了课程文化的危机。简言之，当课程无文化，课程已不具有文化传承功能，课程不为化人，但求格物时，课程文化危机就发生了。

课程是一种价值文化。在特定社会境遇中，课程文化走出危机，实现复归、更新与重建，需要本土文化传统、教学传统、民间约定信仰、社会公序良俗的支持，毕竟仅从一般课程理论角度思辨式地构想应然的课程特性，而无视本土文化传统和国民心理的惯性和潜力，难以实现课程的文化重生。基于此，本节讨论三个论题：课程文化的危机、中国古典课程的文化特性与当代重建策略。

一、课程文化的危机——认知适应而文化失调

认知适应而文化失调是课程理论建设面临的根本困境。所谓认知适应是指课程承载的认知功能已经满足甚至超越了个体发展的需要。在课程所负载的文化信念方面，于国外，可以实现认知层面的相通，但无法实现文化的认同；于本土，同样处于一个寻找不到文化归属的无根状态。课程文化的效能取决于其诸对相反特性的协调以及雅性与俗性的总体兼得。一个有效能的课程文化必然是各结构的合理配置，由此经过一系列的工作环节，实现课程文化的人文与社会功能。当课程文化不再体现应然的价值和精神特性，失去了课程文化的信仰、教化与审美娱乐功能时，课程文化就发生了危机。课程文化危机的成因是多种多样的，由于不同社会的发展状况和国家政治信念以及意识形态上的差异，导致课程文化危机的主导因素也不同。

(一)课程文化危机的成因

在课程发展史上，课程文化危机现象常常表现在课程实践中。从课程文化的时代境遇来看，危机的成因有几个方面。

1. 治世哲学下教育理念的偏差

依据课程研究的政治学视角，一个国家意识形态的社会主流价值观无疑是统治阶级思想的反映，不论作为上层建筑，还是政治哲学，它都直接规定着一个国家所认可的教育理念和课程特性。如果否定超验世界的神圣性的意识形态，必然以世俗价值观取代信仰体系，由此使课程失去了培养信仰的文化特性；如果把智慧看作等价于知识的认识论，必然过分追求课程的理性特征，而忽视了课程应有的思想财富；如果把崇高看作道德的和规范的内涵，必然过分拔高课程的道德标准，而忽视了课程文化应有的自我欣赏、娱悦和审美直觉的特性，这些都是主流意识形态对课程文化的不适当的改造与强加，使课程文化特性本义发生扭曲。

2. 课程文化特性内涵的曲解

神圣是对非世俗意象或事象的虔信与敬畏而形成的心理映象，人们的信仰即来源于此。当人们无视神圣的超验性，不再把虔信与敬畏看作信仰的本质特性，而把信仰解读为对现世观念的接受与认可，把乌托邦变成红尘人世，那么课程的信仰培植功能也就消退了。人们可以心安理得地恶搞经典、亵渎圣者、不敬先贤。世俗是现实世界人们集体认可、接受、奉行的生活规范和民间生活方式，有美恶之分；公序良俗应当成为正风美俗的追求。当人们过于沉湎于人的本能状态，把生活或生命的原始冲动(低级趣味)也看作合理的

行为动机时，流俗取代了世俗。不受规范约束的、恣意随性而为的东西替代了课程文化的世俗美化功能。

智慧是思想者的品质，而不是学问家的品质。当我们把课程的精英特性曲解为以学问或知识装点门面，以虚假、炒作赢得学问头衔时，思想者的深刻就会被炒作者的平庸所取代。课程的大众特性确保课程的集体、社会功能的发挥，但当人们把大众化、平民化理解为整齐划一、千人一面的时候，大众也就变成了群氓，集体意识也就成了乌合之举。

崇高是人的品格追求和内心修养，是齐家、修身、闻道、治国的心理品质达成的前提。但当人们以功利目的附庸风雅、自视孤高时，崇高就变成了质木无感的说教与道德宣讲。课程的通俗性本在于以民情感化民心，以民乐化育民志，使国民心理、审美取向更加健康。但当以媚俗迎合人性弱点和低级趣味时，郑声之乱雅乐，通俗就会被低俗所取代。由此，当课程文化的神圣与世俗、精英与大众、高雅与通俗特性被渎圣与流俗、炒作与群氓、附庸与低俗所取代时，课程文化负向功能的出现成为必然。

3. 课程文化特性的失调

课程文化特性的失调，或课程特性的文化失调是指课程文化诸成分在特性整合上的失衡，进而导致课程的文化特性与社会功能的偏失。

课程文化的结构失调。课程的雅文化特性与俗文化特性的失调，以神圣—世俗维度的缺失为例，使课程文化的信仰教育功能丧失，犯了以世俗观念培养人的信仰的错误，其他两个维度亦然。三个维度在双重特性权重上的"矛盾性失衡"，使得课程文化既过于追求同时又轻视了"神圣""精英""高雅"特性，既过于表现同时又误读了"世俗""大众""通俗"特性，由此使课程休现出过于强烈的意识形态性、知识理性和道德说教色彩，忽视、淹没了世俗之纯、民智之睿、民情之美，使课程缔造出来的学校文化过于雅化，俨然一幅不食人间烟火、不着世间风色的教义宣讲图。这自然使本是社会与日常生活息息相通的学校成了文化孤岛，社会功能难以实现。

课程文化的功能失调。与课程的雅文化特性与俗文化特性的失调相并存，课程文化进而学校文化与社会文化的失调，使得课程文化的教化民众、肃清社风、整饬社会价值导向的功能难以实现，这就是课程文化的功能失调。

就文化的个体功能而言，"神圣"并没有培植人们的信仰，"精英"并没有带给人们智慧，"高雅"并没有提升人们的审美品位，此为课程"雅文化"的功能失调；同样可以看到，"世俗"却使学不致用，"大众"却令寒门无贵、读书无用、教有差等，"通俗"却非喜闻乐见，此为课程"俗文化"的功能失调。

就文化的社会功能而言，课程文化的功能失调表现为虚假信念的存在。

学校文化与某一特定时代广大民众所秉持的信仰并不完全一致，其间存在着信念的分野或偏差，甚至出现学校文化信念与大众集体的社会信念相反，那么学校就将不是促进、更新、塑造民众心理和社会精神特质的场所，使虚假与真实的教育信念并存于课程文化之中。课程文化中虚假信念的存在及其与社会大众信念的不一致是课程文化的功能失调的重要方面，也有学者将这些称之为符号与物质的分离现象。

匡正课程文化结构与功能的矛盾性失衡，必须对课程所包含的轴心文化与离心文化给予合理的厘定和赋予，使得课程神圣但不超脱红尘，精英化但不脱离民众，高雅但不曲高和寡；同样，课程也应追求世俗但不同流，大众但不盲从，通俗但不低俗。做到以轴心价值文化为核心的雅俗统一。杜威说过，教育即生活，教育即经验改造，教育即社会。当教育不再关怀世俗日常景况，不再以实现提升人的知识，不再以协调改造时代精神、肃清思想风纪为己任时，教育就将失去其固有的化民成俗、平治天下的人文使命。

(二)课程文化功能发挥的机理

课程文化化育心性、移易风俗、重建价值信念，最终更生社会新文化的过程，主要是以两种途径实现的，即文化的初级内化与再内化。

1. 课程文化的初级内化

推动世界的手就是推动摇篮的手。个体价值观的最初形成无疑是在家庭、在成员交往中逐渐建立起来，而系统化价值观的养成则始于学校教育。当个体从家庭步入制度化学校开始人生最初的准社会角色预演时，个体思想观念的自觉塑造来自学校教育。课程以其体现的价值观、认识方式、审美倾向、生活型式作用于学生，个体接受这些文化信念并纳入自己的认识结构和价值体系中，形成了自我看待世界、人生、社会的初级观点，养成独特的人格品质，成为一个有文化修养的人，这就是课程文化的初级内化。它是一个当下社会认可的文化样式或文化理想第一次成功写入受教育者头脑中，成为自我人生观的一部分的过程。

2. 课程文化的再内化

课程文化是一种主流或理想形态的文化类型、典范，其教化价值高于现实价值，因此，久居学校象牙塔内的莘莘学子大多思想上具有单纯的理想倾向。而学校的社会功能决定了它必须把培养出来的学生送入社会现实的舞台上，前赴后继地扮演人类历史这部多幕剧的剧作者和剧中人角色。同时，学校教育的简约性和人工设计的情境特点决定了个体初期形成的思想、信念、价值系统不足以应对纷繁复杂的社会现实生活，使得初涉世事的青年学子多会体验到价值冲突、心灵迷惘和心理落差。为了能适应社会现实的游戏规则和生活法则，他们不得不修改、更新、放弃某些自己观念体系中原有的信条，开始新的价值体系和人生哲学的重建。对个体而言，放弃曾经恪守的，接受无可奈何的，是一个痛苦但必需的蜕变过程，这就是个体文化的再内化，即在新的真实的日常生活世界中，把扑面而来的社会文化理念再次写入自己的认知结构之中，对原有信念系统的修正、更新、充实、丰富，以实现价值观的第二次内化。这种改写使得个体形成了足以适应社会环境和真实场景，足以应对日常社会生活的观念系统和个性特征。由此可见，个体文化个性的终成是文化两次内化的结果。文化的初级内化是个体的教育文化濡染自得过程，再内化是个体的社会文化强制重建过程。我们看到，在个体文化得以成功型塑的过程中，课程文化与社会文化的相互转化能否顺利实现至关重要，它关乎个体文化内化的成败。只有当课程文化与社会文化相互协调、共通共融时，二次内化才能顺利实现；反之，当课程文化与社会文化相区隔、相游离，以至完全相抵触时，个体的文化再内化过程就会经历巨大的文化碰撞、心理痛苦和认知失调，导致文化再内化的失败，使课程文化无法通过个体内化最终转换成社会文化的更新与重建，课程文化的移易社风民俗机理即在于此。

（三）课程文化危机的表现形式

课程不论在研究、设计、实施、评价的环节序列，还是在育人、治世的社会功能上，都关涉价值、文化等因素，也关涉心理、社会、知识等因素。同时，考虑到课程文化的功能机制，课程文化危机总体表现为上述各个环节或要素的病态，它们均显示出实然状况与应然状态的失调。

1. 课程之价值理念的失误

培养个体持有什么样的终极信仰？通过什么样的课程特性来达致信仰的形成？这是价值理念上的失误。我们华夏文明传统的教育大伦与人生大伦是合二为一的，遵循天文与人文的合一。因此，尊天道、观天文可以明人道、成人文，直至成人教，终于明德、新民、至善的终极教育理想。

2. 课程之文化结构的失衡

上文已有论述，即雅胜于俗，以及对课程文化特性本质的曲解使得课程的文化特性异化为"非人非文"的。

3. 课程之心理文化的失调

心理或认知失调表现为个体先前的认知理念与现有的新信念的冲突，使个体难以找到一个可以统合二者并纳入自己认知结构之中的观念框架，导致一种无所适从的心理状态。由于课程文化与社会文化及家庭价值观渐行渐远，区隔游离的鸿沟难以跨越，因此，个体在学校中濡染内化而形成的文化系统与校外社会文化信念的碰撞导致个体心理上的失调。

4. 课程之社会文化的失范

当学校课程文化越发趋于雅文化与俗文化的极端，使课程文化成为自娱自乐的文化孤岛而孤芳自赏，学校文化与社会文化将沿着两个不同的路向形影相吊。我们知道，只有当学校文化成功地通过两次内化之后，才能实现对社会文化的更新与改造，发挥学校文化改造社会文化的功能。从这一意义上说，社会文化的规范是来自于学校文化的，并成为社会文化净化的源泉。当学校成为文化孤岛，其文化信念不再为社会文化提供改造、革新的精神灵魂时，社会文化必然迷失于人性本能的弱点之中，导致社会信仰沦落、价值信念多元、道德规范失势等，即社会文化的失范。在课程理论研究中，学校文化的雅颂特性的极端、曲解的强调，结果表现出的渎圣、炒作、媚俗、群氓的社会文化状况，就是社会文化失范的表现。

5. 课程之人间文化的失道

学校文化的失调导致社会文化的失范，声随世变，人们不再坚信传统的价值观念，不再恪守不可挑战的人类良知的道德底线。当社会民众以一种集体心态无意识地共同践行失范的价值规范和信仰体系时，社会演化为整个思想领域和精神领域的混乱和滑坡。假作真时真亦假，时俗工巧俩规矩。当价值规范和信仰体系背离人间正道和人类共同珍视、恪守的道德准则，并且成为全社会人们共同的意识形态和行为方式时，礼崩乐坏、丑恶滋彰的状况就出现了。人间邪道僭取了人间正道的角色，此即为人间失道。

以上五种课程文化危机的表现形式，由先到后形成一个顺次作用的逻辑序列，因此，上德、尽美、至善的人间正道呼唤着课程文化"明德、新民、至善"之魂的归来。

二、中国课程文化的经典品性

从价值论和人道哲理的角度，华夏文教与文治一直追求和塑造"明德、新民、至善"的教育理念和社会理想。一定的教育理念与社会理想必然体现出一贯的教育品性和精神特质，这就是熔铸于"明德、新民、至善"之中的文化特性和人文品格。正如人有外在的仪表、内心的价值追求，但又综合凝结为人格特征一样，课程的文化特性亦然。它是课程表现出来的、一以贯之的对社会精神状况、人的品格修养及民众心理和民族精神特质的自觉追求和恪守，是一个民族共同体或地缘国民性格和精神典型化的范型和集中体现。作为一种文化递质，课程的文化品性是保持、传承、革新国民精神和国人性格的重要力量，国民的本土文化本性由此塑造而成。

中国古代课程文化的精神特性反映了人人认可和向往的社会理想和推崇的人格特质，反映了人们认识和表达天人关系的方式，同时，也表明了人们对天、地、人之关系的理解。以"五经"为代表的经学，既是经人之学，也是经国之学，更是中华文化之民族魂得以形成的思想渊源。中国古代课程文本以"六艺""五经""四书"为代表，这些既是华夏文明赖以传续的经典，也是生息于华夏文化圈的"中国人"价值信念的核心表达，它们表现的人文特性和艺术风格成为中国气派的课程文化品性的最好表征。我们据此类经典的文本分析，可以约略概括出华夏文明圈内课程的经典文化品性。

从"五经"的思想价值来看，次第为《易》《书》《诗》《礼》《春秋》；从"五经"的教育价值来看，次第为《乐》《诗》《礼》《书》《春秋》，《易》为诸经之本。孔子说，"兴于诗、立于礼、成于乐"，"诵诗三百，授之以政"，"不学诗，无以言"，等等。可见，诗为百教之首。清代学者、诗论家沈德潜论"诗"的功用时说道："诗教之尊，可以和性情，厚人伦，匡政治，感神明。"据此总总，我们可以将"五经"等经典课程文本所表达和追求的社会理想、国民性格、个体人格、精神特质概括为"乐""哀""怨""祭"四个方面，整合成为教育的美刺精神，这也就是课程文化的经典品性。其凝结于个体的精神领域，成为每个华夏子孙身上体现出的"中国人"的文化识别符号。

1. 乐

乐是一种天、地、人积极进取、永不言止精神的表达。"治世之音安以乐，其政和。"(《毛诗正义·周南》)治世之政教和顺，民心民安，其化所以喜乐，述其安乐之心而作歌，故治世之音亦安以乐也。作为人文精神和民族性格的核心要素，乐的人文特性集中了天、地、人之乐的总和，通过天人感应的推想，汇化成一种人类最可宝贵的文化特质，它具体表现为法天之乐，在于自强不息；法世之乐，在于乐群敬业；法心之乐，在于和睦性情。

自强不息的信念是人类生存的理念支撑。不论千百万年人类漫长的史前进化史，还是数千年的人类文明变迁史，人类社会在与自然界的艰苦抗争中，与人类王朝更迭的卓绝斗争中，与人性本身善恶美丑的认识冲突中艰难前行。人类的发展史进程是用人类自己的鲜血铸造起来的历史阶梯渐次登上社会的文明舞台。哀以励志，乐以不息。伟大的悲剧都包含理想主义的成分，体现着人本力量、人类信念和乐观精神，使人们不至于灰心、沮丧与沉沦。人类心中必须怀有坚定不移的理想主义信念，以上下求索的魄力和九死不悔的勇气才能走向并创造更美好的人类社会的明天。

乐群敬业的理念是社会发展的基本观念支撑。对自己的角色与职业深怀敬意，才能乐于献身于此。乐业的人们可以形成一种互相认同、尊敬的社会交往气氛。乐群表现出来的众乐是独乐的基础。古代哲人君子，心怀天下，情系众生，他们也追求个人之乐，但更欣赏天下皆乐之后的独乐境界。

天下有道，则庶民不议；治平累世，则美刺不兴。和睦性情，以至天下皆乐，是个人至乐的终极追求。儒家个人品格和修己的原则是达人、立人，而后己立、己达，终于天下平治。仁、义、礼、智的修习，喜、怒、哀、乐的自知，都与个体所处的生活境遇有关，由此也会影响到性情的积极效果或消极效果。以乐观的心态、积极的人生信念，行仁、明义、问礼、广知，就会使个人之喜、怒、哀、乐朝着更符合自我预言效应的方向实现，此为心态决定个性，个性决定命运。当人们以天下之乐为追求，以后天下之乐而乐为个人信仰目标时，与人乐乐，与众乐乐，教育的最高目的，使人皆乐也就实现了。

乐的精神品性是有规范的。"人秉中和之气而生，则为聪明睿智。大约至乐沉酣，而惜光景，必转生悲；而忧患既深，知其无可如何，则反为旷达。此为倚伏之至理也。"(《文史通义·质性》)乐而不淫，为人伦之守；乐而不极乐，为自明之智；于此，风之正、雅之正便是君民之乐的理想状态。

2. 哀

哀者，忧也、悯也、悲也，是一种最撼动心灵的心理情感；天道如何，吞恨者多。哀可以通天地、恸心灵、泣鬼神。诗所以明人伦、和性情，哀的情感激发是其主要艺术功能。哀而不及于伤，是哀的情感特征的积极向上的前提，避免使人哀极而心死。"亡国之音哀以思，其民困。"(《毛诗正义·关雎》)国将灭亡，民遭困厄，哀伤己身，思慕明世，述其哀思之心而作歌。哀的课程精神也表现为三个方面：地之哀以厚德载物，法人之哀以忧国忧民，法心之哀以起而后作。三者整合起来构成了课程文化的上德、忧世、悯人、直正的精神品性。

地之厚德，以哀悯万物。必有忍，其乃有济；必有容，其德乃大。地之所以德厚而负载万物，只因地势卑低，上善若水而归之；地以虚谷怀之，故心中乃容至善，自成上德。地施德泽于万物不有常，只因善道而已。因此，课程必以虚怀若谷的胸襟，培养个体心中的哀悯怜爱万物的恻隐心性。以谦谦之心态，光而不耀；敦厚温润的"玉德"，濡化士人君子的心灵。

法人之哀，以忧国忧民。这是君子以至庶人共同信守的社会品格。忧患心理和忧患意识不仅是个体自爱自珍的心理特征，也随着集体认识的广泛认同而内化积淀为华夏民族的优秀民族性格和心理个性，成为各个阶层、群体人们的共同个性。不论穷达，不论卑贱，人们总是以各种各样的形式表达修身之忧、行道之失。当人们困而不遇的时候，忧道之不行；达而位高的时候，忧国之治乱；迁而位卑的时候，忧民之水火。忧道、忧国、忧民、忧己已经成为华夏文化的一个价值核心。

课程文化作为净化心灵、感化心性的媒介，其功能堪与艺术作品的美学功能相较。与喜剧相比，悲剧更具有感怀心性、净化心灵、促人警醒的艺术力量。所以说，悲剧之伟大在于它以毁灭人间真善美而让人警醒；伟大的喜剧都包含悲剧成分，就是因为悲剧敬畏、崇高的美学价值所具有的感化心性的力量使然。

法心之哀，以起而后作。"哀以立廉，廉以立志"，不伤之哀，是一种清静明思、反省慎辨的情感状态。乐而极乐容易使人思维盲目，哀则是一种更沉静致远的心境；净化心灵，震撼内心，积聚奋起而为的意志和斗志。知耻而后勇，哀而后作。乐与哀一同形成了古代圣贤的忧世乐天的精神。郑卫之音，乱世之音；桑间濮上之音，亡国之音。诗经文本中之所以选入乱世亡国之音，在于贤人君子听其乐音，知其亡乱，以劝谏讽喻。

3. 怨

怨是一种以清醒自识的自我意识指陈、评说，谏净世衰时弊、人心不古、悯时病俗的批判主义精神，清醒的批判现实主义是怨文化的核心特质。"乱世之音怨以怒，其政乖。"（《毛诗正义·关雎》）乱世之政教与民心乖戾，民怨其政教，所以愤怒，述其怨怒之心而作歌。于天地而言，天人合一的宇宙观赋予天地以人格特性，承担着经纬人世的圣命，彰显人间正道的角色。得闻天地大道者唯仁知者，所谓圣者忧道；受天地善道福祐者，唯仁善之士、从善明德之君民。天之怨来自于人世衰颓、道体不行、万物不化。天将降怨于失道之民、无道之君。善恶有祐祸，辨之有青天。古代以天地良知为自我内心匡正的最公正的评判官。违天悖地、忤逆良知的行事是会遭到天谴地罚的。所以古人说，天无常德，它不会总是将命运垂青于某人，而只眷爱那些仁善施德者。所以孟子也说，仰不愧于天，俯不祚于人，为人生三乐之一。

从价值体系角度看，天地之怨的观念事实上是华夏文明的一种宗教式的终极信仰，它代表着超世俗的价值体系，是人们生活于尘世之中必须培养起来的虔信精神，是其他一切人格特征和思想价值观形成的基础。课程文化中应该充分体现这种典型文化特质的信仰体系，是课程文化神圣性的核心要素。

怨之于世，则以考鉴时政为务。"民无自怨，皆君上失政，故下民生怨也。"（《礼记正义·乐记》）观乎人文，考风俗之美恶，以知政治之治乱，可见，怨之于政治，有指称病灶、以施疗救的功能。孔子在概括《诗》的社会功能时，以兴、观、群、怨为四个功能，表明学校教育既是兴雅正之主流文化，更重要的是以变风之民怨、变雅之君忧表达出来的历代社会通常具有的社会病疾和人性弱点，足资以警示后来治国者，慎独自我，警戒后来，以至"不吝美其所美，不惧刺其所刺"的美刺精神及浩然正气，成为中国古代知识分子恪守的群体品格。

学校文化之于社会精神，移易、改造、革新是其重要使命，只有学校文化从始至终以一种清醒、明达、建设性的而不是非理性的、怨天尤人的、玩世不恭的现实主义批判个性作用于个体，才可以达到净化、提升、重建社会民众文化信念的作用。不乱之怨、不诽之怨尽管是诗教之温柔敦厚之风的传承，但也证明"不怨"与"不诽"正是建设性批判现实主义精神的内核。

就古典课程文化品性来看，从《诗》的"美刺精神"到《春秋》的"春秋笔法"，批判精神都成为贯彻经典课程的核心灵魂，成为课程设计者最为看重的人文精神和课程文化。其或以变风变雅，或以春秋笔法，或以悯时之变，或以病俗之恶，微言讽谏，警示治世君主，劝诫来者。不平则鸣，人之心怨由政而生。邦有道，则庶民不议。一个有着活跃、敏锐批判精神和清醒意识的时代是政治清明的必然前提；同时，这种批判的时代思维方式也潜在影响着个体的思维品质和认知特点。心中无怨者，是一个没有独立意志的人，是一个没有自我批判思考力的人，也就是一个精神和心灵的奴隶。

"邦有道，危言危行。"（《论语·宪问》）我们很难想象，当一个社会的成员心中没有了直陈是非、痛挞善恶的意志和激情时，或一个社会的个体只是不问是非、不识善恶地怨天尤人时，社会状况何以堪！世风民俗何以堪！人们的价值良知何以堪！

怨还有另一种特性，在治国意义上表现为帝王所必备的气质，即圣者之勇的品质。文武之性，义理分明，一怒而安天下。朱熹解释说："人君能惩小忿，则能恤小事大，以交邻国；能养大勇，则能除暴救民，以安天下。"（《四书章句集注·孟子·梁惠王下》)这确实指明治国者本身必备的双重性格以及麾下汇集游说亲和之士与性情中人、铁血男儿的必要性。血气之怒不可有，理义之怒不可无，是所有人格特质的基本构成。

4. 祭

祭者，记也，寄也。记往者于心中，寄来者于神明。祭祀是一套行为和规范，并由此演化成一种虔诚信仰和价值体系。从广义上说，祭是人类所有文明共同具有的发源最早的礼仪方式和具有社会意义的宗教形式。祭尽其敬。祭以其对某种超验事象或物象的虔诚崇拜，表达内心的敬仰、畏惧和尊崇之情，是一种广泛发生并流行于各民族文化之中的行为，并伴随着一套标准化、规范化、严整化的仪式规则。

"重民五教，惟食丧祭。"(《尚书·武成》)在中国华夏文明历史长河中，祭承担着至为重要的信仰功能、社会功能和心性功能。"慎终追远，民德归厚"所蕴含的伦理品性的社会意义在于，关切地对待临终的生者，虔敬地追思逝去的故人，则民风变得淳朴，民德变得敦厚，实现以家道人伦的修养达到社会道德的广布。"北祭宗祠，南临苍生。"(《论语·学而》)祭者，记忆也，记天与记先；仪也，以礼约民。因此，祭表征着宗教、人伦、心理与社会风俗、规范礼数，实为中国古代社会价值准则的集中体现。

祀天神以崇天道。郊社事天地。天道即人道，尧舜文武莫不依天道、治人世。天在中国文化里起着宗教般的作用。天意向善求美，施仁明义，同时，天道亦绌恶简不肖。天命之尊，人不可违。天道公正公平，弘扬人间正义，所以青天才有天下至公者的美誉。天、上帝、上苍、老天爷等都是存在于中国天文化之中的终极信仰体系里的至尊圣主。在这种超验的思想体系中，人们赋予天以无所不能、垂视人间万象、善恶分明的人格特征，因此，祭天神以成人事，明天道以明人道也就成为人们心中坚守的信念。

祭先祖以厚人伦。宗庙祭先祖。祭祀活动发挥着心灵与社会的双重效用。祭祀于心灵层面，例如，天道以"清明时节雨纷纷"的自然物候，哀思逝去的生灵，表征世间的人道伦常，当人们身处"把酒酹神明"的此情此景之中，心灵深处油然而生佳节思旧友、清明念故亲的感怀，这就是祭祀的心性功能。祭祀于社会层面，有双重功能，一是人伦，二是本于人伦的道德规范，由己及人、由家及天下的思想逻辑，使得中国社会形成了以家庭(族)为核心的、由亲及疏、由人及群的圆周式扩展的差序格局。百善孝为先，百孝亲为始。在这一思想中，家族伦理成为修、齐、治、平的核心价值观和行为标准。"事死如事生，事亡如事存，孝之至也。"(《礼记·中庸》)以孝为核心的善道伦理观也是中国古代政治思想的核心信条，所谓求忠臣必于孝子之门。可以说，以礼为社会规范的价值序列是以人伦为起点确立起来的。"礼有五经，莫重于祭。"(《礼记·祭统》)祭的直接目的在于序昭穆、明人伦之差序，塑造人们心中的对家族先人的诚敬、尊崇、虔信。家国同构，正是因为祭有着"丧礼笃亲爱，祭祀崇孝养"的人伦价值和效能，故为历代圣王所重。祭之敬与不敬，关乎国之治乱。

"祭如在"以成教化。教之道在于化其心、明其善、立其志、弘其德，成其心性。祭尽其敬。对于个体而言，祭祀的行为对象不论是天神、地祇、人鬼，其诚信、虔敬、尊崇、敬畏之心是必须的。神、祇、鬼这些尽管是超验的宗教意象，或另一个世界的存在，但人们却应当以诚信其在场的态度和情感来祭祀尊崇它们，即所谓祭神如神在、事死如事生，礼也。当古人心中树立起鬼神虽缥缈，却常常于现世人生中左右人们的生活、评判人们的行为，并施之以善恶的回应之时，这种源于天帝、借于鬼神的特有超验信仰体系就确立起来了。于个体，心有所敬、所畏；于社会，民有所托、所依。只有人们在超验世界里建造起了终极信仰的心灵家园，但又不沉溺于不可证实的虚幻神明之中，远离"不问苍生问鬼神"的心态，面对真实的人间，在现实世界里尽行人事，自强不息，那么才能塑造成一个有信仰、有操守的风俗美尚、人情和悦、政治清明的社会。所以，孔子说，敬而远之。严敬鬼神而远之，而后教化成，斯为至论。

中国古代一以贯之的课程精神品性盖体现于以上四者。课程之乐，以自强不息；课程之哀，以哀而后作；课程之怨，以考鉴时政；课程之祭，以厚人伦、祀神祇、成教化。俱此四品性的课程文化，才能塑造出进取、思危、批判、诚信的社会精神特质，最终实现明德、新民、至善的教育之道和社会理想。

三、课程文化的忧思、复归与重建逻辑

一个文明单元绵延不绝的理由是它有一个一以贯之、不断充实生长的轴心智慧，这个核心文明信念尽管在不同的社会历史条件下会有所变异，但那也属于不离其宗的社会时代变体。当周期性的复兴、革新机制出现于某一文明单元的历程中时，标志着构成该文明的内核信念已经形成，其生命力将历久弥新。与之相伴生的课程文化（或教育文化）又何尝不是如此呢？当一种课程文化出现了围绕某一信念的周期性复兴现象时，我们就可以说，该课程文化已经真实反映了所属文明的内在本质，标志着课程文化的核心智慧已经形成，一个民族的教育性格已经清晰。

就课程文化状况而言，其文明内核的缺失，文化特性的失落，文化功能的弱化，由此导致的教育之民族性格及人的民族个性的缺位都是课程文化困境的体现，其中尤其以具有逻辑起点意义的课程文化的核心特质的厘定与重建为切务之急。只要一个文明单元还有生机勃勃的生命力和思想智慧，那么在文化波折或背离的迷途上，回归本源、溯本求兴、引类创造、革故鼎新，就是实现文化重生的基本方略。

基于上文述及的中国古典课程文化具有的乐、哀、怨、祭的核心品性，重建课程本性、复归课程精神、新生课程个性，拟提出如下策略：蒙以养正，知以教人，育人作善，变风为雅，化民成俗将是适合中国文明状况的本土课程文化品性得以生成的理念。

1. 蒙以养正

知识并不是任何时候对任何人都有意义和益处。原始人类从远古时代之蒙昧，逐渐进化成心智开化的现代人的文明史启发我们，随时之宜的知识授受是最有益于个体发展的。原始人的蒙昧心智与个体童年阶段的懵懂状态都是最适宜其时的心理状态，宛如神奇的沃土，不断培植出对世界的好奇与疑问，成为他们后来实现健康发展的条件和动力。因此，在儿童时期，请我们珍视和保留孩子们的好奇与疑问，教育者没有必要将所有知识都清楚明白地告诉他们。适合他们学习的，告诉他们；不适宜他们的，就给他们保留一份神秘，不必彻底揭开蒙在这个世界上的所有面纱。让他们在懵懂的岁月里度过本该懵懂的童年时光，不正是童真之本吗？所谓初以蒙昧，以养性情之正。

蒙以养正不只是儿童教诲之道，也具有成人修养意义。山泉为蒙。天地成物之初，必使之蒙。蒙以养心，返璞归真，正其性命。蒙昧于世事，然后心乃正；黄老之士，居得桃源之所，寄情山水之间，求其全真。故正心者惟使之蒙。王弼曰：养正以明，失其道也。

2. 知以教人

仁、义、礼、智谓之性，喜、怒、哀、乐谓之情。尽管智性不必看作是个体修身的首要目的，但从善性获致的形成逻辑上看，我们倾向于认为智是人性完善的起点，所谓"知识即美德""大仁者大慧""勇夫安识义，智者必怀仁"，都是强调"知"在人格养成上的起点和前提意义。

从中国古代学校教育的核心信念上可以看出"教人以知"的教育学价值。修身之首先在于格物以致知，入大学者首先课以离经之业，大学之道首在"明明德"。这里实际上包含着关于"知"的几个不同层面的多重结构，形成了发展人的心智而终成完善人格的多元意义。"教人以知"首先在于陈述层面的知识。通过讲述经籍、互相论学、探究外部世界，人们获得了事物发展的规律、社会运行的机制以及世事风俗的基本知识，没有这类外显知识的学习，个体思维是无法获取发展资源的。

"教人以知"其次在于所以然层面的知识。陈述层面的知识是现象学的、表达性质的实然状态，是对自然、社会、人生等最基本的描述和规范，具有工具性，人们可以依之行动。但这类知识足以致用，不足以明理。我们不仅要告诉学生什么是善念，而且更重要的是要告诉他们为什么是善的，即伦理学层面的知识。"明明德"即表明不仅向学习者表明什么样的德性是圣明的，而且更重要的是在伦理层次寻求理解"明德之明"的理论根据，这类知性化知识是改造学生认知结构的重要成分。

"教人以知"的最高目的在于授人以慧。格物仅得致知，格心方得致慧。

慧者意智慧，是人具有的一种在先天心性基础上，借助后天实践活动和主观思维活动形成的洞察、获得、把握事物本质特征的理性能力。智慧是内在的，其前身是知性知识，再前身是经验，因此，大智慧者有大彻大悟的通达思维能力。不忧的仁者，大成的知类通达之人，均是教育之智慧的获得者。学问家与思想家、大儒与鸿儒、仁者与智者、小成与大成者，区别均在"致慧"否。

3. 育人作善

善是一个价值概念，不同文化传统和哲学信仰者持有不同的人性论、善恶观，尤其当善与伦理学、意识形态、政治哲学联系起来时更是如此，当然我们也承认存有基于人类本性的类属价值准则，有共享的关于善恶的价值标准。但教育之善的理念更多隶属于文化传统和民族语境下的阐释。

在中国传统哲学和文化语境中，善是一种以人伦品格、推及社会道德，进而成为社会准则和治世哲学的核心价值信条。因此，我们所谓善，首先是人伦之敬、人伦之爱，是调节家庭关系和维护人伦差序的核心原则，这就是孝，百善孝为先，即是明证。

在育人活动和学校教育中，以向善、劝善、至善为育人的最终目的。任何知识教学、修身行为，都最终指向培养和确立个体心中崇善、行善的行为模式和价值体系。"自明诚，谓之教。"由此可见，在实质方面，教的活动是以孝道为先，以人文而化之的过程。所以，"百孝亲为始"的孝道进而人伦准则是教育活动的重中之核心，是"百教善为首"的首善教育理念与"百善孝为先"的人伦治世之道的实现基础。以人伦之教而成善教，以崇善之教而成政治。以天下为家，以齐家之法平治天下，这是中国文化中特有的政治、教育、人伦合一的现象，故政治之成以教学为先，政治往往与教化具有等价的含义。

简言之，育人作善就是通过具有伦理和人文精神的课程资源，培养受教育者以孝为本的至善价值信仰，并使之成为人们处理社会事务和人生事务的恒久规范和终身准则。力行曰仁。人的善就是灵魂的合德性的实践活动，不过，还要加上"在一生中"。一只燕子或一个好天气造不成春天，一天或短时间的善也不能使一个人享得福祉。[①]

那么终极的善念来自哪里呢？显然，任何虔信体系的终极信条都不是来自世俗的，而是来自一个民族特有的超验的信仰体系。中国古代儒道诸家，在某种程度上承担着华夏宗教的角色，为人们提供着终极信仰的任务。但由于儒道之学既有超验思辨，又关乎世俗，介入意识形态，且往往是世俗政治

---

① （古希腊）亚里士多德著，廖申白译：《尼各马可伦理学》，北京：商务印书馆，2003年，第20页。

哲学的基础。因此，儒道与西方严格意义上的宗教有所不同，这就是为什么我们不称之为儒教与道教但实质上起着民族宗教作用的原因。不论儒家还是道家，天性向善、劝善、惩恶，天人合一或人法天道的天人哲学，使得人们获得了善，是世人必须恪守的信仰的道德学基础。课程文化必须体现出善念的这种本质上的超验特性。

4. 变风为雅

以雅治人，风成于颂。[①] 某种意义上，"风"是与庙堂文化相对的江湖文化，是普通民众的心理状态、价值信仰及生活型式，以及由这些整合成的基层社会群体的情感表达，总体上代表着一个民族根本的生活原貌。古人所谓观民风，知得失，自考正；风俗美，人伦厚，教化成，都是此种意义上的"风"。百里不同风，千里不同俗。为政之要，变风正俗，是上上之策。所以应劭说："风者，天气有寒暖，地形有险易，水泉有美恶，草木有刚柔也。俗者，含血之类，象之而生，故言语歌讴异声，鼓舞动作殊形，或直或邪，或善或淫也。圣人作而均齐之，咸归于正；圣人废，则还其本俗。"[②]

道见诸物，自然物质本身就具有思想。古人擅长以物质存在隐喻精神的意旨。风本自然之象，把它与人事结合起来是古人引类取譬思维方式的体现。以风、草、水三个意象隐喻人世哲理是古人最常用的思想方式。东方生风，教化东来。风性吹拂而万物萌生，故喻君子之德；水性淡泊而涤清浊恶，故比上善之境；草性无根而飘忽不定，故类小人之情。以君子之德化育百姓，则百姓德如君子；小人怀惠，难养之性也会随德而化。君子怀德，如山若谷，海纳百善，厚德载万物，自性趋卑，谦以送往，虚以安来。这种意义上的风之特性表达出对纯美世风、公序良俗的恪守，对势利小人的批评与感化。

"道有升降，政由俗革。不藏厥藏，民罔攸劝"[③]，表明政教有用俗改更之理，民之俗善，以善养之，俗有不善，以法御之，此为"人能变乐"，以雅化俗。风俗时尚是来自于民间百姓的原始、朴素、直接、真切的情感表达和价值标准，因此，不可避免地带有人性本能的弱点和粗糙，是教育改造和劝诫的对象。"土无常俗，而教有定式。上之迁下，均之埏埴。""变风为雅"就是改造或移易那些恶不善、愚不肖、丑不美的习性或陈腐的生活方式，净化社会心理，提升国民的精神追求、审美情趣和文化品性，重建新社会的精神特质，为新的社会制度和政治理想提供适宜的民间信念和社会基础，此为"援俗入

---

① 王先谦：《诗三家义集疏》，北京：中华书局，1987年，第550页。

② 应劭撰，王利器校注：《风俗通义校注》，北京：中华书局，2010年，第8页。

③ 《尚书·毕命》，中华书局影印，1998年，第77页。

雅"。因此，古之王者，并建圣哲，树之风声，著之话言。三代以降，大道既隐，因此"正小雅"之"道文武、修小政、定大乱、致天平"就成为最现实的儒家治世法则。齐政清其风，设教雅其俗。变风为雅是一个由下而上、由非理性到自觉意识、由世风不古到宪章文武的精神改造过程，在此过程中，神圣信仰、精英知识和高雅情趣起着决定性的作用。人性的弱点和民众的集体无意识是有待圣哲雅正的。"庶民惟星，星有好风，星有好雨。日月之行，则有冬夏。月之从星，则以风雨。"①概言政教失常，以从民欲，亦所以乱。

不平则鸣，怨由政生。当政治乖戾，民情生怨，则有乐歌之哀怨，于是博雅君子病时悯俗之作兴焉，《诗》之变风变雅的篇什即源于此。政通则臣子乐，世治则民怨平。通过课程文化的指陈时政、秉笔恶俗、荡涤流弊，可以起到匡时俗、达民意、矫正乖政的目的，由此使变风之为正风，变雅之为正雅，民心向善，政肃风清，民风复归于美矣；这是课程通过其美刺的文化特性发挥匡政事、美人伦的功能所在。《诗》之雅正民俗功能的另一表现是正风正雅的教化力量，小雅正诸侯，大雅正天子。因为正大雅诗篇反映的是"据隆盛之时，而推序天命，上述祖考之美，皆国之大事"，它的劝谏君王的作用更为显著。

5. 化民成俗

行为是思想的外化，因此俗是风的外化。有什么样的社会风尚，就会产生什么样的生活习惯；变风为雅，绌恶劝善，使人人各美其美，那么良好的生活习俗也自然建立起来了。世之治乱，政之清浊，归根到底要靠人民生活方式来检验；路不拾遗之风盛，则尧舜政功成；夜不闭户之俗生，则文武之治定。因此，化民以改变陈风、陋习、恶俗，趋成纯美之良俗，是治世者实现治定功成的根本目标和标志。

如果说变风为雅是自下而上地改造社会精神、提升社会草根文化的文明层次的话，那么化民成俗则是自上而下，以圣心化民性，以圣德兴民德。以高雅、敦厚、温文的圣者之道，通过教育活动和社会活动，服务于民者之需，逐渐为广大民众所认可、接受，并内化为他们日常生活和"日用而不知"的生活信念的一部分，革新他们的信仰，改造他们的生活型式，最终建造出融汇了与时代、社会相协调的新型草根文化和大众文明，此为"乐能变人"，推雅附俗。

化民成俗作为一种以雅士阶层意识改造、转化广大民众的市井文化观念的途径，必然会发生两种价值观的碰撞、两种意识形态的冲突，以致两种文

---

① 《尚书·洪范》，中华书局影印，1998年，第43页。

化模式的博弈。化民成俗策略的成功其核心在于它找到了整合、协调这两座文化壁垒的平台，即民俗。俗是一种非强制性的、以治心为上的移易人们价值信念的集体力量；它不同于成文法的强制性，也不同于政令的强硬性。它对人的思想和行为的改造和影响自然而然，水到渠成，让百姓在不知不觉中接受了新的生活观，获得了"日用而不知"的价值准则，心情舒畅地趋向于高雅文化理念的引领，实现了庙堂文化与江湖文化、上层文化与草根文化的互动和协调。所以《学记》说，"夫然后足以化民易俗，近者悦服，而远者怀之，此大学之道也"。教育民众的最根本的策略不是政令法条，不是教义经文，而是通过这些最终着眼于社会风尚和生活习俗的改造方式，让老百姓以心悦诚服的态度认识自我、批判自我、改造自我。近被教化，远者怀之，使边隅之民也心生"身虽不在，心向往之"的意向。所以老子说："法令滋彰，盗贼多有。"尧舜之际，以世风淳朴而为后人祖；文武之时，以习俗温文而为来者彰。治世如此，治教何然？就课程文化而言，如何体现和充分吸收民间文化精神，充分尊重民间宗教信仰和生活型式，从而铸就出一种新的既反映民族文化、国家意识、党派意识，又反映民众意愿的民本课程精神，是重建课程新文化的诉求理念。

政声人去后，民声警来者。如何在我们的课程文化中充分反映草根心理和老百姓自己的喜怒哀乐，是化育心灵、移易民俗的根本所在。先师作经说："移风易俗，莫善于乐；安上治民，莫善于礼。"如果说由"乐歌"而成的乐教是移易风俗的上上之策，那是因为乐是最真实、及时反映民众心态的艺术形式。风俗移易，先入乐声，故听音而知治乱，观乐而晓盛衰。一地之乐，可见风尚；一方之音，可知习俗，故知地方乐音者，可知民情民意民风；观此可知教化之成败。

课程文化品性和精神价值的厘定与重建是一个与时俱渐、革故取新的过程。构成一个民族文明内核的大智慧也许相对稳定，但在其绵长的历史发展长河中却常常表现出或急流、或缓滩、或回旋的模式。而且，不同的社会、历史境遇，文化的核心精神会一次又一次被赋予新的意蕴，注入新的文化血液，唯其如此，历史大浪托起来的才是厚重的民族文明，并不断前行。

古墓犁田，松柏摧薪；六朝风物，尽如流水。华夏文明的课程文化核心智慧是不变的，但历经数次大的文化改造、重构、重建，增添了不同的文化新意。当今，世界文明都在经历一场也许人类文明发展史上最大的文化范式的变迁。一个文明的幸存和生命力在于其能否在新的文明大改组过程中实现自我的蜕变与更生。事机有待，岁月易迁。中华文明目前也面临这样的考验。不论搬出还是固守先人的文化遗存都是智慧穷尽的标示，只有遵循文明本身的历史递变、创生原理，积极参与到文化的诠释、改造、更生的活动中，基于本民族的核心智慧，厘定、创造出反映当今社会历史状况，体现华夏人民心声的新文明形态，提炼出我国本土课程文化的精神品性和价值追求，才能最终实现"观乎人文，以化成天下"的教育使命。

参考文献

1. 张法琨. 古希兰教育论著选[M]. 北京：人民教育出版社，2007.

2. 吴元训. 中世纪教育文选[M]. 北京：人民教育出版社，2005.

3. 任钟. 夸美纽斯教育论著选[M]. 北京：人民教育出版社，2005.

4. 卢梭. 爱弥儿[M]. 李平沤，译. 北京：人民教育出版社，2001.

5. 赫尔巴特. 普通教育学[M]. 李齐龙，译. 北京：人民教育出版社，2015.

6. 斯宾塞. 教育论：智育、德育和体育[M]. 胡毅，译. 北京：人民教育出版社，1979.

7. 杜威. 我们怎样思维·经验与教育[M]. 姜文闵，译. 北京：人民教育出版社，2005.

8. R. 泰勒. 课程与教学的基本原理[M]. 黄炳煌，编译. 台北：桂冠图书股份有限公司，1981.

9. 布鲁纳. 布鲁纳教育论著选[M]. 邵瑞珍，等译. 北京：人民教育出版社，2018.

10. 皮亚杰. 皮亚杰教育论著选[M]. 卢睿，选译. 北京：人民教育出版社，2015.

11. 维果茨基. 维果茨基教育论著选[M]. 余震球，选译. 北京：人民教育出版社，2005.

12. 霍华德·加德纳. 多元智能[M]. 沈致龙，译. 北京：新华出版社，1999.

13. 爱德华·泰勒. 原始文化[M]. 连树生，译. 上海：上海文艺出版社，1992.

14. 马克斯·舍勒. 知识社会学问题[M]. 艾彦，译. 北京：华夏出版社，1999.

15. 卡尔·曼海姆. 意识形态与乌托邦[M]. 黎鸣，李书崇，译. 北京：商务印书馆，2000.

16. 奥古斯特·孔德. 论实证精神[M]. 黄建华，译. 北京：商务印书馆，1996.

17. 列维-斯特劳斯. 野性的思维[M]. 李幼蒸，译. 北京：商务印书馆，1987.

18. 林惠祥. 文化人类学[M]. 北京：商务印书馆，1991.

19. 麦克·扬. 知识与控制[M]. 谢维和，等译. 上海：华东师范大学出版社，2002.

20. 麦克·扬. 未来的课程[M]. 谢维和，等译. 上海：华东师范大学出版社，2003.

21. 阿普尔. 意识形态与课程[M]. 黄忠敬，译. 上海：华东师范大学出版社，2001.

22. S.E. 佛罗斯特. 西方教育的历史和哲学基础[M]. 吴元训，等译. 北京：华夏出版社，1987.

23. 博伊德. 西方教育史[M]. 仁宝祥，吴元训，译. 北京：人民教育出版社，1985.

24. 张人杰. 国外教育社会学基本文选[M]. 上海：华东师范大学出版社，2009.

25. 乔姆斯基. 句法结构[M]. 邢公畹，译. 北京：中国社会科学出版社，1979.

26. 波普尔. 客观知识：一个进化论的研究[M]. 舒炜光，等译. 上海：上海译文出版社，1987.

27. 福柯. 知识考古学[M]. 谢强, 马月, 译. 北京: 生活·读书·新知三联书店, 1999.

28. 张同善. 马克思主义关于人的学说与教育[M]. 北京: 教育科学出版社, 1992.

29. 马克斯·韦伯. 儒教与道教[M]. 王容芬, 译. 北京: 商务印书馆, 2003.

30. 柯林武德. 历史的观念[M]. 何兆武, 译. 北京: 商务印书馆, 2011.

31. 克罗齐. 历史学的理论与实际[M]. 傅任敢, 译. 北京: 商务印书馆, 2017.

32. 亚里士多德. 尼各马可伦理学[M]. 廖申白, 译. 北京: 商务印书馆, 2011.

33. 海德格尔. 存在与时间[M]. 陈嘉映, 等译. 北京: 生活·读书·新知三联书店, 2006.

34. 中华书局编辑部. 汉魏古注十三经[M]. 北京: 中华书局, 1998.

35. 高明. 帛书老子校注[M]. 北京: 中华书局, 1996.

36. 许慎. 说文解字[M]. 北京: 中华书局, 1963.

后 记

　　课程研究成为一个独立的研究领域始于 20 世纪。由于教育研究方法、理论体系及学科分类方面的传统与差异，使得对课程研究及课程学科的定位形成了不同的观点，进而形成了不同的学科框架，由此产生了各自独立、甚至不可通约的句法结构与表达方式，也造成了当下课程研究领域中的理论、观念、话语、范畴的不尽一致现象，以及由此产生的关于课程学科的定位问题。诸如此类的分歧，在一定程度上影响到了课程学科的学术交流和发展，这都可以归结为一个问题，即课程论学科定位及其与教育学的关系。另一方面，课程论作为一门相对晚起的独立二级学科，由于理论体系的不稳定，研究范畴的相对游移和不确定，致使课程研究者、教育工作者在讨论其学科基本概貌时，常常由于不同的体系、立场，以及不同的学科结构观，呈现往往一门课程论却"百家百面"的状况。然而过分主观随意化地建构一个学科，势必会使其缺乏相对稳定的概念成分和实质结构，因此，也很难产生相当深刻的讨论结果、相互认同的学术观点，使得学科发展步履维艰。

　　因此，即便在课程研究领域，有些相对已经达成共识的范畴和主题，在目前的讨论和研究层面上也存在值得深入思考的空间，这些问题就成了本书阐释的重点。据此，在写作本书时，我尽可能在自己的研究心得、教学实践和学习体会的基础上，体现出学术的、本土的、反思的、实践的追求。当然，树立一种写作追求是一回事，能在多大程度上接近或达到这个目标，是另一回事，权且算作一种期望吧。

　　这本书最先是作为讲稿写出的，同时也具有专业研究的性质。基本上是多年来我给教育专业本科生、课程与教学论专业研究生上课的过程中，我和学生们共同讨论与思考的结果。因此，在确定论述问题及体系结构时，就是根据这一教授对象来考虑的。由于针对的是高年级本科生和研究生这一层面的学习群体，这个群体的特点是他们修习了较丰富的先行知识，有较好的课程与教学理论基本素养，加之所学专业提供的学科知识，使得他们有自主批判、独立分析与思考的能力。所以，选择内容时采取专题式划分，以利辩说。注重讨论的自由，不求体系的完整。全书集中阐释课程领域内重要的、基本的、所有学科教学都不可回避的一些核心问题。这里所讨论的诸多问题，有相当一部分还有待于进一步详细研究后，才有可能形成相对稳定的研究范畴。论从史出，题生于义。因此，我们暂且把这些讨论主题或问题称为"论题"，即讨论的基本问题。这些论题本身自可构成一个独立的问题，但各论题之间又是相互联系的。可以说，它们总体上涵盖了课程研究领域的基本轮廓。要做学生的老师，先做学生的弟子。衷心感谢多年来修习这门课程的历届学生。正是在课堂当中与他们的商讨、交流与论辩，让我的思考始终处于生成、破碎、再生成的川流之中。教学相长，我不会忘记他们。

这些文字草创于陋室，讨论于讲堂，间或修饰，时有润色。虽历多年，然问学闻道，绝非易事；论说文字，良莠自知。本书从初稿写就到定稿出版，经历了数年。这期间课程研究领域发生了很多变化。随着课程研究的不断深入，课程新思想也层出不穷，汇聚成了可喜的研究趋向与潮流。凡此种种，本书没能逐一关注。学识所限，书中所论也一定存在不足和错误，恳请批评指正！

李殿森

2023 年 9 月于首都师范大学